元 脱脱等撰

# 宋史

第三六册

卷四一五至卷四三〇（傳）

中華書局

# 宋史卷四百一十五

## 列傳第一百七十四

傅伯成　葛洪　曾三復　黄疇若　袁韶　危稹　程公許

羅必元　王遂

傅伯成字景初，吏部員外郎察之孫。少從朱熹學。登隆興元年進士第，調連江尉。試中教官科，授明州教授。以年少，嫌以師自居，日與諸生論質往復，後多成才。改知閩清縣。丁父艱，服除，知連江縣。東湖溉田餘二千頃，隄壞。即下流南港爲石隄三百尺，民蒙其利。

慶元初，召爲將作監，進太府寺丞。言呂祖儉不當以上書貶。又言於御史，朱熹大儒，不可以僞學目之。又言朋黨之敝，起於人主好惡之偏。坐是不合，出知漳州，以律己愛民爲本。推熹遺意而遵行之，創惠民局，濟民病，以革禨鬼之俗。由郡南門至漳浦，爲橋三十五，治道千二百丈。

兩爲部使者，遷工部侍郎。時權臣方開邊，語尙祕。伯成言：「天下之勢，譬如乘舟，中興且八十年矣，外而望之，舟若堅緻，歲月既久，罅漏寖多，苟安旦夕，猶懼覆敗，乃欲徼倖圖古人之所難，臣則未之知也。」相府災，同列相率唁丞相，或以爲偶然者，伯成正色謂：「天意如此，官師相規時也，以爲偶然乎？」丞相色動。遂陳三事：一曰失民心，二曰隳軍政，三曰啓邊釁。進右司郎官，權幸有私謁者，皆峻拒之。出爲湖、廣總領。朝議欲納金人之叛降者，伯成言不宜輕棄信誓，乞戒將帥毋生事。御史中丞鄧友龍遂劾伯成，罷之。

嘉定元年，召對，面論：「前日失於戰，今日失之和。小使雖返，要求尙多。陛下不獲已，悉從之。使和議成，猶可以紓一時之急；否則虛帑藏以資敵人，驅降附以絕來者，非計也。今之策雖以和爲主，宜惜日爲戰守之備。」權戶部侍郎史彌遠初拜相，麻詞有「昆命元龜」之語，閩帥倪思以爲不當用，御史劾罷思。伯成因對及其事，帝曰「過當」者再。對曰：「思固過當，但恐摧抑太過，遂塞言路，乞明詔臺諫侍從，竭盡底蘊，無以思爲戒。」李壁謫居撫州，伯成言：「侂胄之誅，壁與有功，不酬近功，乃追前罪，他日負罪之臣，不容以功贖過矣。」

伯成未爲諫官也，嘗言：「彌遠謀誅侂胄，事不遂則其家先破，侂胄誅而史代之，勢也。

諸公要相協和，共議國事；若立黨相擠，必有勝負，非國之福。」又勸丞相錢象祖：「安危大事，以死爭之；差除小者，何必乖異？」拜左諫議大夫，抗疏十有三，皆軍國大義。或致彌遠意，欲使有所彈劾，謂將引以共政。謝之曰：「吾豈傾人以爲利哉。」疏乞詔大臣以公滅私。

左遷權吏部侍郎。以集英殿修撰知建寧府〔一〕。蔡元定謫死道州，歸葬建陽，乃雪其冤於朝。進寶謨閣待制、知鎭江府。全活飢民，瘞藏野殍，不可勝數。制置司欲移焦山防江軍於圌山石牌〔二〕，伯成謂：「虛此實彼，利害等耳。包港在焦、圌之中，不若兩砦之兵迭戍焉。」圌山砦兵，素與海盜爲地，伯成廉知姓名，會郡都試捕而鞫之，無一逸去。獄具，請貸其死，黥隸諸軍。

嘉定八年，召赴闕，辭不獲，行至莆，拜疏曰：「臣病不能進矣。」除寶謨閣直學士、通奉大夫，致仕。理宗即位，升直學士，落致仕，予祠，錫金帶。伯成辭免，乃進「昭明天常、扶持人極」之說，詔進一官。

寶慶元年，與楊簡同召，尋加寶文閣學士，提舉佑神觀，奉朝請。雖力以老病辭，而愛君憂國之念不少衰。聞大理評事胡夢昱坐論事貶，蹙然語所親曰：「向呂祖儉之謫，吾爲小臣，猶嘗抗論。今蒙國恩，叨竊至此而不言，誰當言者。」遂抗疏曰：「臣恐陛下不復聞天下事矣。方今內無良吏，田里怨咨，外無名將，邊陲危急，而廉恥道喪，風俗益媮，賄賂流行，公私俱困。謂宜君臣上下，憂邊恤民，以弭禍亂。奈何今日某人言某事，未幾而斥，明日某人言某事，未幾而斥，則是上疏者以共工、驩兜之刑加之矣。昔韓愈論後世人主奉佛，運祚短促，唐憲宗大怒，將抵以死，自崔羣、裴度戚里諸賢皆爲愈言，止貶潮州，尋復內徙。今上疏者非可愈比，然在列之臣，無一爲言者，萬一死於瘴癘，陛下與大臣有殺諫者之謗，史册書之，有累聖治。臣垂盡之年，與斯人相去，風馬牛之不相及，獨以受恩優異，效其瞽言。」不報。明年，加龍圖閣學士，轉一官，提舉鴻慶宮，復辭。

伯威純實無妄，表裏洞達，每稱人善，不啻如己出，語及姦人誤國，邪人害正，詞色俱厲，不少假借。常慕尸諫，疏草畢，亟命繕寫，朝服而逝，年八十有四。贈開府儀同三司。端平三年，賜謚忠簡。

葛洪字容父，婺州東陽人。從呂祖謙學，登淳熙十一年進士第。嘉定間，爲樞密院編修官兼國史院編修官、實錄院檢討官。遷守尚書工部員外郎兼權樞密院檢詳諸房文字。上疏言：

今之將帥，其才與否，臣不得而盡知。惟忠誠所在，凡爲人臣者斯須所不可離，則不可不以是責之耳。今安居無事，非必奮不顧死，冒水火，蹈白刃，而後謂之忠也。第職思其憂謂之忠，公爾忘私謂之忠，純實不欺謂之忠。

且拊循士卒，帥之職也，朝廷每嚴掊克之禁，蠲營運之逋，其儆之者至矣。今乃有別爲名色，益肆貪黷，視生理之稍豐者而誣以非辜，動輒估籍，擇廩給之稍優者而強以庫務，取辦芻粟，抑配軍需，於拊循何有哉！訓齊戎旅，亦帥之職也，朝廷每嚴點試之法，申階級之令，其儆之亦切矣。今顧有教閱視爲具文，坐作僅同兒戲，技勇者不與旌賞，拙懦者未嘗勸懲，士日橫驕，類難役使，於訓齊何有哉！

況乃有沉酣聲色之奉，溺意田宅之圖，而不恤國事者矣。又有營營終日，專務納交，書幣往來，道路旁午，而妄希升進者矣。自謂繕治器甲，修造戰艦，究其實，則飾舊爲新而已爾。自謂撙節財用，聲稱羨餘，原其自，則剝下罔上而已爾。乞嚴飭將帥，上下振厲，申緻軍實，常若有寇至之憂。磨礪振刷，以求更新，亦庶乎其有用矣。

帝嘉納之。

進直煥章閣，爲國子祭酒，仍兼國史編修、實錄檢討。遷工部侍郎，仍兼祭酒兼同修國史實錄院同修撰。拜工部尙書，亦兼祭酒兼侍讀。進端明殿學士、同簽書樞密院事，拜參知政事，封東陽郡公。贊討平李全，援王素諫仁宗却王德用進女事，以止備嬪御，世多稱之。以資政殿學士、提舉洞霄宮，進大學士。召赴行在，仍舊職充萬壽觀使兼侍讀，尋提舉萬壽觀兼侍讀，守本官致仕，卒。帝輟視朝一日，謚端獻。杜範稱其侃侃守正，有大臣風。有奏議、雜著文二十四卷。

曾三復字無玷，臨江人。乾道六年進士。淳熙末，爲主管官告院，遷太府寺簿，歷將作、太府丞。登朝數年，安於平進，搢紳稱之。紹熙初，出知池州，改常州。召爲御史檢法，拜監察御史，轉太常少卿，進起居舍人，遷起居郎兼權刑部侍郎，以疾告老。詔守本官職致仕。三復性耿介，恥奔競，故位不速進。在臺餘兩年，持論正平，不隨不激。其沒也，士論惜之。

黃疇若字伯庸，隆興豐城人。一歲而孤，外大母杜敎之。淳熙五年舉進士，授祁陽縣主簿。邑民有訴僧爲盜且殺人，移鞫治，疇若疑其無證，以白提點刑獄馬大同，且爭之甚力，已而得眞盜。大同薦之，調柳州敎授，又調靈川令。會萬安軍黎蠻竊發，經略司選疇若條畫招捕事宜。疇若謂須稽原始亂，爲區處之方。再任嶺外，用舉考改知廬陵縣。州常以六月督畸零稅，疇若念民方艱食，取任內縣用錢三十餘緡〔三〕爲民代輸兩年。諸司舉爲邑最官，召赴都堂審察，差監行在都進奏院。

開禧元年，都城火。疇若應詔上言曰：「當今之急務有三：一曰賦斂征求之無藝，二曰都鄙軍民之無法，三曰守令牧養之無狀。」遷太府寺主簿，又遷將作監丞兼皇弟吳興郡王府教授。遷太府寺丞，又遷祕書丞兼權禮部郎官，兼資善堂說書。遷著作郎，拜監察御史。首章乞天子擇宰相，宰相擇監司。又言：「善爲國者必以恐懼修省之訓陳于前，善爲相者必以危亡災異之事告於上。」

韓侂冑敗，疇若上章勾去，帝批其奏曰：「卿懷忠藎，朕固知之。」疇若遂疏鄧友龍、陳景俊之惡。先是，江、淮督府既罔功，罷不更置。疇若奏，以爲和戰未決，不遣近臣置幕府，無以統諸將。乞檢會前奏，亟詔大臣科條人才爲宣撫使。帝卽日以丘崈爲江、淮制置使。尋遷疇若殿中侍御史兼侍講。朝廷與金人約和，金人約函致侂冑首。詔令臺諫、侍從、兩省雜議。疇若與章燮等奏：「乞梟首，然後函送敵國。」人譏其有失國體。

疇若奏：「今帑藏無餘，歲幣若必睥睨於百姓，願自宮禁以及宰執百官共爲撙節，逐年樁積。」遂置安邊所。戶部侍郎沈詵條具合節省拘催者，疇若復乞：「依仁宗、孝宗兩朝成訓，凡節省事：在內諸司選內侍長一員，令自行搜訪，條具來上；在外廷三省則委宰掾、樞屬，六曹則委長貳，事干浮費者聞奏。」又乞：「以官司房廊及激賞庫四季所獻幷侂胄萬畝莊等，一併拘樁。」既而內廷及酒所減省，議多格，獨得估籍姦贓及房廊非泛供須五項，總緡錢九百一十三萬有奇，外樁留產業，每歲又可得七十一萬五千三百餘緡。疇若乞：「令後省類聚更化以來臣下章奏，察其可行者以聞，付之中書。」

都城穀踴貴，詔減價糶樁管米十萬石，於是淮、浙流民交集。臨安府按籍振濟，僅不滿五千人，以三月後麥熟罷振濟，各給粮遣歸。疇若謂：「此實驅之使去耳。」遂奏：「乞令覈實，近甸之人，願歸就田者勿問，其有未能歸者，更振濟兩月；淮民見在都城者，其家既破，又無贏貲，必難遽去，仍與振恤，俟早熟乃罷。」於是詔振濟至六月乃止。

帝以蝗災，令刺舉監司不才者，疇若同臺監考察上之。又言：「湖、廣盜賊，固迫於飢寒，然亦有激而成之者。黑風峒寇，實由官不為決訟所致。宜戒湖、廣諸司，申明法禁為賊，關防以時，平心決訟，勿令砦官巡尉侵漁。」權戶部侍郎，金使告主亡，差充館伴。

自軍興費廣，朝廷給會子數多，至是折閱日甚。朝論頗嚴稱提，民愈不售，郡縣科配，民皆閉門牢避。行旅持券，終日有不獲一錢一物者。詔令侍從、臺省，條上所見。疇若奏曰：「物少則貴，多則賤，理之常也。曷若令郡縣姑以漸稱提，先收十一界者消毀，勿復支出。上下流通，則不待稱提矣。」由是峻急之令少寬。又疏奏：「乞崇忠厚，延質朴，屏絕浮薄之論。乞撥買官田充糴本，以廣常平之儲。乞令戶察一員，專監安邊所。」帝皆是之。

因面求補外，退上章，降詔不允。又連疏匃去。會旱蝗復熾，御筆令在朝百執事條上封事，疇若奏「官吏苛刻、科役頻併、賦斂繁重、刑法淹延」四事。冊皇太子，差充引見禮儀使。進華文閣待制、知成都府。蜀自吳曦畔後，制置使移司興元，朝論有偏重之嫌。朝廷擇人，故輟疇若以往，三辭不允。避諱，改寶謨閣待制。詔：「凡屬軍民利病，吏治臧否，並許諮訪以聞。」當徵積欠十餘萬，疇若亟命榜九邑盡蠲之。考官吏冗員，非敕命差注者悉罷之。爲民代輸六年布估錢，計二十萬二千四百緡；又別立庫儲二十五萬三千緡，期於異日接續代輸；又糴米十五萬石有奇，足廣惠倉之儲；又減他賦之重者，民力遂寬。

初，沈黎蠻屢犯邊，疇若至，則鏤榜曉以禍福，青、彌兩羌遂乞降。四年，董蠻合其部族入寇犍爲利店。疇若亟調兵，且設方略捕之，皆遁去。先是，疇若廉知嘉定邊備廢弛，而平戎莊子弟可用，遂檄嘉定府權免平戎莊是年炭估、廂租，令莊子弟卽日上邊爲守備。會嘉定闕守，蠻窺利店無備，遂入寇。疇若復選西軍，欲且往防拓，牒轉運司折支，不報。蠻再犯龍鳩堡，轉運司始頗從所請。蠻復到龍門隘，知有備乃退。進龍圖閣待制，依舊知成都府。

大使司之師出，東路提刑亦徵兵，三垂告警，敍南之報復急，兩路震動。疇若亟移書兩軍，俾速還師守險爲後圖，西師遂退守沐川。既而疇若兼制敍州兵甲公事，既得專行，益嚴守備，蠻首昔丑竟降。朝廷賞平蠻功，進疇若一秩。

疇若留蜀四年，弊根蠹穴，苗耨髮櫛。如乞揀留移屯西兵義勇，以防竊發，以救偏重；更用東南賢士使蜀四路，而拔蜀守之有治功者爲東南監司，庶杜州縣姻婭之私；輕取錢引貼期之費，以紓民力：皆抗疏請于朝，乞力行之。復念大玄城乃張儀所築，高駢所修，圮壞歲久，復修費重，乃以節縮餘錢四十萬貫爲修城備。疇若以制置使留漢中，則護諸將爲得宜。召赴行在，入對延和殿，遷權兵部尚書、太子右庶子。

八年，四月不雨，詔求直言。疇若條具三事，首言：「比稱提楮幣，州縣奉行切迫，故因坐減陌被估籍者衆，乞與給還；乞蠲閣下戶畸零稅賦；乞振贍雄淮軍之乏。」尋皆行之。落權，升左庶子，仍兼修史，擢太子詹事。疇若引范鎭故事，乞歸田里。

十年春，差知貢舉，試禮部尚書，以足疾乞歸。進煥章閣學士、知福州，力辭，乃改提舉鴻慶宮。關外軍潰，言者論及疇若，落職罷祠，後以煥章閣學士致仕。所著有竹坡集、奏議、講議、經筵故事。

袁韶字彥淳，慶元府人。淳熙十四年進士〔四〕。嘉泰中，爲吳江丞。蘇師旦恃韓侂胄威福，撓役法，提舉常平黃榮檄韶覈田以定役。師旦密諭意言：「吳江多姻黨，儻相容，當薦爲京朝官。」韶不聽。是歲更定戶籍，承徭賦，皆師旦黨，師旦諷言者將論去。榮亟以是事白於朝，且薦之。未幾，師旦敗。改知桐廬縣。桐廬多宗室，持縣事無有善去者。韶始至，絕私謁，莫敢撓。錢塘岸歲爲潮齧，率取石桐廬，韶言：「廟子山有石，不必旁取鄰郡。」遂得求免。嘉定四年，召爲太常寺主簿，父老旗鼓蔽江以餞，至於富陽，泣謝曰：「吾曹不復輸石矣。」

後爲右司郎官、接伴金使。使者索歲幣，語慢甚，韶曰：「昔兩國誓約，止令輸燕，不聞在汴。」使者語塞。十三年，爲臨安府尹，幾十年，理訟精簡，道不拾遺，里巷爭呼爲「佛子」，平反冤獄甚多。

紹定元年，拜參知政事。胡夢昱論濟王事，當遠竄，韶獨以夢昱無罪，不肯署文書。李全叛，揚州告急，飛檄載道，都城爭有逃避者。乃拜韶浙西制置使，仍治臨安鎮遏之。丞相史彌遠懲韓侂胄用兵事，不欲聲討。韶與范楷言於彌遠曰：「揚失守則京口不可保，淮將如卞整、崔福皆可用。」適福至，韶夜與同見彌遠，言福實可用。彌遠從之，遂討全。韶卒以言罷。端平初，奉祠，卒年七十有七，贈少傅。後以郊恩，累贈太師、越國公。

韶之父爲郡小吏，給事通判廳，勤謹無失，歲滿當代，不聽去。後通判至，復留用之，因致豐饒。夫妻俱近五十，無子，其妻資遣之往臨安置妾。既得妾，察之有憂色，且以麻束髮，外以綵飾之。問之，泣曰：「妾故趙知府女也，家四川，父歿家貧，故鬻妾以爲歸葬計耳。」即送還之。其母泣曰：「計女聘財猶未足以給歸費，且用破矣，將何以酬汝？」徐曰：「賤吏不敢辱娘子，聘財盡以相奉。」且聞其家尚不給，盡以囊中貲與之，遂獨歸。妻迎問之曰：「妾安在？」告以其故，且曰：「吾思之，無子命也。我與汝周旋久，若有子，汝豈不育，必待他婦人乃育哉？」妻亦喜曰：「君設心如此，行當有子矣。」明年生韶。

危稹字逢吉，撫州臨川人。舊名科，淳熙十四年舉進士，孝宗更名稹。時洪邁得稹文，爲之賞激。調南康軍教授。轉運使楊萬里按部，驟見嘆獎，偕遊廬山，相與酬倡。調廣東帳司，未上，服父喪，免，調臨安府教授。倪思薦之，且語人曰：「吾得此一士，可以報國矣。」丁母憂，免，幹辦京西安撫司公事。入爲武學諭，改太學錄。

明年，遷武學博士，又遷諸王宮教授。稹謂以教名官，而實未嘗教，請改創宗子學，立課試法如兩學，從之。嘉定九年，新學成，改充博士，其教養之規，稹所論建。遷祕書郎、著作佐郎，兼吳益王府教授。升著作郎兼屯田郎官。

稹始進對，請敍復軍功之賞以立大信，抆拭功臣之罪以厲忠節，置局以立武事，遣使以省邊防，厚賞以精間諜。次論和、戰、守利害，而請顓意於守。是歲春至夏不雨，稹應詔言：「安邊所征斂之害，與無罪而籍沒之害；楮幣之改，以一奪二；鹽鈔之更，以新廢舊；至於沮格軍賞，放散死士，皆足以召怨而致旱。」明年又論：「謀國者欲以安靖爲安靖，憂國者欲以振厲爲安靖，自二議不合，是以國無成謀，人無定志。願詔大臣合二議共圖之，且欲下兩淮帥臣，講明守禦之備。」最後言：「事無成規者，皆不可爲。意向不明，無以一衆聽；信誓不立，無以結人心；報應不亟，無以趨事機；賞罰不果，無以作士氣。」

番易柴中行去國，稹賦詩送之，迕宰相，出知潮州。尋以通金華徐僑書論罷，提舉千秋鴻禧觀。久之，知漳州。漳俗視不葬親爲常，往往棲寄僧剎，稹命營高燥地爲義塚三，約期責之葬，其無主名、若有主名而力弗給者，官爲葬之，凡二千三百有奇，刻石以識。郡有臨漳臺，據溪山最勝處，作龍江書院其上。旣成，橫經自講，人用歆動。邑令有賄聞者，劾去之，籍其財以還民。郡有經、總制無名錢歲五千緡，厲民爲甚，前守趙汝讜奏蠲五之二，稹疏于朝，悉罷之。會常平使有言，稹不欲辯，即自請以歸。久之，提舉崇禧觀，與鄉里耆艾七人爲眞率會。卒，年七十四。

稹性至孝，父疾，願損己算益親年，疾尋愈。眞德秀登從班，舉稹自代，沒，又爲銘其墓。所著有巽齋集，諸經有講義、集解，諸魏、晉、唐詩文皆有編，輯先賢奏議曰玉府、曰棐山。

弟和，字祥仲。開禧元年進士，爲上元主簿，大闢祠宇祀程顥，眞德秀爲記之。知德興，振荒有惠政。有蟾塘文集。

程公許字季與，一字希潁，敍州宣化人。少知孝敬，大母侯疾，公許不交睫者數月，病革，嘗其痰沫，既卒，哀毀踰制。嘉定四年舉進士，調溫江尉，未上，丁母憂。服除，授華陽尉，再調綿州教授。制置使崔與之大加器賞，改秩知崇寧縣，蠲預借，免抑配，人甚德之。

差通判簡州。改隆州，未上。會金人犯閬中，制置使桂如淵遁，三川震動，朝廷擢李𡌴代之，辟公許通判施州，行戶房公事。當兵將奔潰之後，公許盡力佐之，節浮費，疏利原，民不增賦而用自足。時諸將乘亂抄敓，事定自危，以重賂結幕府。大將和彥威懷金寶以獻，公許正色卻之，彥威慚而退。吳彥者，緘僧牒於書尾以進，公許卷還之而責其使，聞者畏服。有獻議招秦、鞏大姓於朝者，衆多從臾，獨公許謂山東覆轍未遠，反覆論難，朝從之。其後趙彥吶開閫，復行其策。未幾，金人擣成都，大姓者實導之，始服公許先見。

端平初，授大理司直，遷太常博士。秋，祀明堂，雷雨，應詔言事。嘉熙元年，御史杜範論執政李鳴復，不行，徙右史，竟拂衣東歸，鳴復坐政府自若。公許輪對，言：「志士仁人，嬰逆鱗，賈衆怒，不過爲陛下通耳目，爲朝廷立綱紀而已。今也假以職而棄其諫，幸其退而優其遷，則是自裂其綱紀，自蔽其耳目，遂使居是職者雖被親擢，言不得行，始焉固辭而弗從，終焉強留而飲愧。臣恐自此同類沮失，各起遐心，來者相戒，以爲容默，陛下愈孤立無助矣。」

夏，行都大火，殿中侍御史蔣峴逢君希寵，創爲邪說，禁錮言者。公許應詔曰：「羣臣忠告者衆，而聖意確不可回；聖意不可回，而言者不免於激。陛下宜以大舜無藏怒宿怨爲心，而參酌於漢文帝之待淮南厲王、我太宗待秦邸之故事，以召和氣，弭眚災，特在一念轉移之頃耳。」遷祕書丞兼考功郎官，竟爲峴劾去，差主管雲臺觀、知衢州，未上。改江東宣撫司參議官，不赴。

李宗勉入相，以著作佐郎召，兼權尚左郎官兼直舍人院，遷著作郎。時諫官郭磊卿以論事不報出關，徐榮叟亦抗章引去，公許奏：「乞還言官，俾安厥位。」既而史嵩之自江上入相，臺諫謝方叔、王萬及磊卿相繼他徙，公許又奏：「外難憑陵，國勢岌若綴旒，朝廷上自爲弗靖，陽爲遷除，陰奪言職，此中外所以怏怏。」

遷將作少監。大旱，應詔疏時事四條。又言：「儲極虚位，天下寒心。」時朝廷令侍從、臺諫條具易楮利害，尋降旨以新造十八界折五行使。公許繳申省，謂：「廟堂决意更革，本欲重十八界，亦當令十六界、十七界稍有分別，若一時皆以五折一，安保將來十七界與十八界並行而不折閱乎。曷若將十七界且以三兌一，使民間尙知寶此一界，不至一旦貿易不行，令三界各有等第，庶幾公私兩便。」嵩之格不行，徑揭黃榜。公許謂：「不經鳳閣鸞臺，不得爲敕。朝廷出令而宰相擅行如此，則掖垣可廢。」累上奏牘，徑欲引去，宗勉及參知政事游似面奏留之，兼國史編修、實錄檢討。

淳祐元年，遷祕書少監，輪對，言蜀事十條。兼直學士院，拜太常少卿，力請外，爲右正言濮斗南之所論罷。尋以直寶謨閣知袁州，請蠲和糴之半。改命郡吏部總所綱運，而厚其貲，免募平民，民甚便之。新周敦頤祠，葺張栻書院，聘宿儒胡安之爲諸生講說。杜範薦于上，召拜宗正少卿，再遷起居舍人。濮斗南繳還，疏有「臣等恥與爲伍」之語，遂以舊職提舉玉局觀。範見疏曰：「程季與肯與汝爲伍耶？」

退處二年，召赴行在。屬嵩之以父憂去位，經營起復，益憚公許，密柬韓祥嗾殿中侍御史王贊奏寢召命。帝雖曲從而意不悅。及逐不才臺諫，擢公許起居郎兼直學士院。公許入奏不可不堅凝者七。帝語之曰：「卿一去三年，今用卿，出自朕意。」是日晚命下，嵩之罷起復，相范鍾及範，三制皆公許爲之。兼權中書舍人。

時二相尙遜，機務多壅。公許奏：「輔臣崇執謙遜，避遠形迹，相示以色而不明言，事幾無窮，日月易失。今最急莫若疆場之事，帥才不蓄，一旦欲議易置，茫然莫知所付。九江擇守，至以近所廢斥朋附爲欺之臺察充其選。同時任言責者，雖心迹有顯晦，過惡有重輕，而獲罪於淸議則同。一人攻拭之驟若是，三人者寧不引領以望玷缺之復。况近者言官方以劉晉之、鄭起潛、濮斗南三人乞明正其罪，以示警戒，而忽聞龔基先之用，議者咸謂改紀之初，所爲錯繆，邪枉窺伺善類，何可高枕而臥。」帝見公許疏稱善，且言基先之用太早。

右史徐元杰暴亡，司諫謝方叔、御史劉應起言，不報。公許亟奏曰：「正月，侍御史劉漢弼死。四月，右丞相杜範死。六月，右史徐元杰死。漢弼之死固可疑，範之死人言已籍籍，然漢弼類風淫末疾，範亦尫弱多病，諉曰天命，猶可也。元杰氣體魁碩，神采嚴毅，議論英發，甫聞謁告，奄至暴亡，口鼻四體變異之狀，使人爲之雪涕不已。六館諸生叩閽籲告，陛下始命有司置獄鞫勘，謂當於朝紳中選公正明決無所顧忌者專莅其事，盡情硏究，務使得實。集議朝堂，分列首從，必誅無赦。」疏入，不報。物論沸騰，臨安尹趙與𥲅奏乞置獄天府，帝從之。公許繳奏：「與籌乃嵩之死黨，乞改送大理寺，命臺臣董之。」詔殿中侍御史鄭寀，寀回懦首鼠，事竟不白，然公論莫不偉公許。

權禮部侍郎，差充執綏官。鄭起潛、劉晉之及陳一薦以臺臣論劾遷謫，公許疏其附下罔上之罪，乞下各州軍嚴行押發。鄭淸之以少保奉祠，侍講幄中，批復其子士昌官職，與內祠，且許侍養行在所。蓋士昌嘗以詔獄追逮，或云詐以死聞，淸之造闕，泣請于帝，故有是命。公許繳奏：「士昌罪重，京都浩穰，姦宄雜糅，恐其積習沉痼，重爲淸之累；莫若且與甄復，少慰淸之，內祠侍養之命宜與收寢。」帝密遣中貴人以公許疏示淸之。項容孫以罪遣還家，道死，時敍官復職，公許駁奏，命遂格。

遷中書舍人，進禮部侍郎。嵩之免喪，以觀文殿大學士提舉洞霄宮，臺諫、給舍交章論奏，公許疏：「乞睿斷亟下明詔，正邦典。」殿中侍御史章琰、正言李昂英以論執政及府尹，帝怒，出二人，公許力爭之。公許自繳士昌之命，淸之日夜於經筵短公許。周坦妻與淸之妻善，因拜坦殿中侍御史。坦首疏劾公許，以寶章閣待制知建寧府；諫議大夫鄭寀又劾之，命遂寢。

淸之再相，公許屛居湖州者四年，再提舉玉隆觀、差知婺州，未上；帝欲召爲文字官，淸之奏已令守婺，帝曰：「朕欲其來。」乃授權刑部尙書，屢辭弗獲。入對，上疏貨財、興繕、逐諫臣、開邊釁時弊七事，薦知名士二十九人。

時罷京學類申，散遣生徒，公許奏：「京學養士，其法本與三學不侔。往者立類申之法，重輕得宜，人情便安，近一旦忽以鄉庠教選而更張之，爲士亦當自反，未可盡歸咎朝廷也。令行之始，臣方還朝，未敢強聒以撓既出之令。今士子擾擾道途，經營朝夕，今既未能盡復舊數，莫若權宜以五百爲額，仍用類申之法，使遠方遊學者，得以肄習其間。京邑四方之極，而庠序一空，弦誦寂寥，遂使逢掖皇皇，市廛敢怨而不敢議，非所以作成士氣、尊崇教化也。」清之益不樂。授稿殿中侍御史陳垓以劾公許，參知政事吳潛奏留之，帝夜半遣小黃門取垓疏入。後二日，二府奏公許不宜去，同知樞密院徐清叟上疏論垓。太學生劉黻等百餘人、布衣方和卿伏闕上書論垓。朝廷尋授寶章閣學士、知隆興府，而公許已死矣。遺表上，帝嗟悼，進龍圖閣學士致仕，贈宣奉大夫，官其後，賜賻如令式。

公許冲澹寡欲，晚年惟一僮侍，食無重味，一裘至十數年不易。家無羨儲，敬愛親戚備至。蜀有兵難，族姻奔東南者多依公許以居。所著有塵缶文集、內外制、奏議、奏常擬謚、掖垣繳奏、金革講義、進故事行世。

羅必元字亨父，隆興進賢人。嘉定十年進士。調咸寧尉，撫州司法參軍，崇仁丞，復攝司法。郡士曾極題金陵行宮龍屏，迕丞相史彌遠，謫道州，解吏窘極甚。必元釋其縛，使之善達。眞德秀入參大政，必元移書曰：「老醫嘗云，傷寒壞證，惟獨參湯可救之，然其活者十無二三。先生其今之獨參湯乎？」調福州觀察推官。有勢家李遇奪民荔支園，必元直之；遇爲言官，以私憾罷之。知餘干縣。趙福王府驕橫，前後宰貳多爲擠陷，至是以汝愚墓占四周民山，亦爲直之，言于州曰：「區區小官，罷去何害？」人益壯其風力。

淳祐中，通判贛州。賈似道總領京湖，剋剝至甚。必元上疏，以爲蠹國脈、傷民命，似道銜之。改知汀州，爲御史丁大全按去，後起幹行在糧料院。錢塘有海鰍爲患，漂民居，詔方士治之，都人鼓扇成風。必元上疏力止之。帝召見曰：「見卿梅花詩，足知卿志。」度宗即位，以直寶章閣兼宗學博士致仕。卒，年九十一。必元嘗從危稹、包遜學，最爲有淵源，見理甚明，風節甚高，至今鄉人猶尊慕之云。

王遂字去非，一字穎叔，樞密副使韶之玄孫，後爲鎭江府金壇人。嘉泰二年進士，調富陽主簿，歷官差幹辦諸司審計司。紹定三年，福建寇擾甫定，朝廷選賢能吏，勞來安集，以遂知邵武軍兼福建招捕司參議官。遂過江山、浦城道中，遇邵武避地之人，即遣金爲歸資，從者如市。至郡，撫摩創痍，翦平凶孽，民恃以安。未幾，言者以遂妄自標致，邀譽沽名，罷。

改知安豐軍，遷國子監主簿，又遷太常寺主簿，拜監察御史。疏奏極論進君子，退小人。又言正風俗，息奔競。又言：「朝廷謂史嵩之小黠爲大智，近功爲遠略。忽臣之言，必欲僥倖嵩之於不敗，非爲國至計也。欺君誤國，天下知之，而朝廷猶且惑焉，勢甚凛凛也。」入對，言帝知、仁、勇，學有未至。

遷右正言，尋拜殿中侍御史。疏言：「三十年來凶德參會，未有如李知孝、梁成大、莫澤肆無忌憚者。三凶之罪，上通于天，乞重其刑。」又取劉光祖爲殿中侍御史時奏格，擇其關於風化切於時宜者，請頒示中外。皆從之。又請於並淮置屯田，且條上邊事曰：「當今之急務：在朝廷者五，定規摹，明意嚮，一心力，謹事權，審號令；在邊閫者六，恤歸附，精間諜，節財用，練士兵，擇將才，計軍實。」又言：「君德必純乎剛。」帝皆善之。

遷戶部侍郎兼同修國史實錄院同修撰，時暫兼權侍左侍郎。以寶章閣待制差知遂寧府。進煥章閣待制、四川安撫制置副使兼知成都府。差知平江府。進敷文閣待制、知慶元府，改知太平州〔五〕，以論罷。進顯謨閣待制、知泉州。改溫州、寧國府。以寶章閣直學士知建寧府。以華文閣直學士差知隆興府兼江西轉運副使。改知太平州，復知隆興兼江西安撫使。召赴闕，授權工部尚書。

遂與同里劉宰素同志，宰嘗稱遂爲文雅健，無世俗浮靡之氣，足以名世。遂守平江，宰贈之言曰：「士友當親，而賢否不可不辨；財利當遠，而會計不可不明。折獄以情，毋爲私意所牽；薦士以才，毋爲權要所奪。當言則言，不視時而退縮；可去則去，不計利而遲回。庶幾名節之全，不愧簡册所載。」蓋格言也。

論曰：傅伯成晚與楊簡爲時蓍龜。葛洪守正不阿。曾三復澹然無躁競之心。黃疇若優於政治。袁韶力請討李全，蓋丞相史彌遠腹心也。危稹以通問徐僑獲罪，其人可知，矧治州之政，有循吏之風焉。羅必元受學於稹者也。程公許、王遂讜論疊見，豈不偉哉。

## 校勘記

〔一〕建寧府　原作「建昌府」，劉克莊後村先生大全集卷一六七傅伯成行狀作「建寧府」。按下文「蔡元定謫死道州，歸葬建陽」，建陽爲建寧府屬縣，作「建寧」是，今改。

〔二〕石牌　原作「石碑」，據後村先生大全集卷一六七傅伯成行狀、方輿紀要卷二五改。

〔三〕三十餘緡　後村先生大全集卷一四二黃疇若神道碑作「三千餘緡」，疑此誤。

〔四〕淳熙十四年進士　「十四年」原作「十三年」。按本書卷三五孝宗紀，淳熙十四年四月，「賜禮部進士王容等四百三十五人及第、出身」；南宋館閣續錄卷七謂袁韶乃淳熙十四年王容榜進士；宋會要選舉二之二五，「十四年五月四日，賜進士聞喜宴于禮部貢院」；下文危稹傳，稹舉淳熙十四年進士，據南宋館閣續錄卷八亦屬王容榜。「十三年」乃「十四年」之誤，據改。

〔五〕太平州　原作「太平府」。按下文作「太平州」，本書卷八八地理志江南東路有太平州，作「州」是，今改。

# 宋史卷四百一十六

## 列傳第一百七十五

吳淵 余玠 汪立信 向士璧 胡穎 冷應澂 曹叔遠

從子幽 王萬 馬光祖

吳淵字道父，祕閣修撰柔勝之第三子也。幼端重寡言，苦志力學。五歲喪母，哭泣哀慕如成人。

嘉定七年舉進士，調建德縣主簿，丞相史彌遠館留之，語竟日，大悅，謂淵曰：「君，國器也，今開化新置尉，卽日可上，欲以此處君。」淵對曰：「甫得一官，何敢躁進，況家有嚴君，所當稟命。」彌遠爲之改容，不復強。至官，就辟令。江東九郡之冤，訟于諸使者，皆乞送淵。改差浙東制置使司幹辦公事。

丁父憂，詔以前職起復，力辭，弗許，再辭，且貽書政府曰：「人道莫大於事親，事親莫大於送死，苟冒哀求榮，則平生大節已掃地矣，他日何以事君？」時丞相史嵩之方起復，或曰：「得無礙時宰乎？」淵弗顧，詔從之。服除，差浙東提舉茶鹽司幹辦公事，尋改鎭江府節制司、沿江制置使司幹辦公事。皆不就。知武陵縣，改揚子縣兼淮東轉運司幹辦公事，添差通判眞州。入爲將作監丞，遷樞密院編修官兼刑部郎官，再遷祕書丞仍兼刑部郎官。以直煥章閣知平江府兼節制許浦水軍，提點浙西刑獄。

會衢、嚴盜起，警報至，調遣將士招捕之，殲其渠魁，散其支黨，以功爲樞密院檢詳諸房文字兼國史院編修官、實錄院檢討官兼左司。進右文殿修撰、樞密副都承旨兼右司兼檢正。適政府欲用兵中原，以據關守河爲說，淵力陳其不可，大要謂「國家力決不能取，縱取之決不能守」，丞相鄭清之不樂而罷。出知江州，改江、淮、荆、浙、福建、廣南都大提點坑冶，都司袁商令御史王定劾淵，罷。侍御史洪咨夔不直之，劾定左遷。未幾，邊事果如淵言，清之致書引咎巽謝。差知鎭江府，定防江軍之擾，兼淮東總領，以功遷太府少卿，復以總領兼知鎭江，加集英殿修撰、知鎭江兼總領。進權工部侍郎，職任如舊。權兵部侍郎，權戶部侍郎，再爲總領兼知鎭江。

時淵造闕下入對，歷陳九事，甫下殿，御史唐璘擊之，璘蓋淵所薦者也。遂仍前職，提舉太平興國宮。久之，加寶章閣待制，再起知鎭江兼總領。未幾，以戶部侍郎兼知鎭江府，召赴行在。以寶章閣直學士知太平州，尋兼江東轉運使。

時兩淮民流徙入境者四十餘萬，淵亟加慰撫而賙濟之，使之什伍，令土著人無相犯。旁郡流民焚劫無虛日，獨太平境內肅然無敢譁者。以功加華文閣直學士、沿海制置使、知慶元府，不赴；以工部尙書、沿海制置副使知江州，亦不赴。升華文閣學士、知隆興府、江西安撫使兼轉運副使。會歲大侵，講行荒政，全活者七十八萬九千餘人。徙知潭州、湖南安撫使，不赴，加敷文閣學士，仍知隆興府，安撫、轉運副使如故。改知鎭江府兼都大提舉浙西沿海諸州軍、許浦、澉浦等處兵船，歲亦大侵，因淵全活者六十五萬八千餘人。右正言三疏劾淵，奪職。尋復職，提舉太平興國宮。未幾，改鴻慶宮。

丁母憂，服除，進龍圖閣學士、江西安撫使兼知江州，尋爲沿江制置副使兼提舉南康軍兵甲公事、節制蘄黃州、安慶府屯田使。湖南峒寇蔓入江右之境，破數縣，袁、洪大震，淵命將調兵，生禽其渠魁，亂遂平。遷兵部尙書、知平江府兼浙西兩淮發運使。尋兼知平江府，歲亦大侵，因淵全活者四十二萬三千五百餘人。兼浙西提點刑獄、知太平州兼提領兩淮茶鹽所，以功進端明殿學士、沿江制置使、江東安撫使兼知建康府、兼行宮留守、節制和州無爲軍安慶府兼三郡屯田使。

朝廷付淵以光、豐、蘄、黃之事，凡創司空山燕家山金剛臺三大砦、嵯峨山鷹山什子山等二十二小砦，團丁壯置軍，分立隊伍，星聯棋布，脈絡貫通，無事則耕，有警則禦。詔以淵興利除害所列二十有五事，究心軍民，拜資政殿大學士，職任如舊，與執政恩例，封金陵侯，復賜「錦繡堂」、「忠勤樓」大字。進爵爲公，徙知福州、福建安撫使。改知平江府兼發運使。

御史劉元龍劾淵，帝寢其奏，改知寧國府。累具辭免，且匄祠，以本官提舉洞霄宮。起知潭州、湖南安撫使，不赴。改知太平兼提領江、淮茶鹽所，轉荊湖制置大使、知江陵府兼夔路策應大使，兼京湖屯田大使，帶行京湖安撫制置大使。拜觀文殿學士，職任如舊，兼總領湖廣江西京西財賦、湖北京西軍馬錢粮。淵調兵二萬往援川蜀，其後力戰于白河、沮河、玉泉。寶祐五年正月朔，以功拜參知政事。越七日，卒，贈少師，賻銀絹以五百計。

淵有材略，迄濟事功，所至興學養士，然政尚嚴酷，好興羅織之獄，籍入豪横，故時有「蜈蚣」之謠。其弟潛亦數諫止之。所著易解及退庵文集、奏議。

余玠字義夫，蘄州人。家貧落魄無行，喜功名，好大言。少爲白鹿洞諸生，嘗攜客入茶肆，毆賣茶翁死，脫身走襄淮。時趙葵爲淮東制置使，玠作長短句上謁，葵壯之，留之幕中。

未幾，以功補進義副尉，擢將作監主簿、權發遣招進軍，充制置司參議官，進工部郎官。嘉熙三年，與大元兵戰于汴城、河陰有功，授直華文閣、淮東提點刑獄兼知淮安州兼淮東制置司參謀官。淳祐元年，玠提兵應援安豐，拜大理少卿，升制置副使。進對：「必使國人上下事無不確實，然後華夏率孚，天人感格。」又言：「今世胄之彥，場屋之士，田里之豪，一或即戎，即指之爲麤人，斥之爲噲伍。願陛下視文武之士爲一，勿令偏有所重，偏必至於激，文武交激，非國之福。」帝曰：「卿人物議論皆不常，可獨當一面，卿宜少留，當有擢用。」乃授權兵部侍郎、四川宣諭使，帝從容慰遣之。玠亦自許當手挈全蜀還本朝，其功日月可冀。

尋授兵部侍郎、四川安撫制置使兼知重慶府兼四川總領兼夔路轉運使。自寶慶三年至淳祐二年，十六年間，凡授宣撫三人，制置使九人，副四人，或老或暫，或庸或貪，或慘或繆，或遙領而不至，或開隙而各謀，終無成績。於是東、西川無復統律，遺民咸不聊生，監司、戎帥各專號令，擅辟守宰，蕩無紀綱，蜀日益壞。及聞玠入蜀，人心粗定，始有安土之志。

玠大更敝政，遴選守宰，築招賢之館于府之左，供張一如帥所居，下令曰：「集衆思，廣忠益，諸葛孔明所以用蜀也。欲有謀以告我者，近則徑詣公府，遠則自言于郡，所在以禮遣之，高爵重賞，朝廷不吝以報功，豪傑之士趨期立事，今其時矣。」士之至者，玠不厭禮接，咸得其歡心，言有可用，隨其才而任之；苟不可用，亦厚遺謝之。

播州冉氏兄弟璡、璞，有文武才，隱居蠻中，前後閫帥辟召，堅不肯起，聞玠賢，相謂曰：「是可與語矣。」遂詣府上謁，玠素聞冉氏兄弟，刺入卽出見之，與分廷抗禮，賓館之奉，冉安之若素有，居數月，無所言。玠將謝之，乃爲設宴，玠親主之。酒酣，坐客方紛紛競言所長，璡兄弟飲食而已。玠以微言挑之，卒默然。玠曰：「是觀我待士之禮何如耳。」明日更闢別館以處之，且日使人窺其所爲。兄弟終日不言，惟對踞，以堊畫地爲山川城池之形，起則漫去，如是又旬日，請見玠，屏人曰：「某兄弟辱明公禮遇，思有以少裨益，非敢同衆人也。爲今日西蜀之計，其在徙合州城乎？」玠不覺躍起，執其手曰：「此玠志也，但未得其所耳。」曰：「蜀口形勝之地莫若釣魚山，請徙諸此，若任得其人，積粟以守之，賢於十萬師遠矣，巴蜀不足守也。」玠大喜曰：「玠固疑先生非淺士，先生之謀，玠不敢掠以歸己。」遂不謀於衆，密以其謀聞於朝，請不次官之。詔以璡爲承事郎、權發遣合州，璞爲承務郎、權通判州事。徙城之事，悉以任之。命下，一府皆諠然同辭以爲不可。玠怒曰：「城成則蜀賴以安，不成，玠獨坐之，諸君無預也。」卒築青居、大獲、釣魚、雲頂、天生凡十餘城，皆因山爲壘，棋布星分，爲諸郡治所，屯兵聚粮爲必守計。且誅潰將以肅軍令。又移金戎於大獲，以護蜀口。移沔戎於青居，興戎先駐合州舊城，移守釣魚，共備內水。移利戎於雲頂，以備外水。於是如臂使指，氣勢聯絡。又屬嘉定俞興開屯田於成都，蜀以富實。

十年冬，玠率諸將巡邊，直擣興元，大元兵與之大戰。十二年，又大戰于嘉定。初，利司都統王夔素殘悍，號「王夜叉」，恃功驕恣，桀驁不受節度，所至劫掠，每得富家，穴箕加頸，四面然箕，謂之「蓋蝕月」，以弓弦繫鼻下，高懸於格，謂之「錯繫喉」，縛人兩股，以木交壓，謂之「乾榨油」，以至用醋灌鼻、惡水灌耳口等，毒虐非一，以脅取金帛，稍不遂意，卽死其手，蜀人患苦之。且悉斂部將倅馬以自入，將戰，迺高其估賣與之。朝廷雖知其不法，在遠不能詰也。大帥處分，少不慊其意，則百計撓之，使不得有所爲。玠至嘉定，夔帥所部兵迎謁，才羸弱二百人。玠曰：「久聞都統兵精，今疲敝若此，殊不稱所望。」夔對曰：「夔兵非不精，所以不敢卽見者，恐驚從人耳。」頃之，班聲如雷，江水如沸，聲止，圓陣卽合，旗幟精明，器械森然，沙上之人彌望若林立，無一人敢亂行者。舟中皆戰掉失色，而玠自若也。徐命吏班賞有差。夔退謂人曰：「儒者中迺有此人！」

玠久欲誅夔，獨患其握重兵居外，恐輕動危蜀，謀於親將楊成，成曰：「夔在蜀久，所部兵精，前時大帥，夔皆勢出其右，意不止此也。視侍郎爲文臣，必不肯甘心從令，今縱弗誅，養成其勢，後一舉足，西蜀危矣。」玠曰：「我欲誅之久矣，獨患其黨與衆，未發耳。」成曰：「侍郎以夔在蜀久，有威名，孰與吳氏？夔固弗若也。夫吳氏當中興危難之時，能百戰以保蜀，傳之四世，恩威益張，根本益固，蜀人知有吳氏而不知有朝廷。一旦曦爲畔逆，諸將誅之如取孤豚。況夔無吳氏之功，而有曦之逆心，恃豨突之勇，敢慢法度，縱兵殘民，奴視同列，非有吳氏得人之固也。今誅之，一夫力耳，待其發而取之，難矣。」玠意遂決，夜召夔計事，潛以成代領其衆，夔才離營，而新將已單騎入矣，將士皆愕眙相顧，不知所爲。成以帥指譬曉之，遂相率拜賀，夔至，斬之。成因察其所與爲惡者數人，稍稍以法誅之。乃薦成爲文州刺史。

戎帥欲舉統制姚世安爲代，玠素欲革軍中舉代之敝，以三千騎至雲頂山下，遣都統金某往代世安，世安閉關不納，且有危言，然常疑玠圖己。屬丞相謝方叔家子姪自永康避地雲頂，世安厚結之，求方叔爲援。方叔因倡言玠失利戎之心，非我調停，且旦夕有變，又陰嗾世安密求玠之短，陳於帝前。於是世安與玠抗，玠鬱鬱不樂。寶祐元年，聞有召命，愈不自安，一夕暴下卒，或謂仰藥死。蜀之人莫不悲慕如失父母。

玠自入蜀，進華文閣待制，賜金帶，權兵部尙書，進徽猷閣學士，升大使，又進龍圖閣學士、端明殿學士，及召，拜資政殿學士，恩例視執政。其卒也，帝輟朝，特贈五官。以監察御史陳大方言奪職。六年，復之。

玠之治蜀也，任都統張實治軍旅，安撫王惟忠治財賦，監簿朱文炳接賓客，皆有常度。至於脩學養士，輕徭以寬民力，薄征以通商賈。蜀既富實，乃罷京湖之餉；邊關無警，又撤東南之戍。自寶慶以來，蜀閫未有能及之者。惜其遽以太平自詫，進蜀錦蜀箋，過於文飾。久假便宜之權，不顧嫌疑，昧於勇退，遂來讒賊之口；而又置機捕官，雖足以廉得事情，然寄耳目於羣小，虛實相半，故人多懷疑懼。至於世安拒命，玠威名頓挫，齎志以沒。有子曰如孫，取「當如孫仲謀」之義，遭論改師忠，歷大理寺丞，爲賈似道所殺。

汪立信，澈從孫也。立信曾大父智從澈宣諭湖北，道六安，愛其山水，因居焉。淳祐元年，立信獻策招安慶劇賊胡興、劉文亮等，借補承信郎。六年，登進士第，理宗見立信狀貌雄偉，顧侍臣曰：「此閫帥才也。」授烏江主簿，辟沿江制幕。知桐城縣，未上，辟荆湖制司幹辦、通判建康府。荆湖制置趙葵辟充策應使司及本司參議官。葵去而馬光祖代之，立信是時猶在府也。

鄂州圍解，賈似道既罔上要功，惡閫外之臣與己分功，迺行打算法於諸路，欲以軍興時支散官物爲罪，擊去之。光祖與葵素有隙，且欲迎合似道，被旨卽召吏稽勾簿書，卒不能得其疵。酒以開慶二年正月望夕，張燈宴設錢三萬緡爲葵放散官物聞于朝。立信力爭之，謂不可，且曰：「方艱難時，趙公葵事勤勞，而公以非理擴拾之，公一旦去此，後來者復效公所爲，可乎？」光祖怒曰：「吾不才不能爲度外事，知奉朝命而已。君他日處此，勉爲之。」立信曰：「使某不爲則已，果爲之，必不效公所爲也。」光祖益怒，議不行，立信遂投劾去。初，立信通判江陵府，葵制置荆湖，嘗以公事劾立信，及在沿江府，亦謀議寡諧，立信於葵蓋未嘗有一日之驩也。

擢京西提舉常平，改知昭信軍、權淮東提刑。景定元年，差知池州、提舉江東常平、權知常州、浙西提點刑獄。明年冬，郎嘉興治所講行荒政。尋改知江州，充沿江制置副使、節制蘄黃興國軍馬、提舉饒州南康兵甲，升江西安撫使。乞祠祿，差知鎭江，尋充湖南安撫使、知潭州。至官，供帳之物悉置官庫，所積錢逋歲代納潭民夏稅，貧無告者予錢粟，病者加藥餌，雨雪旱潦軍民皆有給。興學校，士習爲變。以潭爲湖湘重鎭，創威敵軍，所募精銳數千人，後來者果賴其用。權兵部尙書、荆湖安撫制置、知江陵府。

時襄陽被圍危急，立信上疏「請益安陸府屯兵，凡邊戍皆不宜抽減，黃州守臣陳奕素蓄異志，朝廷宜防之」。酒移書似道，謂：「今天下之勢十去八九，而君臣宴安不以爲虞。夫天之不假易也，從古以然，此誠上下交修以迓續天命之幾，重惜分陰以趨事赴工之日也。而酒酣歌深宮，嘯傲湖山，玩歲愒日，緩急倒施，卿士師師非度，百姓鬱怨非上，以求當天心，俯遂民物，拱揖指揮而折衝萬里者，不亦難乎！爲今日之計者，其策有三。夫內郡何事乎多兵，宜盡出之江干，以實外禦。算兵帳見兵可七十餘萬人，老弱柔脆，十分汰二，爲選兵五十餘萬人。而沿江之守，則不過七千里，若距百里而屯，屯有守將，十屯爲府，府有總督，其尤要害處，輒參倍其兵。無事則泛舟長淮，往來游徼，有事則東西齊奮，戰守並用。刁斗相聞，饋餉不絕，互相應援，以爲聯絡之固。選宗室親王、忠良有幹用大臣，立爲統制，分東西二府，以涖任得其人，率然之勢，此上策也。久拘聘使，無益於我，徒使敵得以爲辭，請禮而歸之，許輸歲幣以緩師期，不二三年，邊遽稍休，藩垣稍固，生兵日增，可戰可守，此中策也。二策果不得行，則天敗我也，若銜璧輿櫬之禮，則請備以俟。」似道得書大怒，抵之地，詬曰：「瞎賊狂言敢爾。」蓋以立信目微眇云。尋中以危法廢斥之。

咸淳十年，大元兵大舉伐宋，似道督諸軍出次江上，以立信爲端明殿學士、沿江制置使、江淮招討使，俾就建康府庫募兵以援江上諸郡。立信受詔不辭，即日上道，以妻子託愛將金明，執其手曰：「我不負國家，爾亦必不負我。」遂行。與似道遇蕪湖，似道拊立信背哭曰：「不用公言，以至於此。」立信曰：「平章、平章，瞎賊今日更說一句不得。」似道問立信何向？曰：「今江南無一寸乾淨地，某去尋一片趙家地上死，第要死得分明爾。」既至，則建康守兵悉潰，而四面皆北軍。立信知事不可成，歎曰：「吾生爲宋臣，死爲宋鬼，終爲國一死，但徒死無益耳，以此負國。」率所部數千人至高郵，欲控引淮漢以爲後圖。

已而聞似道師潰蕪湖，江漢守臣皆望風降遁。立信歎曰：「吾今日猶得死於宋土也。」迺置酒召賓佐與訣，手爲表起居三宮，與從子書，屬以家事。夜分起步庭中，慷慨悲歌，握拳撫案者三，以是失聲，三日扼吭而卒。以光祿大夫致仕，遺表聞，贈太傅。

大元丞相伯顏入建康，金明以其家人免，或惡立信於伯顏，以其二策及其死告，且請戮其孥，伯顏歎息久之，曰：「宋有是人，有是言哉！使果用，我安得至此。」命求其家厚恤之，曰：「忠臣之家也。」金明以立信之喪歸葬丹陽。

立信子麟，內書寫機宜文字，在建康不肯從衆降，崎嶇走閩以死。

初，立信之未仕也，家窶甚。會歲大侵，吳淵守鎭江，命爲粥以食流民，使其客黃應炎主之。應炎一見立信，與語，心知其非常人，言於淵，淵大奇之，禮以上客，凡共張服御視應炎爲有加，應炎甚怏怏。淵解之曰：「此君，吾地位人也，但遭時不同耳。君之識度志業，皆非其倫也，盍少下之。」是年，試江東轉運司，明年登第，後其踐歷略如淵而卒死於難，人謂淵能知人云。

向士璧字君玉，常州人。負才氣，精悍甚自好，紹定五年進士，累通判平江府，以臣僚言罷。起爲淮西制置司參議官，又以監察御史胡泓言罷。起知高郵軍，制置使丘崇又論罷。起知安慶府、知黃州，遷淮西提點刑獄兼知黃州，加直寶章閣，仍舊職，奉鴻禧祠。特授將作監、京湖制置參議官，進直煥章閣、湖北安撫副使兼知峽州，兼歸峽施黔、南平軍、紹慶府鎭撫使，遷太府少卿、大理卿，進直龍圖閣。合州告急，制置使馬光祖命士璧赴援，數立奇功。帝亦語羣臣曰：「士璧不待朝命，進師歸州，且捐家貲百萬以供軍費，其志足嘉。」進祕閣修撰、樞密副都承旨，仍舊職。

開慶元年，涪州危，又命士璧往援，北兵夾江爲營，長數十里，阻舟師不能進至浮橋。時朝廷自揚州移賈似道以樞密使宣撫六路，進駐峽州，檄士璧以軍事付呂文德，士璧不從，以計斷橋奏捷，具言方略。未幾，文德亦以捷聞。士璧還峽州，方懷傾奪之疑，尋辟爲宣撫司參議官，遷湖南安撫副使兼知潭州，兼京西、湖南北路宣撫司參議官，加右文殿修撰，尋授權兵部侍郎、湖南安撫使兼知潭州。頃之，升湖南制置副使。大元將兀良哈䚟兵自交阯北還，前鋒至城下，攻圍急，士璧極力守禦，聞後隊且至，遣王輔佑率五百人往覘之，以易正大監其軍，遇於南岳市，一戰有功，潭州圍遂解。事聞，賜金帶，令服繫，進兵部侍郎兼轉運使，餘依舊職。

似道入相，疾其功，非獨不加賞，反諷監察御史陳寅、侍御史孫附鳳一再劾罷之，送潭州居住。又稽守城時所用金穀，逮至行部責償。幕屬方元善者，極意逢迎似道意，士壆坐是死，復拘其妻妾而徵之。其後元善改知吉水縣，俄歸得狂疾，常呼士壆。時輔佑亦遠謫，及文天祥起兵召輔佑于謫所，則死矣。

德祐元年三月，詔追復元官，仍還從官恩數，立廟潭州。明年正月，太府卿柳岳乞錄用其子孫，詔從之。

胡潁字叔獻，潭州湘潭人。父璵，娶趙方弟雍之女，二子，長曰顯，有拳勇，以材武入官，數有戰功，事見趙范傳。潁自幼風神秀異，機警不常，趙氏諸舅以其類己，每加賞鑒。成童卽能倍誦諸經，中童子科，復從兄學弓馬，母不許，曰：「汝家世儒業，不可復爾也。」遂感勵苦學，尤長於春秋。

紹定三年，范討李全，檄潁入幕，潁常微服行諸營，察衆志嚮，歸必三鼓。後全敗，遣潁獻俘于朝，以賞補官。五年，登進士第，卽授京秩。歷官知平江府兼浙西提點刑獄，移湖南兼提舉常平，卽家置司。性不喜邪佞，尤惡言神異，所至毀淫祠數千區，以正風俗。衡州有靈祠，吏民夙所畏事，潁徹之，作來諗堂奉母居之，嘗語道州教授楊允恭曰：「吾夜必瞑坐此室，察影響，咸無有。」允恭對曰：「以爲無則無矣，從而察之，則是又疑其有也。」潁甚善其言。

以樞密都承旨爲廣東經略安撫使。潮州僧寺有大蛇能驚動人，前後仕于潮者皆信奉之。前守去，州人心疑焉，以爲未嘗詣也；已而旱，咸咎守不敬蛇神故致此，後守不得已詣焉，已而蛇蜿蜒而出，守大驚得疾，旋卒。潁至廣州，聞其事，檄潮州令僧舁蛇至，至則其大如柱而黑色，載以闌檻，潁令之曰：「爾有神靈當三日見變怪，過三日則汝無神矣。」既及期，蠢然猶衆蛇耳，遂殺之，毀其寺，幷罪僧。移節廣西，尋還京湖總領財賦。咸淳間卒，贈四官。

潁爲人正直剛果，博學彊記，吐辭成文，書判下筆千言，援據經史，切當事情，倉卒之際，對偶皆精，讀者驚嘆。臨政善斷，不畏彊禦。在浙西，榮王府十二人行劫，潁悉斬之。一日輪對，理宗曰：「聞卿好殺。」意在浙獄，潁曰：「臣不敢屈太祖之法以負陛下，非嗜殺也。」帝爲之默然。

冷應澂字公定，隆興分寧人。寶慶元年進士，調廬陵主簿，卽以廉能著。有愬事臺府者，必曰：「願下廬陵淸主簿。」尤爲楊長孺所識拔。調靜江府司錄參軍，治獄平恕，轉運使范應鈴列薦于朝。

知萬載縣，大修學舍，招俊秀治其業，旌其通經飭行者以勸。歲歉，棄孩滿道，乃下令恣民收養，所棄父母不得復問，全活甚衆。葉夢得〔一〕列其行事，風厲餘邑。通判道州。入監行在榷貨務，遷登聞鼓檢院。

景定元年，奉使督餉江上，還，知德慶府。前守政不立，縱豪吏漁獵，峒獠遂大爲變，傴城六十里而營。應澂未入境，馳檄諭之曰：「汝等不獲已至此，新太守且上，轉禍爲福，一機也。脅從影附，亦宜早計去就，不然不免矣。」獠感悟欲自歸，惑謀主不果，衆稍引去。應澂知其勢解，卽厲士馬，出不意一鼓擒之，縱遣歸農，猶千餘人，乃請諸監司，歸郡之避難留幕府者，誅豪吏之激禍者。初經略雷宜中意應澂必以濟師來請，及是歎服，亟上其事，薦應澂可大用。

屬縣租賦，諉道阻久不至郡，應澂爲之期曰：「首輸者與減分，末至則償所減。」民惟恐後，不一月訖事。凡諸綱官廩稍軍券，前政積不得者悉補還之，上下欣附。應澂亦極力摩撫，與爲簡便。期年報政，奏罷抑配鹽法及乞用楮劵折銀綱等五事，以紓民力，詔就升本道提舉常平兼轉運使，俾行其說。首劾守令貪橫不法十餘人，列郡肅然。最聞，加直祕閣。時經略使陳宗禮入爲參知政事，帝問誰可代卿者，宗禮以應徽對，旋召爲都官郎官，未行，就升直寶章閣、知廣州，主管廣南東路經略安撫司公事、馬步軍都總管，領漕、庾如故。

五司叢劇，應徽卽分時理務，不擾不劇，常曰：「治官事當如家事，惜官物當如己物。方今國計內虛，邊聲外震，吾等受上厚恩，安得淸談自高以誤世。陶士行、卞望之吾師也。」自聞襄、樊受圍，日繕器械，裕財粟，以備倉卒，後卒賴其用。屢平大寇，未嘗輕殺，笞杖以降，亦加審愼，至其臨事輒斷，雖勢要不爲撓奪。後卒于家。

曹叔遠字器遠，溫州瑞安人。少學于陳傅良。登紹熙元年進士第。久之，李壁薦爲國子學錄，迕韓侂胄，罷。通判涪州，後守遂寧，營卒莫簡苦總領所侵刻，相率稱亂，勢張甚，入遂寧境，輒戢其徒無肆暴，曰：「此江南好官員也。」入朝，爲工部郞，出知袁州。以太常少卿召，權禮部侍郎，遇事獻替，多所裨益。終徽猷閣待制，諡文肅。嘗編永嘉譜，識者謂其有史才。子觷，孫邰，皆登進士第。族子豳。

幽字西士，少從錢文子學，登嘉泰二年進士第，授安吉州教授。調重慶府司法參軍，郡守度正欲薦之，幽辭曰：「章司錄母老，請先之。」正敬嘆。改知建昌縣，復故尚書李常山房，建齋舍以處諸生。擢祕書丞兼倉部郎官。出爲浙西提舉常平，面陳和糴折納之敝，建虎丘書院以祀尹焞。移浙東提點刑獄，寒食放囚歸祀其先，囚感泣如期至。召爲左司諫，與王萬、郭磊卿、徐淸叟俱負直聲，當時號「嘉熙四諫」。上疏言：「立太子、厚倫紀，以弭火災。」又論余天錫、李鳴復之過，迕旨，遷起居郎。進禮部侍郎，不拜，疏七上，進古詩以寓規正。久之，起知福州，再以侍郎召，爲臺臣所沮而止。遂守寶章閣待制致仕，卒謚文恭。子愉老，亦登進士第。

王萬字處一，家世婺州，父遊淮間，萬因生長濠州。少忠伉有大志，究心當世急務，尤精於邊防要害。登嘉定十六年進士第，調和州教授。端平元年，主管尚書吏部架閣文字，遷國子學錄。明年，添差通判鎭江府。

時金初滅，當路多知其人豪也，咨問者旁午。鄭淸之初謀乘虛取河洛，萬謂當急爲自治之規。已而大元兵壓境，三邊震動，理宗下罪己詔，吳泳起草，又以咨萬，萬謂：「兵固失矣，言之甚，恐亦不可。今邊民生意如髮，宜以振厲奮發，興感人心。」爲條具沿邊事宜，徧告大臣要官，謂：「長淮千里，中間無大山澤爲限，擊首尾應，正如常山蛇勢，首當併兩淮爲一制閫之命是聽。兩淮惟濠州居中。濠之東爲盱眙，爲楚，以達鹽城，淮流深廣，敵所難度。濠之西爲安豐，爲光，以達信陽，淮流淺澀，敵每揭厲以涉之。法當調揚州北軍三千人，自淮東擣虛，常往來宿、亳間，使敵無意於東，而我併力淮西。淮西則又惟合肥居江、淮南北之中，法當建制置司合肥，而以濠梁、安豐、光州爲臂，以黃岡爲肘後緩急之助。又必令荆、襄每候西兵東來，輒尾之，使淮、襄之勢亦合，而後大規橅可立。」

論用兵，則謂：「當以五千人爲屯，每屯一將、二長，一大將一路，又合一大將而併合於制置爲總統。淮東可精兵三萬，光、黃可二萬，東西夾擊，而沿江制司會合肥兵共二萬，以牽制其中。行則給營陣，止則依城壘；行則齎乾糧，止則就食州縣。」論屯田，則謂：「當於新復州軍，東則海、邳，所依者水之險，西則唐、鄧，所依者山之險，盡此無地無田不耕，則歸附新軍流落餘民亦有固志。」

又謂：「戎司舊分地戍守，殿步兵戍眞、揚、六合，鎭江兵戍揚、楚、盱眙，建康馬司兵戍滁、濠、定遠，都統司兵戍廬、和、安豐，以至池司兵戍舒、蘄、巢縣，江司兵戍蘄、黃、浮光，地勢皆順，皆以統制部之出外，而皆常有帥臣居內，以本軍財賦葺營栅，撫士卒，備器械，以故軍事常整辦。遇警急則帥臣親統重兵以行。比乃有以建康馬帥而知黃州者，都統而知光州者，以池司都統而在楚州，以鎭江都統而在應天者，將不知兵，兵不屬將，往往以本軍之財，資他處之用，以致營栅壞而莫修，士卒貧而莫給，器械鈍而莫繕，宜與盡還舊制。」及請寬邊民，請團民兵，請援浮光，請邊民之能捍邊者，常厚其賞而小其官，使常得其力。其後兵興用窘，履畝之令行，則又言之廟堂曰：「今名更化，可反爲故相之所不爲乎？」其他敷陳，往往累數萬言，其自任之篤，切於當世如此。三年，授樞密院編脩官。

嘉熙六年〔三〕，兼權屯田郎中，因轉對，言：「天命去留原於君心，陛下一一而思之，凡惻然有觸於心而未能安者，皆心之未能同乎天者也。天不在天，而在陛下之心，苟能天人合一，永永勿替，天命在我矣。」差知台州，至郡日，惟蔬飯，終日坐廳事，事至立斷，吏無所售，往往改業散去，民亦化之不復訟，上下肅然，郡以大治。才五月，乞祠去。三年，遷屯田員外郎兼編修，轉對，言：「君臣上下盡克私心，以服人心，以回天心。」遷尙右郎官，尋兼崇政殿說書。

四年，擢監察御史。首論史宅之，故相之子，曩者弄權，不當復玷從班。上命丞相再三諭旨，迄不奉詔。上不得已，出宅之知平江府。又論之，疏凡五上，史嵩之自江上董師入相，萬又首論之，謂其「事體迫遽，氣象傾搖，太學生欲趣其歸，則賄賂之迹已形。近或謂有族人發其私事，肆爲醜詆者，以相國大臣而若此，非書之所謂大臣矣」。然當時論相之事已決，疏入，遷大理少卿。萬卽日還常熟寓舍。遷太常少卿，辭。差知寧國府，辭。召赴行在奏事，出爲福建提點刑獄，加直煥章閣、四川宣諭司參議官，皆力辭，乞休致。詔特轉朝奉郎，守太常少卿致仕，卒。嵩之罷相，衆方交論其非，上思萬先見，親賜御札，謂萬「立朝蹇諤，古之遺直，爲郡廉平，古之遺愛。聞其母老家貧，朕甚念之，賜新會五千貫，田五百畝，以贍給其家」。

初，萬之學專有得於「時習」之語，謂學莫先於言顧行，言然而行，未然者非言之僞也，習未熟也，熟則言行一矣。故終其身，行無不顧其言。發於設施論諫，皆根於中心。遺文有時習編及其他奏箚及論天下事者凡十卷。

馬光祖字華父，婺州金華人。寶慶二年進士，調新喻主簿，已有能名。從眞德秀學。改知餘干縣，差知高郵軍，遷軍器監主簿，差充督視行府參議官。奉雲臺祠。差知處州，監登聞鼓院，進太府寺丞兼莊文府教授、右曹郎官。出知處州，乞降僧道牒振濟，詔從之。加直祕閣、浙東提舉常平。移浙西提點刑獄，時暫兼權浙西提舉常平。起復軍器監、總領淮東軍馬錢糧兼知鎭江。進直徽猷閣、江西轉運副使兼知隆興府。以右正言劉漢弼言罷。後九年，起直徽猷閣、知太平州、提領江西茶鹽所。進直寶文閣，遷太府少卿，仍知太平州、提領江、淮茶鹽所。遷司農卿、淮西總領兼權江東轉運使。

拜戶部尙書兼知臨安府、浙西安撫使。帝諭丞相謝方叔趣入覲，乞嚴下海米禁，歷陳京師艱食、和糴增價、海道致寇三害。加寶章閣直學士、沿江制置使、江東安撫使、知建康府兼行宮留守兼節制和州無爲軍安慶府三郡屯田使，加煥章閣，尋加寶章閣學士。始至官，卽以常例公用器皿錢二十萬緡支犒軍民，減租稅，養鰥寡孤疾無告之人，招兵置砦，給錢助諸軍昏嫁。屬縣稅折收絲綿絹帛，倚閣除免以數萬計。興學校，禮賢才，辟召僚屬，皆極一時之選。

拜端明殿學士、荆湖制置、知江陵府，去而建康之民思之不已。帝聞，命以資政殿學士、沿江制置大使、江東安撫使再知建康，士女相慶。光祖益思寬養民力，興廢起壞，知無不爲，蠲除前政逋負錢百餘萬緡，魚利稅課悉罷減予民，修建明道、南軒書院及上元縣學。撙節費用，建平糴倉，貯米十五萬石，又爲庫貯糴本二百餘萬緡，補其折閱，發糴常減於市價，以利小民。修飭武備，防拓要害，邊賴以安。其爲政寬猛適宜，事存大體。

公田法行，光祖移書賈似道言公田法非便，乞不以及江東，必欲行之，罷光祖乃可。進大學士兼淮西總領。召赴行在，遷提領戶部財用兼知臨安府、浙西安撫使。會歲饑，榮王府積粟不發廩，光祖謁王，辭以故，明日往，亦如之，又明日又往，臥客次，王不得已見焉。光祖厲聲曰：「天下孰不知大王子爲儲君，大王不於此時收人心乎？」王以無粟辭；光祖探懷中文書曰：「某莊某倉若干。」王無以辭，得粟活民甚多。進同知樞密院事，尋差知福州、福建安撫使，以侍御史陳堯道言罷，以前職提舉洞霄宮。再以沿江制置、江東安撫使知建康，郡民爲建祠六所。乞致仕，不許。咸淳三年，拜參知政事。五年，拜知樞密院事兼參知政事，以監察御史曾淵子言罷。給事中盧鉞復繳奏新命，以金紫光祿大夫致仕，卒，謚莊敏。

光祖之在外，練兵豐財；朝廷以之爲京尹，則剸治浩穰，風績凜然。三至建康，終始一紀，威惠並行，百廢無不修舉云。

論曰：吳淵才具優長，而嚴酷累之。余玠意氣豪雄，而志不克信。賈似道不用汪立信之策，殆天奪其魄矣。向士璧卒阨於似道，宋之不足圖存，蓋可知也。胡潁好毀淫祠，非其中之無慊，不能爾也。冷應澂安邊之才。曹叔遠、王萬皆正人端士。馬光祖治建康，逮今遺愛猶在民心，可謂能臣已。

## 校勘記

〔一〕葉夢得　按葉夢得，南宋初人；葉夢鼎於淳祐間權知袁州，見本書卷四一四葉夢鼎傳；萬載爲袁州屬縣；淳祐年代在寶慶、景定之間。此處所敍事與葉夢得無關，疑「得」爲「鼎」字之誤。

〔二〕嘉熙六年　按嘉熙無六年，宋史全文卷三三記有嘉熙元年二月屯田郎官王萬進對事，當與此處所敍事有關。

# 宋史卷四百一十七

## 列傳第一百七十六

### 喬行簡　范鍾　游似　趙葵兄范　謝方叔

喬行簡字壽朋，婺州東陽人。學于呂祖謙之門。登紹熙四年進士第。歷官知通州，條上便民事。主管戶部架閣，召試館職，爲秘書省正字兼樞密院編修官。升祕書郎，爲淮西轉運判官，知嘉興府。改淮南轉運判官兼淮西提點刑獄、提舉常平。言金有必亡之形，中國宜靜以觀變。因列上備邊四事。會近臣有主戰者，師遂出，金人因破蘄、黃。移浙西提點刑獄兼知鎭江府。遷起居郎兼國子司業，兼國史編修、實錄檢討，兼侍講。尋遷宗正少卿、祕書監，權工部侍郎，皆任兼職。

理宗卽位，行簡貽書丞相史彌遠，請帝法孝宗行三年喪。應詔上疏曰：

求賢、求言二詔之頒，果能確守初意，深求實益，則人才振而治本立，國威張而姦宄銷。臣竊觀近事，似或不然。夫自侍從至郎官凡幾人，自監司至郡守凡幾人，今其所舉賢能才識之士又不知其幾人也，陛下蓋嘗摭其一二欲召用之矣。凡內外小大之臣囊封來上，或直或巽，或切或泛，無所不有，陛下亦嘗摭其一二見之施行且褒賞之矣。而天下終疑陛下之爲具文。蓋以所召者，非久無宦情決不肯來之人，則年已衰暮決不可來之人耳。彼風節素著、持正不阿、廉介有守、臨事不撓者，論薦雖多，固未嘗收拾而召之也。其所施行褒賞者，往往皆末節細故，無關於理亂，粗述古今，不至於抵觸，然後取之以示吾有聽受之意。其間亦豈無深憂遠識高出衆見之表，忠言至計有補聖聽之聰者，固未聞采納而用之也。

自陛下臨御至今，班行之彥，麾節之臣，有因論列而去，有因自請而歸。其人或以職業有聞，或以言語自見，天下未知其得罪之由，徒見其置散投閒，倏來驟去，甚至廢罷而鐫褫，削奪而流竄，皆以爲陛下黜遠善士，厭惡直言。去者遂以此而得名，朝廷乃因是而致謗，其亦何便於此。夫賢路當廣而不當狹，言路當開而不當塞，治亂安危，莫不由此。

又言：「敬天命，伸士氣。」時帝移御清燕殿，行簡奏「願加畏謹」，且言：「羣賢方集，願勿因濟王議異同，致有渙散。」升兼侍讀，兼國子祭酒、吏部侍郎，權禮部尙書。權刑部尙書，拜端明殿學士、同簽書樞密院事，進簽書樞密院事。

太后崩，疏言：

向者，陛下內廷舉動，皆有稟承。小人縱有蠱惑干求之心，猶有所忌憚而不敢發，今者，安能保小人之不萌是心？陛下又安能保聖心之不無少肆？陛下爲天下君，當懋建皇極，一循大公，不應私徇小人爲其所誤。

凡爲此者，皆戚畹肺肝之親，近習貴幸之臣，奔走使令之輩。外取貨財，內壞綱紀。上以罔人君之聰明，來天下之怨謗；下以撓官府之公道，亂民間之曲直。縱而不已，其勢必至於假采聽之言而傷動善類，設衆人之譽而進拔憸人，借納忠效勤之意而售其陰險巧佞之姦。日積月累，氣勢益張，人主之威權，將爲所竊弄而不自知矣。

陛下衰絰在身，愈當警戒，宮庭之間既無所嚴憚，嬪御之人又視昔衆多，以春秋方富之年，居聲色易縱之地，萬一於此不能自制，必於盛德大有虧損。願陛下常加警省。

又論火災求言，乞取其切者付外行之。又論許國不當換文資，其當慮者有五；鄭損不當帥蜀。

又言：「時青者，以官則國家之節度，以人則邊陲之大將，一旦遽爲李全所戕，是必疑其終爲我用，慮變生肘腋，故先其未發驅除之。竊意軍中必有憤激思奮之人，莫若乘勢就淮陰一軍拔其尤者以護其師，然後明指殺青者之姓名，俾之誅戮，加贈恤之典於青，則其勢自分，而吾得藉此以制之，則可折其姦心而存吾之大體。不然，跋扈者專殺而不敢誅，有功者見殺而不敢怨，彼知朝廷一用柔道而威斷不施，烏保其不遞相視效？則其所當慮者，不獨李全一人而已。」

又言：「山陽民散財殫，非凶賊久安之地，當日夜爲鴟張之計。揚州城堅勢壯，足以坐制全淮，此曹未必無窺伺之心，或爲所入，則淮東俱非我有，不可不先爲之慮也。」又請屯駐重兵海道，內爲吳、越之捍蔽，外爲南北之限制。

又論：「李全攻圍泰州，勦除之兵今不可已。此賊氣貌無以踰人，未必有長算深謀，直剽捍勇決，能長雄於其黨耳。況其守泗之西城則失西城，守下邳則失下邳，守青社則失青社，既又降北，此特敗軍之將。十年之內，自白丁至三孤，功薄報豐，反背義忘恩，此天理人情之所共憤，惟決意行之。」後皆如行簡所料。拜參知政事兼知樞密院事。時議收復三京，行簡在告，上疏曰：

八陵有可朝之路，中原有可復之機，以大有爲之資，當有可爲之會，則事之有成，固可坐而策也。臣不憂出師之無功，而憂事力之不可繼。有功而至於不可繼，則其憂始深矣。夫自古英君，必先治內而後治外。陛下視今日之內治，其已舉乎，其未舉乎？向未攬權之前，其敝凡幾？今既親政之後，其已更新者凡幾？欲用君子，則其志未盡伸；欲去小人，則其心未盡革。上有厲精更始之意，而士大夫之苟且不務任責者自若。朝廷有禁包苴、戒貪墨之令，而州縣之黷貨不知盈厭者自如。欲行楮令，則外郡之新券雖低價而莫售；欲平物價，則京師之百貨視舊直而不殊。紀綱法度，多頹弛而未張；賞刑號令，皆玩視而不肅。此皆陛下國內之臣子，猶令之而未從，作之而不應，乃欲闔闢乾坤，混一區宇，制姦雄而折戎狄，其能盡如吾意乎？此臣之所憂者一也。

自古帝王，欲用其民者，必先得其心以爲根本。數十年來，上下皆懷利以相接，而不知有所謂義。民方憾於守令，緩急豈有效死勿去之人；卒不愛其將校，臨陳豈有奮勇直前之士。蓄怨含憤，積於平日，見難則避，遇敵則奔，惟利是顧，皇恤其他。人心如此，陛下曾未有以轉移固結之，遽欲驅之北鄉，從事於鋒鏑，忠義之心何由而發？況乎境內之民，困於州縣之貪刻，阨於勢家之兼并，飢寒之氓常欲乘時而報怨，茶鹽之寇常欲伺間而竊發，蕭牆之憂凜未可保。萬一兵興於外，綴於強敵而不得休，潢池赤子，復有如江、閩、東浙之事，其將奈何？夫民至愚而不可忽，內郡武備單弱，民之所素易也。往時江、閩、東浙之寇，皆藉邊兵以制之。今此曹猶多竄伏山谷，窺伺田里，彼知朝廷方有事於北方，其勢不能以相及，寧不又動其姦心？此臣之所憂者二也。

自古英君，規恢進取，必須選將練兵，豐財足食，然後舉事。今邊面遼闊，出師非止一塗，陛下之將，足當一面者幾人？勇而能鬥者幾人？智而善謀者幾人？非屈指得二三十輩，恐不足以備驅馳。陛下之兵，能戰者幾萬？分道而趣京、洛者幾萬？留屯而守淮、襄者幾萬？非按籍得二三十萬衆，恐不足以事進取。借曰帥臣威望素著，以意氣招徠，以功賞激勸，推擇行伍卽可爲將，接納降附卽可爲兵，臣實未知錢糧之所從出也。興師十萬，日費千金，千里餽糧，士有飢色。今之餽餫，累日不已，至於累月，累月不已，至於累歲，不知累幾千金而後可以供其費也。今百姓多垂罄之室，州縣多赤立之帑，大軍一動，厥費多端，其將何以給之？今陛下不愛金幣以應邊臣之求，可一而不可再，可再而不可三。再三之後，兵事未已，欲中輟則廢前功，欲勉強則無事力。國既不足，民亦不堪。臣恐北方未可圖，而南方已先騷動矣。中原蹂踐之餘，所在空曠，縱使東南有米可運，然道里遼遠，寧免乏絕，由淮而進，縱有河渠可通，寧無盜賊邀取之患？由襄而進，必須負載二十鍾而致一石，亦恐未必能達。若頓師千里之外，糧道不繼，當此之時，孫、吳爲謀主，韓、彭爲兵帥，亦恐無以爲策。他日運糧不繼，進退不能，必勞聖慮，此臣之所憂者三也。願陛下堅持聖意，定爲國論，以絕紛紛之說。不果從。進知樞密院事。

時議御閱不果，反騄汰之，殿司軍閧，爲之黜主帥，罷都司官，給黃榜撫存，軍愈呼譟。行簡以聞，戮爲首者二十餘人，衆乃帖息。尋拜右丞相，言「三京撓敗之餘，事與前異，但當益修戰守之備。襄陽失守，請急收復。」或又陳進取之計，行簡奏：「今內外事勢可憂而不可恃者七。」言甚懇切，師得不出。

端平三年九月，有事于明堂，大雷雨。行簡與鄭清之並策免。既去，而獨趣召行簡還京，留之，拜左丞相。援韓琦故事，乞以邊防、財用分委三執政，請修中興五朝國事。十上章請謝事。嘉熙三年，拜平章軍國重事，封肅國公。每以上游重地爲念，請建節度宣撫使，提兵戍夔。邊事稍寧，復告老，章十八上。四年，加少師、保寧軍節度使、醴泉觀使，封魯國公。淳祐元年二月，薨于家，年八十六。贈太師，謚文惠。

行簡歷練老成，識量弘遠，居官無所不言。好薦士，多至顯達，至於舉錢時、吳如愚，又皆當時隱逸之賢者。所著有周禮總說、孔山文集。

范鍾字仲和，婺州蘭溪人。嘉定二年，舉進士。歷官調武學博士，添差通判太平州，知徽州。召赴闕，遷刑部郎官，又遷尙右郎官兼崇政殿說書。進對，帝曰：「仁宗時甚多事。」鍾對曰：「仁宗始雖多事，乃以憂勤致治。徽宗始雖無事，餘患至于今日。」帝悅。尋遷吏部郎中兼說書，又遷祕書少監、國子司業兼國史編修、實錄檢討。拜起居郎兼祭酒，權兵部侍郎兼同修國史、實錄同修撰。遷兵部侍郎兼給事中，權兵部尙書兼侍講，尋兼侍讀。嘉熙三年，拜端明殿學士、簽書樞密院事。四年，授參知政事。淳祐元年，乞歸田里，不許。四年，知樞密院事，乞歸田里。五年，特拜左丞相兼樞密使，封東陽郡公，再乞歸田里，不許。六年，復請，許之。加觀文殿大學士、醴泉觀使兼侍讀，辭不拜，以保晚節，乃提舉洞霄宮。九年正月，薨。

鍾爲相，直淸守法，重惜名器，雖無赫赫可稱，而淸德雅量，與杜範、李宗勉齊名。贈少師，謚文肅。所著書有禮記解。

游似字景仁，利路提點刑獄仲鴻之子。嘉定十四年進士，歷官爲大理司直，升大理寺丞，遷太常丞兼權兵部郎官。遷祕書丞兼權考功郎中、直祕閣、夔路轉運判官，移潼川提點刑獄兼提舉常平。請封謚田錫，從之。遷軍器監、宗正少卿兼權樞密都承旨。時暫兼權禮部侍郎兼侍講、權禮部侍郎。有事于明堂，似上疏言：「欲盡事天之禮，當盡敬天之心。心存則政事必適其宜，言動必當其理，雨暘必循其序，夷夏必安其生。」兼同修國史、實錄院同修撰，權禮部尚書兼侍讀。言：「軍賞冒濫，請給告之制，奏功者書塡眞命付之，候從軍十年，别能立功，升至統領已上，方許從所屬保明申朝廷，立名給告，則冒濫者革，功勞者勸。」

遷禮部尚書兼給事中兼修國史、實錄院修撰，權工部侍郎，充四川宣撫司參贊軍事兼給事中。遷吏部尚書，入侍經幄。帝問：「唐太宗貞觀治效何速如是？」似對曰：「人主一念之烈，足以旋乾轉坤。或謂霸圖速而王道遲，不知一日歸仁，期月而可，王道曷嘗不速。一念有時間斷，則無以挽回天下之大勢。至於憂勤，既切宸念，而佐理非人，亦何以布宣九重之實。」乃摭太宗事以陳，且謂：「太宗矜心易啓，漸弗克終，僅止貞觀之治。陛下嗣服十有五年，艱危之勢滋甚，回視太宗治效敏速、相越乃爾。意者親儒而從諫，敬畏以檢身，未若貞觀之超卓乎？節用以致愛，選廉以共理，未若貞觀之切至乎？願陛下益加聖心。」

嘉熙三年正月，拜端明殿學士、同簽書樞密院事，封南充縣伯。八月，拜參知政事。四年閏月，知樞密院事兼參知政事。淳祐四年，提舉萬壽觀兼侍讀，仍奉朝請，授知樞密院事兼參知政事，進爵郡公。五年，拜右丞相兼樞密使。十上章，乞歸田里，帝不許。七年，特授觀文殿大學士、醴泉觀使兼侍讀，進爵國公。十一年，轉兩官致仕，薨。特贈少師。

趙葵字南仲，京湖制置使方之子。初生時，或夢南岳神降其家。方在襄陽，命葵專督飲食共養之事。與兄范俱有志事功，方器之，聘鄭清之、全子才爲之師。又遣從南康李燔爲有用之學。每聞警報，與諸將偕出，遇敵則深入死戰，諸將惟恐失制置子，盡死救之，屢以此獲捷。一日，方賞將士，恩不償勞，軍欲爲變。葵時十二三，覺之，亟呼曰：「此朝廷賜也，本司別有賞賚。」軍心賴一言而定，人服其機警。

嘉定十年，金將高琪、烏古論慶壽犯襄陽，圍棗陽。時邊烽久熄，金兵猝至，人情震懼。方帥范、葵往戰，敗走之。十三年，方遣葵及都統扈再興攻金人至高頭。高頭，金人必守之處也，出勁兵拒戰，葵率先鋒奮擊，再興繼進殲之。翼日，進攻鄧州，金人阻洪河以拒。葵麾軍進擊，楊義諸將繼至，金兵亦大出合戰，大破之，俘斬及降者幾二萬，獲萬戶而下十數人，奪馬八百，逐北直傳城下而還。

十四年，金人犯蘄州，葵與范攻唐、鄧。方命之曰：「不克敵，毋相見也。」三月丁亥，至唐州，薄城而陳。金大將阿海引兵出戰，葵帥精騎赴敵，再興從之，大捷，斬馘萬餘。金人閉門不出。時金人陷蘄州者至久長，數十騎出山椒〔一〕，葵帥楊大成以十四騎逐之。金騎漸益至數百，葵力戰連破之，而金步騎大集。會范、再興軍合戰，至夜分始解。庚寅，官軍分二陣，范將左，再興將右，葵帥突騎左右策應。金人背山亦分爲二以相當，而不先動。范曰：「金人必復謀夜戰以倖勝，乃預備大鼓，令軍中聞疊鼓聲始動，若彼未至五十步內而輒動者斬。」未幾，金兵稍下山，再興遽衝之，果爲敵所乘，遂逼范軍。范疊鼓麾軍突鬥，葵繼進，殲金兵數千。敵併力向再興，葵率土豪祝文蔚等以精騎橫衝之，金人僵屍相屬。復相持至夜分，金人雖斂，而陣如故。范、葵急會將校，選死士數千，黎明四面奮擊，喚聲撼山谷。金人走，乘勝逐北，斬首數千級，副統軍掇戈降，拔所掠子女萬餘，得輜重器械山積。補葵承務郎、知棗陽軍，范授安撫司內機。

方卒，十五年，起復直祕閣、通判廬州，進大理司直、淮西安撫參議官。十七年，李全往青州，淮東制置使許國檄葵議兵。葵至曰：「君侯欲圖賊，而坐賊穽中，悔已無及，惟有重帳前兵，猶足制之爾。」國曰：「兵不能集，集不能精，柰何？」曰：「葵請視兩路之兵，別其精銳，君侯留三萬帳前，賊不敢動矣。」國曰：「不若集淮兵來閱，而君董之，既足示衆，亦可選銳。」葵曰：「有兵之郡，必當衝要，守將豈可空壁以從制使命耶？必將力爭于朝，分留自衞。一得朝命，必匿其強壯，遣老弱以備數。本欲選銳，適得其鈍，本欲示衆，適示單弱，徒啓戎心。」國不聽，卒敗。

寶慶元年，范知揚州，乞調葵以強勇、雄邊軍五千屯寶應備賊。葵在廬州，數費私錢會諸將毬射，與制置使曾式中不合，葵去之。言者以爲擅，遂奉祠。三年，起爲將作監丞。

紹定元年，出知滁州。二年，全將入浙西告糴，實欲覘畿甸也。初，全之獻俘也，朝廷授以節鉞，葵策其必叛，乃上書丞相史彌遠曰：「此賊若止於得粟，尚不宜使輕至內地，況包藏禍心，不止告糴。若不痛抑其萌，則自此肆行無憚，所謂延盜入室，恐畿內有不可勝諱之憂。」至滁，以其地當賊衝，又與金人對境，實兩淮門戶，修城浚隍，經武不少暇。命秦喜守青平，趙必勝守萬山，以壯形勢。葵母疾，謁告省侍不得，封股雜藥以寄之。母卒，葵求解官，不許，不得已，卒哭復視事。

全造舟益急，葵復致書史彌遠曰：「李全既破鹽城，反稱陳知縣自棄城，蓋欲欺朝廷以款討罪之師，彼得一意修舟楫，造器械，窺伺城邑，或直浮海以擣腹心，此其姦謀，明若觀火。葵自聞鹽城失守，日夕延頸以俟制帥之設施，今乃聞遣王節入鹽城祈哀於逆。葵又聞遣二吏入山陽，請命于賊婦。堂堂制閫，如此舉措，豈不墮賊計，貽笑天下、貽笑外夷乎？又聞張國明前此出山陽，已知賊將舉鹽城之兵，今若聽國明言，更從闊略，則自此人心解體，萬事渙散，社稷之憂有不可勝諱者。葵非欲張皇生事啓釁，李全决非忠臣，非孝子。丞相苟聽葵之言，翻然改圖，發兵討叛，則豈獨可以强國勢安社稷，葵父子世受國恩，亦庶幾萬一之報。使丞相不聽葵言，不發兵討賊，則豈特不可以彊國勢安社稷，而葵亦不知死所，不復可報君相之恩矣。一安一危，一治一亂，係朝廷之討叛與不討爾。淮東安則江南安，江南安則社稷安，社稷安則丞相安，丞相安則凡爲國之臣子、爲丞相之門人弟子莫不安矣。」

又言於朝曰：「葵父子兄弟，世受國恩，每見外夷、盜賊侵侮國家，未嘗不爲忠憤所激。今大逆不道，邈視朝廷，負君相卵翼之恩，無如李全。前此畔逆未彰，猶可言也，今已破蕩城邑，略無忌憚，若朝廷更從隱忍，則將何以爲國？欲望特發剛斷，名其爲賊，即日命將遣師，水陸並進，誅鋤此逆，以安社稷，以保生靈。葵雖不才，願身許朝廷；如或不然，乞將葵早賜處分，以安邊鄙，以便國事。」

彌遠猶未欲興討，參知政事鄭淸之贊决之。乃加葵直寶章閣、淮東提點刑獄兼知滁州。范刻日約葵，葵帥雄勝、寧淮、武定、彊勇步騎萬四千，命王鑑、扈斌、胡顯等將之，以葵兼參議官。顯，顥之兄也，拳力絕人，方在襄陽，每出師必使顯及葵各領精銳分道赴戰，摧堅陷陣，聚散離合，前無勁敵，以功至檢校太尉。

已而，全攻揚州東門，葵親出搏戰。賊將張友呼城門請葵出，及出，全在隔壕立馬相勞苦。左右欲射全，葵止之，問全來何爲？全曰：「朝廷動見猜疑，今復絕我糧餉，我非背叛，索錢糧耳。」葵曰：「朝廷資汝錢糧，寵汝官職，蓋不貲矣。待汝以忠臣孝子，而乃反戈攻陷城邑，朝廷安得不絕汝錢糧。汝云非叛，欺人乎？欺天乎？」切責之言甚多，全無以對，彎弓抽矢向葵而去。於是數戰皆捷。四年正月壬寅，遂殺全。事見全傳。進葵福州觀察使、左驍衞上將軍，葵辭不受。八月，召封樞密院稟議，受寶章閣待制、樞密副都承旨，依舊職仍落起復，尋進兵部侍郎。

六年十一月，詔授淮東制置使兼知揚州，入對，帝曰：「卿父子兄弟，宣力甚多，卿在行陣又能率先士卒，捐身報國，此尤儒臣之所難，朕甚嘉之。」葵頓首謝曰：「臣不佞，忠孝之義，嘗奉教於君子，世受國恩，當捐軀以報陛下。」

端平元年，朝議收復三京，葵上疏請出戰，乃授權兵部尚書、京河制置使，知應天府、南京留守兼淮東制置使。時盛暑行師，汴隄破決，水潦泛溢，糧運不繼，所復州郡，皆空城，無兵食可因。未幾，北兵南下，渡河，發水閘，兵多溺死，遂潰而歸。范上表劾葵，詔與全子才各降一秩，授兵部侍郎、淮東制置使，移司泗州。

嘉熙元年，以寶章閣學士知揚州，依舊制置使。二年，以應援安豐捷，奏拜刑部尙書，進端明殿學士，特予執政恩例，復兼本路屯田使。葵前後留揚八年，墾田治兵，邊備益飭。淳祐二年，進大學士、知潭州、湖南安撫使，改福州。

三年，葬其母，乞追服終制，不允。葵上疏曰：「移忠爲孝，臣子之通誼；教孝求忠，君父之至仁。忠孝一原，並行不悖。故曰忠臣以事其君，孝子以事其親，其本一也。臣不佞，戒謹持循，惟恐先墜。往歲叨當事任，服在戎行，偕同氣以率先，冒萬死而不顧，捐軀戡難，效命守封，是以孝事君之充也。陛下昭示顯揚，優崇寵數，使爲人子者感恩，爲人親者知勸矣。臣昨於草土，被命起家，勉從權制，先國家之急而後親喪也。今釋位去官，已追服居廬，乞從彝制。」又不許。再上疏曰：「臣昔者奉詔討逆，適丁家難，閔然哀疚之中，命以驅馳之事，移孝爲忠，所不敢辭。是臣嘗先國家之急，而效臣子之義矣。親恩未報，寖踰一紀，食稻衣錦，俯仰增愧。且臣業已追衰麻之制，伸苫塊之哀，負土成墳，倚廬待盡，喪事有進而無退，固不應數月而除也。」乃命提舉洞霄宮，不拜。

淳祐四年，授同知樞密院事。疏奏：「今天下之事，其大者有幾？天下之才，其可用者有幾？吾從其大者而講明之，疏其可用者而任使之。有勇略者治兵，有心計者治財，寬厚者任牧養，剛正者持風憲。爲官擇人，不爲人而擇官。用之既當，任之既久，然後可以責其成效。」又乞「亟與宰臣講求規畫，凡有關於宗社安危治亂之大計者條具以聞，審其所先後緩急以圖籌策，則治功可成，外患不足畏」。又乞「創游擊軍三萬人以防江」。詔從之。十二月，拜知樞密院事兼參知政事。又特授樞密使兼參知政事，督視江、淮、京西、湖北軍馬，封長沙郡公。尋知建康府、行宮留守、江東安撫使。

九年，特授光祿大夫、右丞相兼樞密使，封信國公。四上表力辭，言者以宰相須用讀書人，罷爲觀文殿學士，充醴泉觀使兼侍讀，仍奉朝請。尋判潭州、湖南安撫使，加特進。寶祐二年，宣撫廣西。三年，改鎭荆湖，城荆門及郢州。改授湖南路安撫使、判潭州，再辭，依舊職醴泉觀使。五年，進少保、寧遠軍節度使，進封魏國公、醴泉觀使兼侍讀。四辭，免。開慶元年，判慶元府、沿海制置使，尋授沿江、江東宣撫使，置司建康府，任責隆興府、饒州江州徽州兩界防拓調遣，時暫兼判建康府、行宮留守，尋授江東西宣撫使，節制調遣饒、信、袁、臨江、撫、吉、隆興官軍民兵。訪問百姓疾苦，罷行黜陟，並許便宜從事。景定元年，授兩淮宣撫使、判揚州，進封魯國公，尋奉祠。咸淳元年，加少傅。二年，乞致仕，特授少師、武安軍節度使，進封冀國公。舟次小孤山，薨，年八十一。是夕，五洲星隕如箕。贈太傅，謚忠靖。

范字武仲，少從父軍中。嘉定十三年，嘗與弟葵殲金人于高頭。十四年，出師唐、鄧，范與葵監軍。孟宗政時知棗陽，憚於供億，使人問曰：「金人在蘄、黃，而君攻唐、鄧，何也？」范曰：「不然，徹襄陽之備以救蘄、黃，則唐、鄧必將躡吾後。且蘄、黃之寇正銳，曷若先擣唐、鄧以示有餘，唐、鄧應我之不暇，則吾圉不守而自固，寇在蘄、黃師日以老，然後回師蹙之，可勝敵而無後患。」又敗金人於久長，與弟葵俱授制置安撫司內機，事具葵傳。

十五年，丁父憂，起復直祕閣、通判揚州。十六年，爲軍器監丞，以直祕閣知光州。十七年，入爲知大宗正丞、刑部侍郎、試將作監兼權知鎭江府。進直徽猷閣、知揚州、淮東安撫副使。劉全、王文信二軍老幼留揚州，范欲修軍政，懼其徒漏泄兵機，乃時餽勞。二家旣大喜，范卽遣徐晞稷書，令敎二人挈家歸楚，二人從之，范厚賚以遣。有孫海者，其衆亦八百。范倂請抽還楚州，又請創馬軍三千，招游手之強壯者及籍牢城重役人充之。別籍民爲半年兵，春夏在田，秋冬敎閱。官免建砦而私不廢農。

彭義斌使統領張士顯見范，請合謀討李全。范告于制置使趙善湘曰：「以義斌蹙全，如山壓卵；然必請而後討者，知有朝廷也。失此不右，而右凶徒，則權綱解紐矣。萬一義斌無朝命而成大勳，是又唐藩鎭之事，非計之得也。莫若移揚州增戍之兵往盱眙，而四總管兵各留半以備金人，餘皆起發，擇一能將統之，命葵摘淮西精銳萬人與會于楚州，出許浦海道，五十艘入淮，以斷賊歸路，密約義斌自北攻之，事無不濟。四總管權位相侔，劉琸雖能得其歡心，而不能制其死命。如用埠，須令親履行陣，指蹤四人，不可止坐籌帷幄也。」不報。

范又曰：「國家討賊則自此中興，否則自此不振。若朝廷不欲張皇，則范乃提刑，職在捕盜，但令范以本路兵措置楚州鹽賊，范當調時青、張惠兩軍之半，及其船數百，徑薄楚城，以遏賊路，調夏全、范成進之半，據漣、海而守之，又移揚州之戍以戍盱眙。然得親提精銳雄勝、強勇等就時青于城外，示賊以形勢，諭賊以禍福，賊必自降。若猶拒守，則南北軍民雜處，必有內應者矣。別約義斌攻之於北，山陽下則進駐漣、海以應之，撫歸附家屬以離其黨，不出半月，此賊必亡。若是，則不調許浦水軍，但得趙葵三千人亦足矣。若朝廷憚費，則全有豫買軍需錢二十萬在眞州，且漣、楚積聚，多自足用。」

丞相史彌遠報范書，令諭四總管各享安靖之福。范所遣計議官聞之，曰：「但恐禍根轉深，不得安靖爾。」各揮涕而歸。會全且至，范又獻計曰：「撫機不發，事已無及。侯景困喪河南，致毒蕭氏；今逆全不得志於義斌，而復慮四總管應之，歸據舊巢，其謀必急。然蹙之於喪敗之餘者易，圖之於休息之後者難；矧四總管合謀章露，必難遂已。但事機既變，局面不同。若廟算果定，不欲出敎令，但得密賜指授，范一切伏藏不動，只約義斌，使自彼攻其所必救，則機會在我，而前日之策可用矣。」還報，戒范無出位專兵。

范乃爲書謝廟堂，且決之曰：「今上自一人，下至公卿百執事，又下至士民軍吏，無不知禍賊之必反。雖先生之心，亦自知其必反也。衆人知之則言之，先生知而獨不言，不言誠是也。內無臥薪嘗膽之志，外無戰勝攻取之備，先生隱忍不言而徐思所以制之，此廟謨所以爲高也。然以撫定責之晞稷，而以鎭守責之范。責晞稷者㓝人之事也，責范者矢人之事也。既責范以惟恐不傷人之事，又禁其爲傷人之痛，惡其爲傷人之言，何哉？其禍賊見范爲備，則必忌而不得以肆其姦，他日必將指范爲首禍激變之人，劫朝廷以去范。先生始未之信也，左右曰可，卿大夫曰可，先生必將曰：『是何惜一趙范而不以紓禍哉？』必將縛范以授賊，而范遂爲宋晁錯。雖然，使以范授賊而果足以紓國禍，范死何害哉？諺曰：『護家之狗，盜賊所惡。』故盜賊見有護家之狗，必將指斥於主人，使先去之，然後肆穿窬之姦而無所忌。然則殺犬固無益於弭盜也。欲望矜憐，別與閑慢差遣。」彌遠得書，爲之動心。

二年春，奉祠。三年，知安慶府，未行，改知池州，繼兼江東提舉常平。彌遠訪將材於葵，葵以范對。進范直敷文閣、淮東提點刑獄兼知滁州。范曰：「弟而薦兄，不順。」以母老辭。乃上書彌遠曰：「淮東之事，日異日新。然有淮則有江，無淮則長江以北，港汊蘆葦之處，敵人皆可潛師以濟，江面數千里，何從而防哉。今或謂巽辭厚惠可以啗賊，而不知陷彼款兵之計。或謂斂兵退屯可以緩賊，而不知成彼深入之謀。或欲行淸野以嬰城，或欲聚烏合而浪戰，或以賊詞之乍順乍逆而爲喜懼，或以賊兵之乍進乍退而爲寬緊，皆失策也。失策則失淮，失淮則失江，而其失有不可勝諱者矣。夫有遏寇之兵，有游擊之兵，有討賊之兵。今寶應之逼山陽，天長之逼盱眙，須各增戍兵萬人，遣良將統之，賊來則堅壁以挫其鋒，不來則耀武以壓其境；而又觀釁伺隙，時遣偏師掩其不備，以示敢戰，使雖欲深入而畏吾之擣其虛，此遏寇之兵也。盱眙之寇，素無儲蓄，金人亦無以養之，不過分兵擄掠而食；當量出精兵，授以勇校，募土豪，出奇設伏以剿殺之，此游擊之兵也。惟揚、金陵、合肥，各聚二三萬人，人物必精，將校必勇，器械必利，教閱必熟，紀律必嚴，賞罰必公，其心術念慮必人人思親其上而死其長；信能行此，半年而可以強國，一年而可討賊矣。賊既不能深入，擄掠復無所獲，而又懷見討之恐，則必反而求贍於金；金無餘力及此，則必怨之怒之，吾於是可以嫁禍於金人矣。或謂揚州不可屯重兵，恐速賊禍，是不然。揚州者，國之北門，一以統淮，一以蔽江，一以守運河，豈可無備哉。善守者，敵不知所攻。今若設寶應、天長二屯以扼其衝，復重二三帥閫以張吾勢，賊將不知所攻，而敢犯我揚州哉？設使賊不知兵勢而犯揚州，是送死矣。」朝廷乃召范稟議，復令知池州。

紹定元年，試將作監、知鎭江府。三年，丁母憂，求解官，不許。起復直徽猷閣、淮東安撫副使。尋轉右文殿修撰，賜章服金帶。不得已，卒哭復視事。又爲書告廟堂：「請罷調停之議，一請檄沿江制置司，調王明本軍駐泰興港以扼泰州下江之捷徑；一請檄射陽湖人爲兵，屯其半高郵以制賊後，屯其半瓜州以扼賊前；一請速調淮西兵合滁陽、六合諸軍圖救江面。不然，范雖死江皋無益也。」朝旨乃許范刺射陽湖兵毋過二萬人，就聽節制。

范又遺善湘書，曰：「今日與宗社同休戚者，在內惟丞相，在外惟制使與范及范弟葵耳。賊若得志，此四家必無存理。」於是討賊之謀遂決，遂戮全。進范兵部侍郎、淮東安撫使兼知揚州兼江淮制置司參謀官，以次復淮東。加吏部侍郎，進工部尚書、沿江制置副使，權移司兼知黃州，尋兼淮西制置副使。未幾，爲兩淮制置使、節制巡邊軍馬，仍兼沿江制置副使。

又進端明殿學士，京河關陝宣撫使、知開封府、東京留守兼江、淮制置使。入洛之師大潰，乃授京湖安撫制置使兼知襄陽府。范至，則倚王旻、樊文彬、李伯淵、黃國弼數人爲腹心，朝夕酣狎，了無上下之序。民訟邊防，一切廢弛。屬南北軍將交爭，范失於撫御。於是北軍王旻內叛，李伯淵繼之，焚襄陽北去；南軍大將李虎不救焚，不定變，乃因之刼掠。城中官民尙四萬七千有奇，錢糧在倉庫者無慮三十萬，弓矢器械二十有四庫，皆爲敵有。蓋自岳飛收復百三十年，生聚繁庶，城高池深，甲於西陲，一旦灰燼，禍至慘也。言者劾范，降三官落職，依舊制置使。尋奉祠，以言罷；論者未已，再降兩官，送建寧府居住。嘉熙三年，敍復官職，與宮觀。四年，知靜江府，後卒于家。

謝方叔字德方，威州人。嘉定十六年進士，歷官監察御史。疏奏：「秉剛德以回上帝之心，奮威斷以回天下之勢，或者猶恐前習便嬖之人，有以私陛下之聽而悅陛下之心，則前日之畏者怠，憂者喜，慮者玩矣。左右前後之人，進憂危恐懼之言者，是納忠於上也；進燕安逸樂之言者，是不忠於上也。凡有水旱盜賊之奏者，必忠臣也；有諂諛蒙蔽之言者，必佞臣也。陛下享玉食珍羞之奉，當思兩淮流莩轉壑之可矜；聞管弦鐘鼓之聲，當思西蜀白骨如山之可念。」又言：「崇儉德以契天理，儲人才以供天職，恢遠略以需天討，行仁政以答天意。」帝悅。差知衡州，除宗正少卿，又除太常少卿兼國史編修、實錄檢討。

時劉漢弼、杜範、徐元杰相繼死，方叔言：「元杰之死，陛下既爲命官鞫獄，立賞捕姦，罪人未得，忠寃未伸。陛下苟不始終主持，將恐紀綱掃地，而國無以爲國矣。」遷殿中侍御史，進對，言：「操存本於方寸，治亂係於天下。人主宅如法宮蠖濩之邃，朝夕親近者左右近習承意伺旨之徒，往往覘上之所好，不過保恩寵、希貨利而已。而冥冥之中，或有游揚之說，潛伏而莫之覺。防微杜漸，實以是心主之。」又言：「今日爲兩淮謀者有五：一曰明間諜，一曰修馬政，三曰營山水砦，四曰經理近城之方田，五曰加重遏絕遊騎及救奪擄掠之賞罰。」請行限田，請錄朱熹門人胡安定、呂燾、蔡模，詔皆從之。

權刑部侍郎兼權給事中，升兼侍講，正授刑部侍郎，權國史編修、實錄檢討。拜端明殿學士、簽書樞密院事、參知政事。淳祐九年，拜參知政事，封永康郡侯。十一年，特授知樞密院事兼參知政事，尋拜左丞相兼樞密使，進封惠國公。勸帝以愛身育德。

屬監察御史洪天錫論宦者盧允升、董宋臣，疏留中不下，大宗正寺丞趙崇璠移書方叔云：「閹寺驕恣特甚，宰執不聞正救，臺諫不敢誰何，一新入孤立之察官，乃銳意出身攻之，此豈易得哉？側耳數日，寂無所聞，公議不責備他人，而責備於宰相。不然，倉卒出御筆，某人授少卿，亦必無可遏之理矣，丞相不可謂非我責也。丞相得君最深，名位已極。儻言之勝，宗社賴之；言之不勝，則去。去則諸君必不容不爭，是勝亦勝，負亦勝，況未必去耶。」方叔得書，有赧色。

翼日，果得御筆授天錫大理少卿，而天錫去國。於是太學生池元堅、太常寺丞趙崇潔、左史李昴英皆論擊允升、宋臣。而讒者又曰：「天錫之論，方叔意也。」及天錫之去，亦曰：「方叔意也。」方叔上疏自解，於是監察御史朱應元論方叔，罷相。既罷，允升、宋臣猶以爲未快，厚賂太學生林自養，上書力詆天錫、方叔，且曰：「乞誅方叔，使天下明知宰相臺諫之去，出自獨斷，於內侍初無預焉。」書既上，學舍惡自養黨姦，相與鳴鼓攻之，上書以聲其罪。乃授方叔觀文殿大學士、提舉洞霄宮。復以監察御史李衢兩劾，褫職罷祠。後依舊職，與祠，起居郎召澤、中書舍人林存劾罷；監察御史章士元請更與降削，竄廣南。景定二年，請致仕，乃敍復官職。

度宗即位，方叔以一琴、一鶴、金丹一粒來進。丞相賈似道恐其希望，諷權右司郎官盧越、左司諫趙順孫、給事中馮夢得、右正言黃鏞相繼請奪方叔官職封爵，制置使呂文德願以己官贖其罪。咸淳七年，詔敍復致仕。八年卒。特贈少師。方叔在相位，子弟干政，若譏余玠之類是也。

論曰：喬行簡弘深好賢，論事通諫。范鍾、游似同在相位，皆謹飭自將，而意見不侔。趙方豫計二子後當若何，而葵、范所立，皆如所言，所謂知子莫若父也。然宋自端平以來，捍禦淮、蜀兩邊者，非葵材館之士，即其偏裨之將。朝廷倚之，如長城之勢。及其筋力既老，而衞國之志不衰，亦曰壯哉！謝方叔相業無過人者，晚困於權臣，至以玩好丹劑爲人主壽，坐是貶削，有愧金鏡多矣！

## 校勘記

〔一〕時金人陷蘄州者至久長數十騎出山椒　按本書卷四〇寧宗紀，嘉定十二年，「金人……自盱眙軍犯滁州之全椒、來安及揚州之天長」；十四年，「金人陷蘄州」，「扈再興邀擊，敗之于天長鎮」。兩朝綱目卷一六與寧宗紀略同。疑「久長」爲「天長」之誤、「山椒」爲「全椒」之誤。下趙范傳同。

# 宋史卷四百一十八

## 列傳第一百七十七

### 吳潛　程元鳳　江萬里　王爚　章鑑　陳宜中　文天祥

吳潛字毅夫，宣州寧國人。祕閣修撰柔勝之季子。嘉定十年進士第一，授承事郎、簽鎭東軍節度判官。改簽廣德軍判官。丁父憂，服除，授祕書省正字，遷校書郎、添差通判嘉興府，權發遣嘉興府事。轉朝散郎、尙書金部員外郎。

紹定四年，遷尙右郎官。都城大火，潛上疏論致災之由：「願陛下齋戒修省，恐懼對越，非衣惡食，必使國人信之，毋徒減膳而已。疎損聲色，必使天下孚之，毋徒徹樂而已。閹官之竊弄威福者勿親，女寵之根萌禍患者勿昵。以暗室屋漏爲尊嚴之區，而必敬必戒，以恆舞酣歌爲亂亡之宅，而不淫不泆。使皇天后土知陛下有畏之之心，使三軍百姓知陛下有憂之之心。然後，明詔二三大臣，和衷竭慮，力改絃轍，收召賢哲，選用忠良。貪殘者屛，回衺者斥，懷姦黨賊者誅，賈怨誤國者黜。毋並進君子、小人以爲包荒，毋兼容衺說、正論以爲皇極，以培國家一綫之脈，以救生民一旦之命。庶幾天意可回，天災可息，弭災爲祥，易亂爲治。」

又言：「重地要區，當豫畜人才以備患。論大順之理，貫通天人，當以此爲致治之本。」又貽書丞相史彌遠論事：一曰格君心，二曰節奉給，三曰振恤都民，四曰用老成廉潔之人，五曰用良將以禦外患，六曰革吏弊以新治道。授直寶章閣、浙東提舉常平，辭不赴。改吏部員外郎兼國史編修、實錄檢討，遷太府少卿、淮西總領。

又告執政，論用兵復河南不可輕易，以爲：「金人既滅，與北爲鄰，法當以和爲形，以守爲實，以戰爲應。自荆襄首納空城，合兵攻蔡，兵事一開，調度寖廣，百姓狼狽，死者枕藉，使生靈肝腦塗地，得城不過荆榛之區，獲俘不過曖昧之骨，而吾之內地荼毒如此，邊臣誤國之罪，不待言矣。聞有進恢復之畫者，其算可謂俊傑，然取之若易，守之實難。征行之具，何所取資，民窮不堪，激而爲變，內郡率爲盜賊矣。今日之事，豈容輕議。」自後，興師入洛，潰敗失亡不貲，潛之言率驗。遷太府卿兼權沿江制置、知建康府、江東安撫留守。上疏論保蜀之方，護襄之策，防江之算，備海之宜，進取有甚難者三事。

端平元年，詔求直言，潛所陳九事：一曰顧天命以新立國之意，二曰植國本以廣傳家之慶，三曰篤人倫以爲綱常之宗主，四曰正學術以還斯文之氣脈，五曰廣畜人才以待乏絕，六曰實恤民力以致寬舒，七曰邊事當鑒前轍以圖新功，八曰楮幣當權新制以解後憂，九曰盜賊當探禍端而圖長策。以直論忤時相，罷奉千秋鴻禧祠。改祕閣修撰、權江西轉運副使兼知隆興府，主管江西安撫司。擢太常少卿，奏造斛斗輸諸郡租，寬恤人戶，培植根本，凡十五事。

進右文殿修撰、集英殿修撰、樞密都承旨、督府參謀官兼知太平州，五辭不允。又言和戰成敗大計，宜急救襄陽等事。貽書執政，論京西既失，當招收京淮丁壯爲精兵，以保江西。權工部侍郎、知江州，辭不赴。請養宗子以係國本，以鎮人心。改權兵部侍郎兼檢正。論士大夫私意之敝，以爲：「襄、漢潰決，興、沔破亡，兩淮俶擾，三川陷沒。欲望陛下念大業將傾，士習已壞，以靜專察羣情，以剛明消衆慝，警于有位，各勵至公。毋以術數相高，而以事功相勉；毋以陰謀相訐，而以識見相先。協謀并智，戮力一心，則危者尚可安，而衰證尚可起也。」又請分路取士，以收淮、襄之人物。

試工部侍郎、知慶元府兼沿海制置使，改知平江府，條具財計凋敝本末，以寬郡民，與轉運使王埜爭論利害。授寶謨閣待制，提舉太平興國宮，改玉隆萬壽宮。試戶部侍郎、淮東總領兼知鎮江府。言邊儲防禦等十有五事。改寶謨閣直學士，兼浙西都大提點坑冶，權兵部尚書、浙西制置使。申論防拓江海，團結措置等事。進工部尙書，改吏部尙書兼知臨安府，乃論艱屯蹇困之時，非反身修德，無以求亨通之理。乞遴選近族以係人望，而俟太子之生。帝嘉納。兼侍讀經筵，以臺臣徐榮叟論列，授寶謨閣學士、知紹興府、浙東安撫使，辭，提舉南京鴻慶宮。遂請致仕，授華文閣學士知建寧府，辭。

丁母憂，服除，轉中大夫、試兵部尙書兼侍讀，轉翰林學士、知制誥兼侍讀，改端明殿學士、簽書樞密院事，進封金陵郡侯。以亢旱乞罷，免，改資政殿學士、提舉洞霄宮，改知福州兼本路安撫使。徙知紹興府、浙東安撫使。

召同知樞密院兼參知政事。入對，言：「國家之不能無敝，猶人之不能無病。今日之病，不但倉、扁望之而驚，庸醫亦望而驚矣。願陛下篤任元老，以爲醫師，博采衆益，以爲醫工。使臣輩得以效牛溲馬勃之助，以不辱陛下知人之明。」

淳祐十一年，入爲參知政事，拜右丞相兼樞密使。明年，以水災乞解機政。以觀文殿大學士、提舉洞霄宮。又四年，授沿海制置大使，判慶元府。至官，條具軍民久遠之計，告于政府，奏皆行之。又積錢百四十七萬三千八百有奇，代民輸帛，前後所蠲五百四十九萬一千七百有奇。以久任丐祠，且累章乞歸田里，進封崇國公，判寧國府。還家，以醴泉觀使兼侍讀，召入對，論畏天命，結民心，進賢才，通下情。帝嘉納。拜特進、左丞相，進封慶國公。奏：「乞令在朝之臣各陳所見，以決處置之宜。」改封許國公。

大元兵渡江攻鄂州，別將由大理下交阯，破廣西、湖南諸郡。潛奏：「今鄂渚被兵，湖南擾動，推原禍根，良由近年姦臣憸士設爲虛議，迷國誤軍，其禍一二年而愈酷。附和逢迎，媕阿諂媚，積至於大不靖。臣年將七十，捐軀致命，所不敢辭。所深痛者，臣交任之日，上流之兵已踰黃、漢，廣右之兵已蹈賓、柳，謂臣壞天下之事，亦可哀已。」

又論國家安危治亂之原：「蓋自近年公道晦蝕，私意橫流，仁賢空虛，名節喪敗，忠嘉絕響，諛佞成風，天怒而陛下不知，人怨而陛下不察，稔成兵戈之禍，積爲宗社之憂。章鑑、高鑄嘗與丁大全同官，傾心附麗，躐躋要途。蕭泰來等羣小噂沓，國事日非，浸淫至于今日。陛下稍垂日月之明，毋使小人翕聚，以貽善類之禍。沈炎實趙與𥲅之腹心爪牙，而任臺臣，甘爲之搏擊。姦黨盤據，血脈貫穿，以欺陛下。致危亂者，皆此等小人爲之。」又乞令大全致仕，炎等與祠，高鑄羈管州軍。不報。

屬將立度宗爲太子，潛密奏云：「臣無彌遠之材，忠王無陛下之福。」帝怒潛，卒以炎論劾落職。命下，中書舍人洪芹繳還詞頭，不報，謫建昌軍，尋徙潮州，責授化州團練使、循州安置。潛預知死日，語人曰：「吾將逝矣，夜必雷風大作。」已而果然，四鼓開霽，撰遺表，作詩頌，端坐而逝。時景定三年五月也。循人聞之，咨嗟悲慟。德祐元年，追復元官，仍還執政恩數。明年，以太府卿柳岳請贈謚，特贈少師。

程元鳳字申甫，徽州人。紹定元年進士，調江陵府教授。端平元年，差江西轉運司幹辦公事。丁母憂。淳祐元年，遷禮、兵二部架閣，以父老不忍去側，遷太學正，以祖諱辭，改國子錄。父憂，服闋，遷太學博士，改宗學博士。以詩、禮講榮王府。旁諷曲諭，隨事規正，多所裨益，王亦傾心敬聽。輪對，極論世運剝復之機及人主所當法天者。理宗覽之曰：「有古遺直風。」

六年，進祕書丞兼權刑部郎官。七年，兼權右司郎官，遷著作郎，仍權右司郎官。輪對，指陳時病尤激切，當國者以爲厲己。匄外，知饒州。郡初罹水災，元鳳訪民疾苦，夙夜究心，修城堞，置義阡，寬誅求，察誣證。進江、淮、荆、浙、福建、廣南都大提點坑冶，仍兼知饒州冶司，歲有冬夏帳銀，悉舉以補郡積年諸稅斂之不足者。芝生治所，衆以治行之致，元鳳曰：「五穀熟則民蒙惠，此不足異也。」

召奏事，辭，不允，遷右曹郎官。疏言實學、實政、國本、人才、吏治、生民、財計、兵威八事。尋兼右司郎官，拜監察御史兼崇政殿說書。丞相鄭清之久專國柄，老不任事，臺官潘凱、吳燧合章論列，清之不悅，改遷之，二人不拜命去。元鳳上疏斥清之罪，其言明白正大，凱、燧得召還。有事于明堂，元鳳疏言「祈天以實不以文」。又言邊備，謂「當申儆軍實，以起積玩之勢」。及言濫刑之敝。十二年，拜右正言兼侍講，以祖諱辭。詔權以右補闕繫銜。上疏論格心之學，謂「革士大夫之風俗，當革士大夫之心術」。至於文敝、邊儲、人才、民心、儲將帥、救災異，莫不盡言。

余晦以從父天錫恃恩妄作，三學諸生伏闕上書白其罪狀，司業蔡抗又力言之，元鳳數其罪劾之。奏上，以晦爲大理少卿，抗爲宗正少卿。元鳳又上疏留抗而黜晦，以安士心。乃命抗仍兼司業，晦予郡。

升殿中侍御史，仍兼侍講。京城災，疏言：「輟土木無益之役，以濟暴露之民；移緇流泛濫之恩，以給顚沛之衆。務行寬大之政，固結億兆之心。旁招俊乂，而私昵無濫及之恩；屛去奸私，而貪黷無覆出之患。謹便嬖之防，而不使之弄權；抑恩澤之請，而不至於無節。」言多剴切。

寶祐元年，兼侍讀，遷侍御史，言法孝宗八事。薦名士二十餘人，進尙書吏部侍郎兼中書舍人，兼同修國史、實錄院同修撰，仍兼侍讀。亟辭，出關，不允。有事于南郊，元鳳爲執綏官，答問多所開陳。帝因欲幸西太乙宮，力諫止之。三年，遷權工部尙書，力求補外，特授端明殿學士、同簽書樞密院事。

蜀境與沅、靖交急，朝廷欲擇重臣出鎭上流，用徐敏子易蜀帥及用向士璧爲鎭撫。元鳳請下荆南，調兵援蜀，移呂文德上沅、靖。進依前職，簽書樞密院事兼權參知政事，進參知政事，尋進拜右丞相兼樞密使，進封新安郡公。力辭，御筆勉諭，猶周回累日而後治事。疏奏正心、待臣、進賢、愛民、備邊、守法、謹微、審令八事。高、孝、光、寧四朝國史未就，奏轉任尤焴領其事，纂修成之。會丁大全謀奪相位，元鳳力辭，授觀文殿大學士判福州、福建安撫使。又力辭，依前職，提舉洞霄宮。

開慶兵興，上手疏收人心、重賞罰、團結民兵數事。俄起判平江府兼淮、浙發運使。四上章乞免。三年，御筆趣行，奏免修明局米五萬石。拜特進，依前職。充醴泉觀兼侍讀。度宗卽位，進少保。三年，拜少傅、右丞相兼樞密使，進封吉國公，以言罷，依舊少保、觀文殿大學士、醴泉觀使。乞致仕，不許。四年，罷觀使，以守少保、觀文殿大學士致仕。卒，遺表聞，帝震悼輟朝，特贈少師。

元鳳之在政府也，一契家子求貳令，元鳳謝之曰：「除授須由資。」其人累請不許，乃以先世爲言。元鳳曰：「先公疇昔相薦者，以某粗知恬退故也。今子所求躐次，豈先大夫意哉？矧以國家官爵報私恩，某所不敢。」有嘗遭元鳳論列者，其後見其可用，更薦拔之，每曰：「前日之彈劾，成其才也；今日之擢用，盡其才也。」所著訥齋文集若干卷。

江萬里字子遠，都昌人。自其父燁始業儒。大父璘，鄉稱善人，其鄰史知縣者夸其能杖譁健士，璘俛首不答，歸語燁曰：「史祖父故寒士，今居官以杖士人自喜，於我心有不釋然。審爾，史氏且不昌，汝其戒之。」是夕燁妻陳夢一貴人入其家，曰：「以汝家長有善言，故來。」已而有娠，生萬里。少神雋，有鋒穎，連舉于鄉。入太學，有文聲。理宗在潛邸，嘗書其姓名几研間。以舍選出身，歷池州教授、沿江制置司準備差遣、兩浙安撫司幹辦公事。召試館職，累遷著作佐郎、權尚左郎官兼樞密院檢詳文字。知吉州，創白鷺洲書院，兼提舉江西常平茶鹽。召爲屯田郎官，未行，遷直祕閣、江西轉運判官兼權知隆興府。創宗濂書院。遷考功郎官，命旋寢。久之，以駕部郎官召，遷尚右兼侍講。

史嵩之罷相，拜監察御史，仍兼侍講。未幾，遷右正言、殿中侍御史，又遷侍御史，未及拜。萬里器望淸峻，論議風采傾動一時，帝眷注尤厚。嘗匄祠、省母疾，不許。屬弟萬頃奉母歸南康，旋以母病聞，萬里不俟報馳歸，至祁門得訃。而議者謂萬里母死，祕不奔喪，反挾妾媵自隨，於是側目萬里者，相與騰謗。萬里無以自解，坐是閒廢者十有二年。後陸德輿嘗辨其非辜於帝前。

賈似道宣撫兩浙，辟參謀官。及似道同知樞密院，爲京湖宣撫大使，以萬里帶行寶章閣待制，爲參謀官。大元兵圍鄂，似道以右丞兼樞密使移軍漢陽，萬里遷刑部侍郎。似道入相，萬里兼國子祭酒、侍讀。入對，遷權吏部尚書，又拜端明殿學士、同簽書樞密院事兼太子賓客。隨以言者去官。後以原職知建寧府兼權福建轉運使。已而，加資政殿學士，依舊職，知福州兼福建安撫使。

度宗卽位，召同知樞密院事，又兼權參知政事，遷參知政事。萬里始雖俛仰容默，爲似道用，然性峭直，臨事不能無言。似道常惡其輕發，故每入不能久在位。似道以去要君，帝初卽位，呼爲師相，至涕泣拜留之。萬里以身掖帝云：「自古無此君臣禮，陛下不可拜，似道不可復言去。」似道不知所爲，下殿舉笏謝萬里曰：「微公，似道幾爲千古罪人。」然以此益忌之。

帝在講筵，每問經史疑義及古人姓名，似道不能對，萬里常從旁代對。時王夫人頗知書，帝語夫人以爲笑。似道聞之，積慚怒，謀逐之。萬里四匃祠，不俟報出關。加資政殿大學士、知慶元府兼沿海制置使，不拜，予祠。後二年，知太平州兼提領江淮茶鹽兼江東轉運使，召拜參知政事，進封南康郡公。既至，拜左丞相兼樞密使。匃祠，加觀文殿大學士知福州，辭，依舊職，提舉洞霄宮。又授知潭州、湖南安撫大使，加特進，尋予祠。時咸淳九年，萬里年七十有六矣。

明年，大元兵渡江，萬里隱草野間，爲遊騎所執，大詬，欲自戕，旣而脫歸。先是，萬里聞襄樊失守，鑿池芝山後圃，扁其亭曰「止水」，人莫諭其意，及聞警，執門人陳偉器手，曰：「大勢不可支，余雖不在位，當與國爲存亡。」及饒州城破，軍士執萬頃，索金銀不得，支解之。萬里竟赴止水死。左右及子鎬相繼投沼中，積屍如疊。翼日，萬里尸獨浮出水上，從者草斂之。萬里無子，以蜀人王橚子爲後，卽鎬也。事聞，贈太傅、益國公，後加贈太師，謚文忠。萬頃歷守大郡，爲提舉江西常平茶鹽，官至正郎。城破時，郴州守趙崇㯄寓居城中，亦死之。

王𤍠字仲潛，一字伯晦，紹興新昌人。登嘉定十三年進士第，知常熟縣。紹定四年，江淮制置司辟通判泰州。五年，差知滁州。端平元年，知瑞州。嘉熙元年，提轄左藏東西庫兼提轄封樁下庫。二年，遷籍田令兼督視幹辦公事。淳祐二年，改監三省樞密院門，乞免所居官，詔從之。四年，再任。五年，遷太府寺丞、祕書丞、戶部郎官、淮西總領，主管右曹。六年，爲尙書左司員外郎。賜對，乞祠，不許。七年，遷祕書少監，以侍御史周坦言，罷爲福建提點刑獄，差知溫州。十年，差知寧國府，遷太府卿。

寶祐元年，兼國史編修、實錄檢討兼權兵部侍郞，試司農卿兼中書門下省檢正諸房公事。疏奏：「願詔大臣相與憂亂而思治，懼危而圖安，哀恫警省，修德行政，摧抑羣陰之氣燄，保護微陽之根本。批札畢杜於私蹊，官賞宏闢於正路。使內治明如天日，外治勁如風霆。則精神運動，陽彙昭蘇，世道昌明，物情熙洽。上以延續天命於譴告之餘，下以固結人心於解紐之際。其孰能禦之。」以右文殿修撰提舉太平興國宮。五年，京湖宣撫大使趙葵辟爲判官。

開慶元年，召赴行在，授集英殿修撰、樞密都承旨、權吏部侍郞。景定元年，兼同修國史、實錄院同修撰兼侍讀，爲眞侍郞兼太子左庶子。極言正論，太子聽而說之，帝聞之甚喜。二年，遷禮部尙書，權吏部尙書，加龍圖閣學士、知平江府、淮浙發運使。五年，召赴行在，進端明殿學士，提舉佑神觀兼侍讀。召赴行在。

咸淳元年二月，拜簽書樞密院事；閏月，同知樞密院事兼權參知政事。二年，以疾乞祠，不許。乞放歸田里。帝遣尙醫視之，且賜食，復兩乞歸，皆不許。三年，拜參知政事。

三年，知樞密院事兼參知政事。立皇太子，加食邑，三辭免官，不許。乞奉祠、休假，皆不許。最後乞祠祿，乃授資政殿學士知慶元府兼沿海制置使。四辭免，不許。七年，台州言：「乞差爚充上蔡書院山主，」詔從之。八年，加觀文殿學士提舉萬壽宮兼侍讀，詔遣刑部郎官董樸起之，四上疏辭免，始從之。十年，乞致仕，不許。十一月，以爚爲左丞相，章鑑爲右丞相，並兼樞密使。尋授爚特進，加食邑。乞致仕，兩乞辭免，皆不許。

德祐元年，兩乞改命經筵庶可優閒，再乞以舊職奉京祠侍讀，皆不許。右丞相章鑑、參知政事陳宜中奏「諭留爚以鎭人心，以康世道」。從之。爚兩請毋署省院公牘，不許；又奏：「乞將臣先賜罷斥，臣本志誓死報國，願假臣以宣撫招討等職，臣當招募忠義，共圖興復。」鑑、宜中又奏「爚單車絕江，已至蕭山，乞遣中使趣還治事」。乃授觀文殿大學士、浙西江東路宣撫招討大使，置司在京，以備咨訪。乞解大使職名，不許。進少保、左丞相兼樞密使，尋加都督諸路軍馬。累辭，皆不許。

奏言：「今天下所以大壞至此者，正以一私蟠塞，賞罰無章故也。救之之策，在反其所以壞之之由。大明賞罰，動合乎天，庶幾人心興起，天下事尙可爲也。」因言賈似道誤國喪師之罪，於是始降詔切責似道不忠不孝。六月庚子朔，日食，爚奏：「日食不盡僅一分，白晝晦冥者數刻。陰盛陽微，災異未有大於此者。臣待罪首相，上佐天子理陰陽，下遂萬物，外鎭諸侯，皆其職也。氛祲充塞而未能消，生民塗炭而未能拯，反復思之，咎實在臣，乞罷黜以答天譴。」答詔不許，第降授金紫光祿大夫而已。辭降官，乞罷斥，又不許。

尋進平章軍國重事，辭，不許。或請：「出宜中或夢炎出督吳門，否則臣雖老無能爲，若效死封疆，亦不敢辭。」詔三省集議。乞罷平章事，不許。京學生上書詆宜中，宜中亦上疏乞骸骨。初，宜中在相位，政事多不關白爚，或謂京學之論，實爚嗾之。

七月壬辰，詔：「給、舍之奏三入，爚與宜中必難共處，兼爚近奏乞免平章侍經筵，辭氣不平，誠有如人言者矣。」遂罷爚平章，依前少保、特授觀文殿大學士充醴泉觀使。爚爲人清修剛勁，似道歸天台葬母，過新昌，爚獨不見之。後以元老入相位，值國勢危亡之際，天下所屬望也，而卒與宜中不協而去云。

章鑑字公秉，分寧人。以別院省試及第，累官中書舍人、侍左郎官、崇政殿說書，進簽書樞密院事兼權參知政事，遷同知樞密院事。

咸淳十年，王爚拜左丞相，鑑拜右丞相，並兼樞密使。明年，大元兵逼臨安，鑑託故徑去。遣使亟召還朝，既至，罷相予祠。殿帥韓震之死，鑑與曾淵子明震無他。至是，御史王應麟繳其錄黄，謂震有逆謀，鑑與淵子曲芘之。坐是削一官，放歸田里。後有告鑑家匿寶璽者，霜晨，鑑方擁敗衾臥，兵士至，大索其室，惟敝篋貯一玉杯，餘無一物，人頗嘆其清約。鑑在朝日，號寬厚，然與人多許可，士大夫目爲「滿朝歡」云。

陳宜中字與權，永嘉人也。少甚貧，而性特俊拔。有賈人推其生時，以爲當大貴，以女妻之。既入太學，有文譽。寶祐中，丁大全以戚里婢壻事權倖盧允升、董宋臣，因得寵於理宗，擢爲殿中侍御史，在臺横甚。宜中與黄鏞、劉黻、林測祖、陳宗、曾唯六人上書攻之。大全怒，使監察御史吳衍劾宜中，削其籍，拘管他州。司業率十二齋生，冠帶送之橋門之外，大全益怒，立碑學中，戒諸生亡妄議國政，且令自後有上書者，前廊生看詳以牒報檢院。由是，士論翕然稱之，號爲「六君子」。宜中謫建昌軍。

大全既竄，丞相吳潛奏還之。賈似道入相，復爲之請，有詔六人皆免省試令赴。景定三年，廷試，而宜中中第二人。六人之中，宜中尤達時務。由紹興府推官、戶部架閣、祕書省正字、校書郎，數年遷監察御史。

程元鳳再相，似道恐其侵權，欲去之。宜中首劾元鳳縱丁大全肆惡，基宗社之禍。命格，除太府卿。宜中亦自請外，爲江東提舉茶鹽常平公事。四年，改浙西提刑。五年，召爲崇政殿說書，累遷禮部侍郎兼中書舍人。七年，閫闕帥，以顯文閣待制、知福州。在官得民心，歲餘入爲刑部尚書。十年，拜簽書樞密院事兼權參知政事。

德祐元年，升同知樞密院事。二月，似道喪師蕪湖，乃以宜中知樞密院兼參知政事。已而翁應龍自軍中歸，宜中問似道所在，應龍以不知對。宜中以爲似道已死，卽上疏乞正似道誤國之罪。似道行時，以所親信韓震總禁兵，人有言震欲以兵刼遷者，宜中召震計事，伏壯士袖鐵椎擊殺之，以示不黨於似道。

時右丞相章鑑宵遁，曾淵子等請命宜中攝丞相事。詔以王爚爲左丞相，拜宜中特進、右丞相。四月，爚還朝論事，卽與宜中不合。臺臣孫嶸叟請竄籍潛說友、吳益、李珏，宜中以爲「簿錄非盛世事，祖宗忠厚，未嘗輕用之。珏方召入朝，遽加重刑，恐後無以示信」。爚力爭，以爲當如嶸叟議。會留夢炎自湖南入朝，爚與宜中俱乞罷政，請以夢炎爲相。太皇太后乃以宜中爲左丞相，夢炎爲右丞相，爚進平章軍國重事。爚拜命，卽日僦民居，以丞相府讓宜中，宜中上疏，以爲「一辭一受，何以解天下之譏」，亦去。遣使數輩遮留之，始至。

時命張世傑等四道進師，二丞相都督軍馬而不出督。爚請以一丞相建閫吳門，以護諸將；不然，則已請行。宜中媿，始與夢炎上疏乞行邊。事下公卿議不決。七月，世傑等兵果敗於焦山。爚奏言：「事無重於兵，今二相並建都督，廟算指授，臣不得而知。比者，六月出師，諸將無統。臣豈不知吳門距京不遠，而必爲此請者，蓋大敵在境，非陛下自將則大臣開督。今世傑以諸將心力不一而敗，不知國家尙堪幾敗邪？臣既不得其職，又不得其言，乞罷免。」不允。

爚子□乃嗾京學生伏闕上書，數宜中過失數十事，其略以爲：「趙溍、趙與鑑皆棄城遁，宜中乃借使過之說，以報私恩。令狐槩、潛說友皆以城降，乃受其包苴而爲之羽翼。文天祥率兵勤王，信讒而沮撓之。似道喪師誤國，陽請致罰而陰佑之。大兵薄國門，勤王之師乃留之京城而不遣。宰相當出督，而畏縮猶豫，第令集議而不行。呂師夔狠子野心，而使之通好乞盟。張世傑步兵而用之於水，劉師勇水兵而用之於步，指授失宜，因以敗事。臣恐誤國將不止於一似道也。」

書上，宜中竟去，遣使召之，不至。其後，罷爚，命臨安府捕逮京學生。召之亦不至。太皇太后自爲書遺其母楊，使勉諭之，宜中始乞以祠官入侍，乃拜醴泉觀使。十月壬寅，始造朝，尋爲右丞相，然事已去矣。宜中倉皇發京城民爲兵，民年十五以上者皆籍之，人皆以爲笑。十一月，遣張全合尹玉、麻士龍兵援常州，玉與士龍皆戰死，全不發一矢，奔還。文天祥請誅全，宜中釋不問。已而，常州破，兵薄獨松關，鄰邑望風皆遁。

宜中遣使如軍中請和不得，卽率羣臣入宮請遷都，太皇太后不可。宜中痛哭請之，太皇太后乃命裝俟升車，給百官路費銀。及暮，宜中不入，太皇太后怒曰：「吾初不欲遷，而大臣數以爲請，顧欺我邪？」脫簪珥擲之地，遂閉閤，羣臣求內引，皆不納。蓋宜中實以明日遷，倉卒奏陳失審耳。

宜中初與大元丞相伯顏期會軍中，旣而悔之，不果往。伯顏將兵至臯亭山，宜中宵遁，陸秀夫奉二王入溫州，遣人召宜中。宜中至溫州，而其母死。張世傑舁其棺舟中，遂與俱入閩中。益王立，復以爲左丞相。井澳之敗，宜中欲奉王走占城，乃先如占城諭意，度事不可爲，遂不反。二王累使召之，終不至。至元十九年，大軍伐占城，宜中走暹，後沒於暹。

宜中爲人多術數，少爲縣學生，其父爲吏受贓當黥，宜中上書溫守魏克愚請貸之。克愚以爲黠吏，卒置之法。其後宜中爲浙西提刑，克愚郊迎，宜中報禮不書銜，亦云「部下民陳某」，克愚皇恐不敢受，袖而謝之。宜中陽禮之，而陰摭其過，無所得。其後，克愚發賈德生冒借官木事，忤似道，廢罷家居。宜中入，乃極言克愚居鄉不法事，似道令章鑑劾之，貶嚴州。克愚之死，宜中擠之爲多。

論曰：孔子曰：「『才難，不其然乎？』」理宗在位長久，命相實多其人，若吳潛之忠亮剛直，財數人焉。潛論事雖近於訐，度宗之立，謀議及之，潛以正對，人臣懷顧望爲子孫地者能爲斯言哉？程元鳳謹飭有餘而乏風節，尙爲賈似道所耆。江萬里問學德望優於諸臣，不免爲似道籠絡，晚年微露鋒穎，輒見擯斥。士大夫不幸與權姦同朝，自處難矣。似道督視江上之師，以國事付王爚、章鑑、陳宜中，蓋取其平時素與己者。爚、宜中於其既出，稍欲自異，及聞其敗，乘勢蹙之。旣而，二人自爲矛盾，宋事至此，危急存亡之秋也。當國者交驩戮力，猶懼不逮，所爲若是，何望其能匡濟乎。似道誅，爚死，鑑遯，宜中走海島，宋亡。

文天祥字宋瑞，又字履善，吉之吉水人也。體貌豐偉，美晳如玉，秀眉而長目，顧盼燁然。自爲童子時，見學宮所祠鄉先生歐陽修、楊邦乂、胡銓像，皆謚「忠」，卽欣然慕之。曰：「沒不俎豆其間，非夫也。」年二十舉進士，對策集英殿。時理宗在位久，政理浸怠，天祥以法天不息爲對，其言萬餘，不爲稿，一揮而成。帝親拔爲第一。考官王應麟奏曰：「是卷古誼若龜鑑，忠肝如鐵石，臣敢爲得人賀。」尋丁父憂，歸。

開慶初，大元兵伐宋，宦官董宋臣說上遷都，人莫敢議其非者。天祥時入爲寧海軍節度判官，上書「乞斬宋臣，以一人心」。不報，卽自免歸。後稍遷至刑部郎官。宋臣復入爲都知，天祥又上書極言其罪，亦不報。出守瑞州，改江西提刑，遷尚書左司郎官，累爲臺臣論罷。除軍器監兼權直學士院。賈似道稱病，乞致仕，以要君，有詔不允。天祥當制，語皆諷似道。時內制相承皆呈稿，天祥不呈稿，似道不樂，使臺臣張志立劾罷之。天祥旣數斥，援錢若水例致仕，時年三十七。

咸淳九年，起爲湖南提刑，因見故相江萬里。萬里素奇天祥志節，語及國事，愀然曰：「吾老矣，觀天時人事當有變，吾閱人多矣，世道之責，其在君乎？君其勉之。」十年，改知贛州。

德祐初，江上報急，詔天下勤王。天祥捧詔涕泣，使陳繼周發郡中豪傑，幷結溪峒蠻，使方興召吉州兵，諸豪傑皆應，有衆萬人。事聞，以江西提刑安撫使召入衞。其友止之，曰：「今大兵三道鼓行，破郊畿，薄內地，君以烏合萬餘赴之，是何異驅羣羊而搏猛虎。」天祥曰：「吾亦知其然也。第國家養育臣庶三百餘年，一旦有急，徵天下兵，無一人一騎入關者，吾深恨於此。故不自量力，而以身徇之，庶天下忠臣義士將有聞風而起者。義勝者謀立，人衆者功濟，如此則社稷猶可保也。」

天祥性豪華，平生自奉甚厚，聲伎滿前。至是，痛自貶損，盡以家貲爲軍費。每與賓佐語及時事，輒流涕，撫几言曰：「樂人之樂者憂人之憂，食人之食者死人之事。」八月，天祥提兵至臨安，除知平江府。時以丞相宜中未還朝，不遣。十月，宜中至，始遣之。朝議方擢呂師孟爲兵部尚書，封呂文德和義郡王，欲賴以求好。師孟益偃蹇自肆。

天祥陛辭，上疏言：「朝廷姑息牽制之意多，奮發剛斷之義少，乞斬師孟釁鼓，以作將士之氣。」且言：「宋懲五季之亂，削藩鎭，建郡邑，一時雖足以矯尾大之弊，然國亦以寖弱。故敵至一州則破一州，至一縣則破一縣，中原陸沈，痛悔何及。今宜分天下爲四鎭，建都督統御於其中。以廣西益湖南而建閫於長沙；以廣東益江西而建閫於隆興；以福建益江東而建閫於番陽；以淮西益淮東而建閫於揚州。責長沙取鄂，隆興取蘄、黃，番陽取江東，揚州取兩淮，使其地大力衆，足以抗敵。約日齊奮，有進無退，日夜以圖之，彼備多力分，疲於奔命，而吾民之豪傑者又伺間出於其中，如此則敵不難却也。」時議以天祥論闊遠，書奏不報。

十月，天祥入平江，大元兵已發金陵入常州矣。天祥遣其將朱華、尹玉、麻士龍與張全援常，至虞橋，士龍戰死，朱華以廣軍戰五牧，敗績，玉軍亦敗，爭渡水，挽全軍舟，全軍斷其指，皆溺死，玉以殘兵五百人夜戰，比旦皆沒。全不發一矢，走歸。大元兵破常州，入獨松關。宜中、夢炎召天祥，棄平江，守餘杭。

明年正月，除知臨安府。未幾，宋降，宜中、世傑皆去。仍除天祥樞密使。尋除右丞相兼樞密使，使如軍中請和，與大元丞相伯顏抗論皋亭山。丞相怒拘之，偕左丞相吳堅、右丞相賈餘慶、知樞密院事謝堂、簽書樞密院事家鉉翁、同簽書樞密院事劉岊，北至鎭江。天祥與其客杜滸十二人，夜亡入眞州。苗再成出迎，喜且泣曰：「兩淮兵足以興復，特二閫小隙，不能合從耳。」天祥問：「計將安出？」再成曰：「今先約淮西兵趨建康，彼必悉力以扞吾西兵。指揮東諸將，以通、泰兵攻灣頭，以高郵、寶應、淮安兵攻楊子橋，以揚兵攻瓜步，吾以舟師直擣鎭江，同日大舉。灣頭、楊子橋皆沿江脆兵，且日夜望我師之至，攻之卽下。合攻瓜步之三面，吾自江中一面薄之，雖有智者不能爲之謀矣。瓜步既舉，以東兵入京口，西兵入金陵，要浙歸路，其大帥可坐致也。」天祥大稱善，卽以書遺二制置，遣使四出約結。

天祥未至時，揚有脫歸兵言：「密遣一丞相入眞州說降矣。」庭芝信之，以爲天祥來說降也。使再成亟殺之。再成不忍，紿天祥出相城壘，以制司文示之，閉之門外。久之，復遣二路分覘天祥，果說降者卽殺之。二路分與天祥語，見其忠義，亦不忍殺，以兵二十人道之揚，四鼓抵城下，聞候門者談，制置司下令備文丞相甚急，衆相顧吐舌，乃東入海道，遇兵，伏環堵中得免。然亦飢莫能起，從樵者乞得餘糝羹。行入板橋，兵又至，衆走伏叢篠中，兵入索之，執杜滸、金應而去。虞候張慶矢中目，身被二創，天祥偶不見獲。滸、應解所懷金與卒，獲免，募二樵者以蕢荷天祥至高郵，汎海至温州。

聞益王未立，乃上表勸進，以觀文殿學士、侍讀召至福，拜右丞相。尋與宜中等議不合。七月，乃以同都督出江西，遂行，收兵入汀州。十月，遣參謀趙時賞、諮議趙孟濼將一軍取寧都，參贊吳浚將一軍取雩都，劉洙、蕭明哲、陳子敬皆自江西起兵來會。鄒㵯以招諭副使聚兵寧都，大元兵攻之，㵯兵敗，同起事者劉欽、鞠華叔、顏斯立、顏起巖皆死。武岡教授羅開禮，起兵復永豐縣，已而兵敗被執，死於獄。天祥聞開禮死，製服哭之哀。

至元十四年正月，大元兵入汀州，天祥遂移漳州，乞入衞。時賞、孟濼亦提兵歸，獨浚兵不至。未幾，浚降，來說天祥。天祥縛浚，縊殺之。四月，入梅州，都統王福、錢漢英跋扈，斬以徇。五月，出江西，入會昌。六月，入興國縣。七月，遣參謀張汴、監軍趙時賞、趙孟濼等盛兵薄贛城，鄒㵯以贛諸縣兵擣永豐，其副黎貴達以吉諸縣兵攻泰和。吉八縣復其半，惟贛不下。臨洪諸郡，皆送款。潭趙璠、張虎、張唐、熊桂、劉斗元、吳希奭、陳子全、王夢應起兵邵、永間，復數縣，撫州何時等皆起兵應天祥。分寧、武寧〔二〕、建昌三縣豪傑，皆遣人如軍中受約束。

江西宣慰使李恆遣兵援贛州，而自將兵攻天祥于興國。天祥不意恆兵猝至，乃引兵走，即鄒㵯于永豐。㵯兵先潰，恆窮追天祥方石嶺。鞏信拒戰，箭被體，死之。至空坑，軍士皆潰，天祥妻妾子女皆見執。時賞坐肩輿，後兵問謂誰，時賞曰「我姓文」，衆以爲天祥，禽之而歸，天祥以此得逸去。

孫㮚、彭震龍、張汴死於兵，繆朝宗自縊死。吳文炳、林棟、劉洙皆被執歸隆興。時賞奮罵不屈，有係累至者，輒麾去，云：「小小簽廳官耳，執此何爲？」由是得脫者甚衆。臨刑，洙頗自辯，時賞叱曰：「死耳，何必然？」於是棟、文炳、蕭敬夫、蕭燾夫皆不免。

天祥收殘兵奔循州，駐南嶺。黎貴達潛謀降，執而殺之。至元十五年三月，進屯麗江浦。六月，入船澳。益王殂，衞王繼立。天祥上表自劾，乞入朝，不許。八月，加天祥少保、信國公。軍中疫且起，兵士死者數百人。天祥惟一子，與其母皆死。十一月，進屯潮陽縣。潮州盜陳懿、劉興數叛附，爲潮人害。天祥攻走懿，執興誅之。十二月，趨南嶺，鄒㵯、劉子俊又自江西起兵來，再攻懿黨，懿乃潛道元帥張弘範兵濟潮陽。天祥方飯五坡嶺，張弘範兵突至，衆不及戰，皆頓首伏草莽。天祥倉皇出走，千戶王惟義前執之。天祥呑腦子，不死。鄒㵯自頸，衆扶入南嶺死。官屬士卒得脫空坑者，至是劉子俊、陳龍復、蕭明哲、蕭資皆死，杜滸被執，以憂死。惟趙孟濼遁，張唐、熊桂、吳希奭、陳子全兵敗被獲，俱死焉。唐，廣漢張栻後也。

天祥至潮陽，見弘範，左右命之拜，不拜，弘範遂以客禮見之，與俱入厓山，使爲書招張世傑。天祥曰：「吾不能扞父母，乃教人叛父母，可乎？」索之固，乃書所過零丁洋詩與之。其末有云：「人生自古誰無死，留取丹心照汗青。」弘範笑而置之。厓山破，軍中置酒大會，弘範曰：「國亡，丞相忠孝盡矣，能改心以事宋者事皇上，將不失爲宰相也。」天祥泫然出涕，曰：「國亡不能捄，爲人臣者死有餘罪，况敢逃其死而二其心乎。」弘範義之，遣使護送天祥至京師。

天祥在道，不食八日，不死，即復食。至燕，館人供張甚盛，天祥不寢處，坐達旦。遂移兵馬司，設卒以守之。時世祖皇帝多求才南官，王積翁〔三〕言：「南人無如天祥者。」遂遣積翁諭旨，天祥曰：「國亡，吾分一死矣。儻緣寬假，得以黃冠歸故鄉，他日以方外備顧問，可也。若遽官之，非直亡國之大夫不可與圖存，舉其平生而盡棄之，將焉用我？」積翁欲合宋官謝昌元等十人請釋天祥爲道士，留夢炎不可，曰：「天祥出，復號召江南，置吾十人於何地！」事遂已。天祥在燕凡三年，上知天祥終不屈也，與宰相議釋之，有以天祥起兵江西事爲言者，不果釋。

至元十九年，有閩僧言土星犯帝坐，疑有變。未幾，中山有狂人自稱「宋主」，有兵千人，欲取文丞相。京城亦有匿名書，言某日燒蓑城葦，率兩翼兵爲亂，丞相可無憂者。時盜新殺左丞相阿合馬，命撤城葦，遷瀛國公及宋宗室開平，疑丞相者天祥也。召入諭之曰：

「汝何願？」天祥對曰：「天祥受宋恩，爲宰相，安事二姓？願賜之一死足矣。」然猶不忍，遽麾之退。言者力贊從天祥之請，從之。俄有詔使止之，天祥死矣。天祥臨刑殊從容，謂吏卒曰：「吾事畢矣。」南鄉拜而死。數日，其妻歐陽氏收其屍，面如生，年四十七。其衣帶中有贊曰：「孔曰成仁，孟曰取義，惟其義盡，所以仁至。讀聖賢書，所學何事，而今而後，庶幾無媿。」

論曰：自古志士，欲信大義於天下者，不以成敗利鈍動其心，君子命之曰「仁」，以其合天理之正，卽人心之安爾。商之衰，周有代德，盟津之師不期而會者八百國。伯夷、叔齊以兩男子欲扣馬而止之，三尺童子知其不可。他日，孔子賢之，則曰：「求仁而得仁。」宋至德祐亡矣，文天祥往來兵間，初欲以口舌存之，事旣無成，奉兩孱王崎嶇嶺海，以圖興復，兵敗身執。我世祖皇帝以天地有容之量，旣壯其節，又惜其才，留之數年，如虎兕在柙，百計馴之，終不可得。觀其從容伏質，就死如歸，是其所欲有甚於生者，可不謂之「仁」哉。宋三百餘年，取士之科，莫盛於進士，進士莫盛於倫魁。自天祥死，世之好爲高論者，謂科目不足以得偉人，豈其然乎！

## 校勘記

〔一〕武寧　「寧」原作「軍」。按宋縣無「武軍」，本書卷八八地理志江南西路隆興府有武寧縣，文天祥文山先生全集卷一九劉岳申文丞相傳作「武寧」，是，據改。

〔二〕王積翁　「積」原作「績」，據本書卷四七理宗紀、文山先生全集卷一九劉岳申文丞相傳、胡廣丞相傳改。下同。

# 宋史卷四百一十九

## 列傳第一百七十八

宣繒　薛極　陳貴誼　曾從龍　鄭性之　李鳴復　鄒應龍
余天錫　許應龍　林略　徐榮叟　別之傑　劉伯正　金淵
李性傳　陳韡 崔福附

宣繒，慶元府人。嘉泰三年，太學兩優釋褐。歷官以太學博士召試，爲祕書省校書郎。升著作佐郎兼權考功郎官、知吉州、福建提點刑獄。遷考功員外郎，又遷祕書少監。時暫兼權侍立修注官、守起居舍人，爲起居郎兼權侍左侍郎，編孝宗寶訓。試吏部侍郎，權兵部尚書。嘉定十四年，同知樞密院事兼參知政事。明年，拜參知政事。以資政殿學士奉祠。端平三年召赴闕，升大學士、提舉洞霄宮，以觀文殿大學士致仕。卒，贈少師。詔繒嘗預定策，以王堯臣故事贈太師，謚忠靖。

薛極字會之，常州武進人。以父任調上元主簿。中詞科，爲大理評事、通判溫州，知廣德軍。以參知政事樓鑰薦，遷大理正、刑部郎官，司封郎中、權右司郎中，遷右司郎中兼提領雜賣場、寄樁庫，兼勑令所删修官，中書門下省檢正諸房公事，兼删修勑令官。拜司農卿兼權兵部侍郎，尋爲眞。

嘉定八年，疏奏：「願陛下深思顧諟之難，益懷兢業之念。勿謂帝德罔愆而怠於進修，勿以天災代有而應不以實。政綱雖舉，必求益其所未至；德澤雖布，必思及其所未周。誓以今日遇災警懼之心，永爲異時暇逸之戒。將見天心昭格，沛然之澤響應於不崇朝之間。」遷權刑部尙書，尋試戶部尙書兼權吏部尙書，遂爲眞，時暫兼權戶部尙書。十五年，特賜同進士出身，拜端明殿學士、簽書樞密院事。

紹定元年，拜參知政事兼同知樞密院事。尋知樞密院事兼參知政事，封毗陵郡公。以觀文殿大學士知紹興府兼浙東安撫使。端平元年，加少保、和國公，致仕，卒。

陳貴誼字正甫，福州福淸人。慶元五年進士，授瑞州觀察推官。丁內外艱，服除，調安遠軍節度掌書記，辟差四川制置司書寫機宜文字。中博學宏詞科，授江南東路安撫司機宜文字。遷太社令，改武學諭、國子錄，遷太學博士。

時議更楮幣法，貴誼轉對言：「人主令行禁止者，以同民之所好惡。楮劵之令，乃使姦惡獲逞，道路咨怨，非所以祈天永命、固結人心。」因援熙寧新法爲辭。又言：「明銳果敢之才，足以集事而失於剽輕；老成寬博之士，足以厚俗而失於循理。孰若舉之以衆，取之以公。」主更幣之法者，乃摘新法等語激怒時相，且謂「貴誼引類植黨」，人爲危之。

遷太常博士。以兄貴謙兼禮部郎官，引嫌，遷將作監丞兼魏惠憲王府小學敎授。轉對，謂：「言路雖開，觸犯忌諱者指爲好名，切劘時政者指爲玩令。利害關於天下，是非公於人心。一人言之未已，或至累十數人言之，則又指爲朋黨。是非易位，忠佞不分。」史彌遠益不樂，遷祕書郎，出知江陰軍，提舉江西常平。召赴行在，未至，授禮部郎官。

屬金人大擾淮、蜀，貴誼言：「人才所以立國，今旁蹊曲徑，倖門四闢。言路所以通下情，今婞阿循默，囊括不言。民力已竭，而科歛之外，餽遺以謀進者未已。軍中恥言敗北，則陣亡者不恤；恥言棄潰，則逃竄者復招。」又言：「婉順巽從者，是災疢也，非愛我也，宜屏之外之；矯拂救正者，是藥石也，愛我也，宜用之聽之。」彌遠滋不樂，諷言者論罷，主管崇禧觀。

起知徽州，召授司封郎官兼翰林權直，兼玉牒所檢討。會有事明堂，首引包拯皇祐中乞因肆赦除聚斂掊克之獻，當察州縣府庫致羨之由。倣成周邦饗必及死王事者之子與漢置羽林孤兒，專取從軍死事之後，教以五兵。

理宗卽位，以爲宗正少卿兼侍講，兼權直學士院。尋遷起居舍人。寶慶初，詔舉賢能才識之士。貴謟乃言曰：「世以容嘿滯固爲賢，以苛刻生事爲能，以褊狹趣辦爲才，以輕疏嘗試爲識。及茲初政，當求忠實正直、奉公愛民、知禮義廉耻而不越防範者，以充中外之選。」又言：「成王之初，元臣故老警以無逸者，欲其克壽；勉以敬德者，欲其永命；期以豈弟者，欲其受命之長。則可謂愛君切而慮患深矣。」

遷中書舍人，升兼直學士院。內侍濫受恩賞，輒封還詔書。將郊，貴謟以：「民生實艱，吏員尚衆，征斂幾於奪取，公費掩爲私藏。宜大明黜陟，庶有以見帝于郊。」遷禮部侍郎，仍兼中書舍人、權刑部尙書。升修玉牒官兼侍讀。爲禮部尙書兼給事中、端明殿學士、簽書樞密院事。

紹定六年冬，上始親政，進參知政事。上面諭之曰：「頃聞憂國之言，朕所不忘。」兼同知樞密院事。出師汴、洛時，貴謟已移疾，猶上疏力爭。五上章乞歸，轉四官，加邑封，致仕。

卒，贈少保、資政殿大學士。

曾從龍字君錫，左僕射公亮四世從孫。初名一龍，慶元五年，擢進士第一，始賜今名。授簽書奉國軍節度判官廳公事。遷兵部員外郎、左司郎中、起居舍人兼太子右諭德。使金還，轉官。疏言：「州郡累月闕守，而以次官權攝者，彼惟其攝事也，自知非久，何暇盡心於民事？獄訟淹延，政令玩弛，舉一郡之事付之胥吏。幸而除授一人，民望其至如渴望飲，足未及境而復以他故罷去矣。且每易一守，供帳借請少不下萬緡。郡帑所入，歲有常數，而頻年將迎，所費不可勝計。然則輕於易置，公私俱受其病。欲望明詔二三大臣，郡守有闕，即時進擬。其有求避憚行者，悉杜絕其請；其繳劾彈拄者，疾速行之。蓋郡計寬則民力裕，利害常相關故也。」又請已振濟者免其後。

開禧間丐外，知信州。戍卒行掠境內，從龍置于法，索得婦人衣，命梟于市。召權禮部侍郎兼中書舍人兼太子左諭德。繳還張鎡復官詞頭，以鎡抑令姪女竭資財結姻蘇師旦之子故也。尋兼太子諭德，兼同修國史、實錄院同修撰，兼國子祭酒。爲吏部侍郎，仍兼職兼太子右庶子，兼給事中，兼直學士院，權刑部尚書。

嘉定六年秋，陰雨，乞放繫囚。進對，言「修德政，蓄人材，飭邊備」。帝善其言。七年，知貢舉。疏奏：「國家以科目網羅天下之英雋，義以觀其通經，賦以觀其博古，論以觀其識，策以觀其才。異時謀王斷國，皆繇此其選。比來循習成風，文氣不振，學不務根柢，辭不尙體要，涉獵未精，議論疏陋，綴緝雖繁，氣象萎薾。願下臣此章，風厲中外，澄源正本，莫甚於斯。」詔從之。

進端明殿學士、簽書樞密院、太子賓客，改參知政事。疾胡榘憸壬，排沮正論，陳其罪。榘嗾言者劾罷，以前職提舉洞霄宮。起知建寧府。丁內艱，服除，爲湖南安撫使。撫安峒獠，威惠並行，興學養士，湘人紀之石。改知隆興府，復提舉洞霄宮，改萬壽觀兼侍讀，奉朝請。

端平元年，授資政殿大學士、沿江制置使兼知建康府兼行宮留守。拜參知政事兼同知樞密院事。時有三京之役，極論南兵輕進易退。未幾言驗。進知樞密院事兼參知政事，以樞密院使督視江淮、荊襄軍馬。疏言：「邊面遼遠，聲援不接，請並建二閫。」詔許之，專畀江淮，以荊襄屬魏了翁。朝論邊用不給，詔從龍、了翁幷領督府。及從龍卒，贈少師。弟用虎、天麟、治鳳，皆歷顯任。

鄭性之字信之，初名自誠，後改今名，福州人。嘉定元年，進士第一，歷官知贛州，改知隆興府。後以寶章閣待制提舉玉隆萬壽宮，進華文閣待制、提舉上淸太平宮。進敷文閣待制、知建寧府。

端平元年，召爲吏部侍郎。入對，言：「陛下大開言路，以通壅蔽，心苟愛君，誰不欲言，言不切直，何能感動？譬如積水，久壅一決，其勢必盛，其聲必激。故言者多則易於取厭，言之激則難於樂受。若少有厭倦，動於詞色，則讒諂乘間，或不自知矣。」又言：「願陛下明詔百辟，滌去舊汚，一以淸白相師。權之所在，勢所必趨，恐懼戒謹，尤防其微，以保終譽，毋招謗議。則朝綱肅而國體尊矣。」又曰：「爲君者不以堯、舜自期，則無善治；告君者不陳堯、舜之道，則無遠猷。」

擢左諫議大夫，言：「臺臣交章互詆，願陛下監古今天下安危之變，君子小人消長之機，公以處之，乃得其當。況夫聽言之道，宜以事觀，若言果有關國體，有補治道，有益主德，則言之過激，夫亦何傷。彼雖釆名，我實有益。惟虛心納善，若決江河，則激者自平矣。」

拜端明殿學士、簽書樞密院事，進同知樞密院事兼權參知政事。尋拜參知政事兼同知樞密院事。尋知樞密院事兼參知政事，加觀文殿學士，致仕。寶祐二年卒。

李鳴復字成叔，瀘州人。嘉定二年進士。歷官權發遣金州兼幹辦安撫司公事。制置使鄭損薦于朝，乞召審察。授司農寺丞，遷駕部員外郎，遷兵部郎中。面對，遷軍器少監、大理少卿，拜侍御史兼侍講。進對，言：「荆襄制臣有當戒者三：曰去私、禁暴、懲怒。」權工部尙書兼權吏部尙書。又權刑部尙書兼給事中、簽書樞密院事。

端平三年，拜參知政事。以資政殿學士知紹興府。嘉熙元年，復爲參知政事。明年，知樞密院事兼參知政事，加資政殿大學士，賜衣帶、鞍馬。淳祐四年，復爲參知政事。未幾，出知福州、福建安撫使，尋予祠。監察御史蔡次傳按劾落職，罷宮觀，後卒于嘉興。

鄒應龍字景初。慶元二年進士。歷官爲起居舍人，以直龍圖閣權知贛州，遷江西提點刑獄。尋遷中書舍人兼太子右諭德，復兼太子左庶子、試戶部尙書。使金還，爲太子詹事兼中書舍人。遷給事中兼太子詹事。權禮部侍郎兼侍講。權工部尙書兼同修國史、實錄院同修撰。遷刑部尙書。乞祠，以敷文閣學士提舉安慶府眞原萬壽宮。以徽猷閣學士起知太平州，以臣僚論罷。以敷文閣學士提舉玉隆萬壽宮，拜禮部尚書兼侍讀。

嘉熙元年，拜端明殿學士、簽書樞密院事。進資政殿學士、知慶元府兼沿海制置使，依舊職提舉洞霄宮。淳祐四年卒，贈少保。

余天錫字純父，慶元府昌國人。丞相史彌遠延爲弟子師，性謹愿，絕不預外事，彌遠器重之。是時彌遠在相位久，皇子竑深惡之，念欲有廢置。會沂王宮無後，丞相欲借是陰立爲後備。天錫秋告歸試于鄉，彌遠曰：「今沂王無後，宗子賢厚者幸具以來。」天錫絕江與越僧同舟，舟抵西門，天大雨，僧言門左有全保長者，可避雨，如其言過之。保長知爲丞相館客，具雞黍甚肅。須臾有二子侍立，全曰：「此吾外孫也。日者嘗言二兒後極貴。」問其姓，長曰趙與莒，次曰與芮。天錫憶彌遠所屬，其行亦良是，告于彌遠，命二子來。保長大喜，鬻田治衣冠，心以爲沂邸後可冀也，集姻黨且詫其遇以行。天錫引見，彌遠善相，大奇之。計事泄不便，遽復使歸。保長大慚，其鄉人亦竊笑之。逾年，彌遠忽謂天錫曰：「二子可復來乎？」保長謝不遣。彌遠密諭曰：「二子長最貴，宜撫於父家。」遂載與歸。天錫母朱爲沐浴、教字，禮度益閑習。未幾，召入嗣沂王，迄即帝位，是爲理宗。

天錫，嘉定十六年舉進士，歷監慈利縣稅，籍田令，超授起居舍人。遷權吏部侍郎兼玉牒所檢討官，兼崇政殿說書。遷戶部侍郎兼知臨安府、浙西安撫使。試戶部侍郎，權戶部尚書，皆兼知臨安府。升兼詳定勑令官，以寶文閣學士知婺州，仍舊職奉祠。起知寧國府，進華文閣學士、知福州。

召爲吏部尚書兼給事中兼侍讀。疏奏：「臣荷國恩，起家分閫，旋蒙趣覲，躐玷邇聯。時權禮部侍郎曹豳實在諫省，蓋嘗抗疏謂用臣大驟。臣與豳交最久，相知最深，今觀其所論，於君父有陳善之敬，友朋有責善之道。而豳遂遷官，臣竟汙要路。豳以不得其言，累疏丐去。夫亟用舊人而遂退二莊士〔二〕，則將謂之何哉！豳老成之望，直諒多益，置之近班，可以正乃辟，可以儀有位。欲望委曲留行，使之釋然無疑，安於就職，則陛下既昭好賢之美，而微臣亦免妨賢之媿。」帝從之。

嘉熙二年，拜端明殿學士、同簽書樞密院事。尋拜參知政事兼同知樞密院事，封奉化郡公。授資政殿學士、知紹興府、浙東安撫使。以觀文殿學士致仕。朱氏亦封周、楚國夫人，壽過九十。將以生日拜天錫爲相，而天錫卒。贈少師，尋加太師，謚忠惠。

弟天任爲兵部尚書。兄弟友愛，方貧時，率更衣以出，終歲同衾。從子晦，歷官尚書，出帥全蜀，嘗置義莊，以贍宗族；然在蜀以違言論知閬州王惟忠死，士論少之。

許應龍字恭甫，福州閩縣人。五歲通經旨，坐客曰「小兒氣食牛」，應龍應聲「丈夫才吐鳳」爲對，四坐嘉歎。入太學，嘉定元年舉進士。調汀州教授，差浙東宣撫司掾，差戶部架閣。遷籍田令、太學博士。時李全、時青輩歸附，應龍入對，有「豢蜂是懲，養虎遺患」之說，後皆如所言。遷國子博士、國子丞、宗學博士。

理宗卽位，應龍首陳：「正心爲治國平天下之綱領。」遷祕書郎兼權尚右郎官，遷著作郎。丐外，知潮州。盜陳三槍起贛州，出沒江、閩、廣間，勢熾甚。而盜鍾全相挻爲亂，樞密陳韡帥江西任招捕〔三〕，三路調軍，分道追剿。盜逼境上，應龍亟調水軍、禁卒、土兵、弓級，分扼要害。明間諜，守關隘，斷橋開塹，斬木塞涂。點集民兵，激勸隅總，諭以保鄉井、守室廬、全妻子，蒐補親兵，日加訓閱。既而橫岡、桂嶼相繼以捷聞。

招捕司遣統領官齊敏率師由漳趨潮，截贛寇餘黨。應龍諭敏曰：「兵法攻瑕，今鍾寇將窮，陳寇猖獗，若先破鍾，則陳不戰禽矣。」敏惟命，於是諸寇皆平。方未解嚴時，有行旅數人，隅總搜其槖中金銀，指爲賊黨。應龍辨其非盜，釋之，皆羅拜感泣。始，人疑應龍儒者不閑戎事，及見其區畫事宜，分別齊民，靜練雍容，莫不歎服。僚屬請上功，應龍曰：「守職扞城保民，何功之云？」距州六七十里曰山斜，峒獠所聚，丐耕土田不輸賦。禁兵與鬨，應龍平決之，其首感悅，率父老鳴缶擊筒，踊躍詣郡謝。去之日，闔郡遮道攀送。

端平初，召爲禮部郎官。入對，帝謂應龍曰：「卿治潮有聲，與李宗勉治台齊名。」應龍頓首曰：「民無不可化，顧牧民者如何耳。臣治州幸免曠瘝，皆陛下德化所暨，臣非曰能之。」兼榮文恭王府教授，力辭，遷國子司業。祭酒徐僑議學校差職，欲先譽望。應龍以爲不若差以資格，資格一定，則僥倖之門杜而造請之風息。僑以爲然。時有憑勢干職者，力卻之。

兼權直舍人院，遷國子祭酒。攝侍右侍郎兼學士院權直。是日，罷鄭淸之、喬行簡制，應龍所草也。翼日文德殿宣布畢，帝遣中使召應龍諭之曰：「草制甚善。」應龍復謝曰：「臣聞昔人有言，進人若將加諸膝，退人若將墜諸淵。今二相乞罷機政，與陛下體貌大臣之意，兩盡其美可也。」帝善之，就令草勑書戒諭諸閫。權吏部侍郎兼侍講，兼權直學士院。試吏部侍郎，升侍讀，權兵部尚書。

時楮幣虧甚，行簡主行稱提之說，州縣希旨奉承，貧富猜懼。應龍奏從民便、節用二說，行簡然之。兼吏部尚書，遷兵部兼中書舍人。三上章丐外，不允。兼給事中，兼吏部尚書。請外，詔免兼中書，拜端明殿學士、簽書樞密院事。累辭，會正言郭磊卿有論疏，以端明殿學士提舉洞霄宮。卒年八十有一。贈資政殿學士、銀青光祿大夫。應龍不躁不競，不激不隨，不妄薦士，而亦無傷人害物之事。潮州之治，最可紀也。

林略字孔英，温州永嘉人。慶元五年，舉進士。歷饒州大寧監教授，辟幹辦四川茶馬司公事。崔與之帥蜀，目之曰「此臺閣之瑞也」，薦之。遷武學博士、國子監丞、太常寺丞。奉祠，拜宗正少卿兼崇政殿說書。遷右司諫，尋遷左司諫兼侍講。告于帝曰：「虛心以爲從諫之本，從諫以爲求治之本。」拜殿中侍御史，升侍御史，試右諫議大夫。嘉熙三年，以端明殿學士同簽書樞密院事，以言罷，提舉洞霄宮。以資政殿學士致仕。淳祐三年八月卒，特贈宣奉大夫。

徐榮叟字茂翁，煥章閣學士應龍之子。嘉定七年，舉進士。歷官通判臨安府，遷太學博士兼崇政殿說書，遷祕書郎，升著作佐郎兼侍左郎官。出爲江東提點刑獄，直祕閣、知婺州。遷著作郎兼禮部郎官，以集英殿修撰知靜江府兼廣西經略安撫使。召爲行在司諫，復兼說書兼侍講。

嘉熙四年，拜右諫議大夫。入對，言：「自楮幣不通，物價倍長，而民始怨；自米運多阻，粒食孔艱，而民益怨。此見之京師者然也。外而郡邑，苛征橫斂，無所不有，嚴刑峻罰，靡所不施。和糴則科抑以取贏，軍需則並緣而規利，逃亡強令代納，鐲放忍至重催。犯私販者不問多寡，槩遭黥徒；逋官課者不恤有無，動輒監繫。囹圄充斥，率是干連；詞訟追呼，莫非枝蔓。如此則民安得而不怨？甚者富家巨室，武斷鄉閭，貴族豪宗，侵牟民庶。茹寃者不敢告，負抑者不得伸，怨氣薰蒸，天示之應。此亢陽之所以爲沴也。」

遷權禮部尙書兼權吏部尙書，拜端明殿學士、簽書樞密院事。淳祐二年乞歸田里，以資政殿大學士提舉洞霄宮。六年，轉一官致仕。卒。

別之傑字宋才，郢州人。嘉定二年進士。歷官差充京西安撫司參議官，遷太府寺主簿，又遷將作監丞，差知澧州、知德安府。親喪，起復，知德安府。加直寶謨閣、知江陵府、湖北安撫副使。進直煥章閣，言親年八十，乞祠歸養，庶幾君親之義兩全。從之。以京湖安撫制置使陳晐論罷，以前職主管崇禧觀。進直敷文閣、知江陵府、湖北安撫使。起復，知眞州，改知江寧府、湖北安撫副使，加兵部郎官，差充督視行府參謀官。遷軍器監，加直寶文閣、京西轉運判官兼提點刑獄。加祕閣修撰、知江陵兼京湖制置副使。進寶章閣待制、知太平州。又進寶謨閣學士，依舊沿江制置使兼知建康府、江東安撫使。加兵部尙書兼淮西制置使，邊事聽便行之。加端明殿學士。

淳祐二年，授同知樞密院事兼權參知政事，進資政殿學士、湖南安撫使兼知潭州。監察御史蔡次傳論罷。七年，拜參知政事。乞歸田里，依前職知紹興府，復以兩浙轉運判官翁甫論罷。寶祐元年卒，特贈少師。

劉伯正字直卿，饒州餘干人。父簡，爲丞相趙汝愚客，嘗書慶曆四諫奏議授伯正，而伯正以開禧元年舉進士。調太平主簿，通判棗陽軍，辟荆湖制置司機宜、兩浙轉運司主管公事。歷軍器、將作、太府三監主簿，樞密院編修官，兵部郎官，監察御史。有事于明堂，雷電忽至，執事者鮮不離次；伯正立殿下，紳笏儼然，聲色不動。帝遂以大任期之。

遷左司諫，疏言：「兵籍寖廣，糧餉益艱，請豫備軍食。」又言銓選、財計、刑獄之積敝，

「乞以願治之心而急董正治官之圖，以勤政之思而嚴察計吏之法」。又言：「所憂非一，而急務之當慮者有三：曰申飭邊備，區處流民，隄防姦盜。」帝皆善其言。升右正言。以華文閣待制知廣州兼廣東經略安撫使。召見，賜金帶鞍馬。改轉運使，以寶章閣直學士知太平州。召爲禮部侍郎兼中書舍人，遷吏部侍郎兼侍講、同修國史、實錄院同修撰。兼給事中，權刑部尚書兼侍讀。

淳祐四年，拜端明殿學士、簽書樞密院事兼權參知政事。眞拜參知政事。以監察御史孫起予言罷，授資政殿學士、提舉洞霄宮。監察御史蔡次傳言之，降一官，尋復舊官致仕。卒，贈正奉大夫，加少保。時論謂伯正立朝，以靜重鎭浮，不求名譽，善藏其用云。

金淵字淵叔，臨安府人。嘉定七年進士。歷官爲太學博士，遷太府寺丞、祕書郎。升著作佐郎兼權司封郎官。遷祕書丞，拜右正言兼工部侍郎。遷將作少監兼侍右郎官，兼國子司業，兼國史編修、實錄檢討，兼崇政殿說書。拜監察御史，論曹豳、項寅孫。兼侍講，遷禮部侍郎，尋兼國子祭酒。遷吏部侍郎，拜右諫議大夫，改左諫議大夫。遷禮部尚書兼給事中。

淳祐四年，知貢舉，拜端明殿學士、同簽書樞密院事。侍御史劉漢弼論淵尸位妨賢，罷政予祠。監察御史劉應起言，落職罷祠。十一年，妻盛氏愬于朝，乞曲加貸宥，少敍官職。詔止量移平江府居住。卒。

李性傳字成之，宗正寺主簿舜臣之子也。嘉定四年舉進士。歷幹辦行在諸軍審計司。進對：「有崇尙道學之名，未遇其實。」帝曰：「實者何在？」性傳對曰：「在陛下格物致知，以爲出治之本。」遷武學博士。尋爲太常博士兼諸王宮大小學教授。升太常寺丞兼權工部郎中，兼權都官郎官，遷起居舍人兼侍講。

疏言：「東周以後，諸侯卿大夫皆以既葬而除服。秦、漢之際，尤爲淺促，孝文定爲三十六日之制，則視孝惠以前已有加矣。東漢以後又損之爲二十七日，謂之以日易月，則薄之至也。千數百年，惟晉武帝、魏孝文爲能復古之制，而羣臣沮格，未克盡行。惟孝宗通喪三年，近古所獨。陛下繼之，至性克盡，前烈有光。乞以此疏付之史官，庶幾四海聞風，民德歸厚。」

遷起居郎，兼國史編脩、實錄檢討。權刑部侍郎，進禮部侍郎。以臣僚言罷。尋以寶章閣待制知饒州，改知寧國府，再知饒州，復以言罷。召爲兵部侍郎兼侍講，兼同脩國史，兼實錄院同修撰。升兼侍讀，權兵部尙書。進讀仁皇訓典，乞讀帝學，從之。權吏部尙書。臣僚論舜臣立廟封爵事，落職，提舉太平興國宮。

淳祐四年，權禮部尙書兼給事中，兼同修國史、實錄院同脩撰，兼侍讀。五年，拜端明殿學士、簽書樞密院事兼權參知政事。尋同知樞密院事。未幾，落職與郡。十二年，以資政殿大學士提舉洞霄宮。寶祐二年，依舊職提舉萬壽觀兼侍讀。以觀文殿學士致仕。卒，特贈少保。

陳韡字子華，福州候官人。父孔碩，爲朱熹、呂祖謙門人。韡讓父郊恩與弟韔。登開禧元年進士第，從葉適學。嘉定十四年，賈涉開淮閫，辟京東、河北幹官。韡謂：「山東、河北遺民，宜使歸耕其土，給耕牛農具，分配以內郡之貸死者。然後三分齊地，張林、李全〔三〕各處其一，其一以待有功者。河南首領以三兩州來歸者，與節度使，一州者守其土，忠義人盡還北。然後括淮甸閑田，倣韓琦河北義勇法，募民爲兵，給田而薄征之，擇土豪統率；鹽丁又別廩爲一軍，此第二重藩籬也。」

十五年，淮西告捷，韡策金人必專向安豐而分兵綴諸郡，使卞整、張惠、李汝舟、范成進各以其兵屯廬州以待之。金將盧鼓搥新勝於潼關〔四〕，乘鋭急戰，當持久困之，不過十日必遁，設伏邀擊，必可勝。又使時青、夏全候金人深入，以輕兵擣其巢穴，第一策也〔五〕。其後金人果犯安豐，韡如盱眙犒師。改淮東制置司幹辦公事。再如盱眙見劉琸，調卞整、張惠、范成進、夏全諸軍應援擣虛，皆行韡之策，遂有堂門之捷，俘其四駙馬者。

遷將作監丞，又遷太府寺丞，差知眞州、淮東提點刑獄。加直寶章閣，依舊提點刑獄兼知寶應州。遷宗正寺丞、權工部郎中，改倉部員外郎。入對，言：「臣所陳夏、周、漢、唐數君之事，如布德兆謀、任賢使能、信賞必罰、區處藩鎭、不事姑息，規摹莫大於此。」又言：「人主所以御天下者，賞罰而已。」

紹定二年冬，盜起閩中，帥王居安屬韡提擧四隅保甲，韡有親喪，辭之。轉運使陳汶、提擧常平史彌忠告急于朝，謂非韡莫可平。明年，以寶章閣直學士起復，知南劍州，提擧汀州、邵武軍兵甲公事，福建路兵馬鈐轄，同共措置招捕盜賊兼福建路招捕使。未幾，加提點刑獄。韡籍士民丁壯爲一軍。沙縣紫雲臺〔六〕告急。沙縣破，賊由間道趨城，忠勇軍破之於高橋，賊乃趨邵武，勢益熾。時有議當招不當捕者，韡言：「始者賊僅百計，招而不捕，養之至千，又養之至萬，今復養之，將至於無算。求淮西兵五千人可圖萬全。」詔韡兼福建路招捕使。

賊急攻汀州，淮西帥曾式中調精兵三千五百人由泉、漳間道入汀，擊賊于順昌勝之。六月，兵大合，加福建提點刑獄。七月，韡親提兵至沙縣、順昌、將樂、清流、寧化〔七〕督捕，所至克捷。九月，分兵進討。十月，進攻五賊營砦，平之。十一月，破潭瓦磜賊起之地，夷其巢穴。十二月，誅汀州叛卒，諭降連城七十有二砦，汀境皆平。四年正月，遣將破下瞿張原砦。二月，躬往邵武督捕餘寇，賊首晏彪迎降，韡以其力屈乃降，卒誅之。進右文殿修撰，依舊提點刑獄、招捕使兼知建寧府。衢州寇汪徐、來二破常山、開化，勢張甚。韡命淮將李大聲提兵七百，出賊不意，夜薄其砦，賊出迎戰，見算子旗，驚曰：「此陳招捕軍也！」皆大哭，急擊之，衢寇悉平。

六年，進寶章閣待制、知隆興府。贛寇陳三槍據松梓山砦，出沒江西、廣東，所至屠殘。韡遣官吏諭降，賊輒殺之。乃謂盜賊起於貪吏，劾其尤者二人。又謂：「寇盜稽誅，以臣下欺誕、事權渙散所致，若決計蕩除，數月可畢。」十一月，詔節制江西、廣東、福建三路捕寇軍馬。韡奏遣將劉師直扼梅州、齊敏扼循州，自提淮西兵及親兵擣賊巢穴。十二月，兼知贛州。

端平元年正月，進華文閣待制、江西安撫使。二月至贛，斬將士張皇賊勢及掠子女貨財者。齊敏、李大聲所至克捷。三月，分兵守大石堡，截賊糧道，遂破松梓山。三槍與餘黨緺厓而遁。韡親督諸將，乘春瘴未生，薄松梓山。賊悉精鋭下山迎敵，旗幟服色甚盛。韡軍步騎夾擊，又縱火焚之，士皆攀厓上，賊巢蕩爲煙埃，賊首張魔王自焚。斬千五百級，禽賊將十二，得所掠婦女、牛馬及僭僞服物各數百計。三槍中箭，與敏軍遇，擊敗之，賊遁。翼日，追及下黄，又敗之。餘衆尚千餘，薙獮略盡。三槍僅以數十人遁至興寧就禽，檻車載三槍等六人，斬隆興市。

初，賊跨三路數州六十砦，至是悉平。詔曰：「韡忠勤體國，計慮精審，身任討捕之責，江、閩、東廣，訖底寧輯。」乃進權工部侍郎，仍知隆興兼江西安撫使。未幾，爲工部侍郎，改江東安撫使、知建康府，兼行宮留守。二年，入奏事，帝稱其平寇功，韡頓首言曰：「臣不佞，徒有孤忠，仗陛下威靈，苟逃曠敗耳，何功之有。」遷權工部尚書，又權刑部尚書、沿江制置大使，依舊江東安撫使、知建康府。往來巡視鄂州江面，措置捍禦。三年，加寶謨閣學士。十月，詔選猛將精兵，相視緩急，據地利，遏要衝，以伐姦謀。嘉熙元年，進煥章閣學士。四年，拜刑部尚書，辭免。加徽猷閣學士、知潭州、荆湖南路安撫使。

淳祐四年，召爲兵部尚書，遷禮部尚書兼侍讀，兼同修國史、實録院同修撰。拜端明殿學士、同簽書樞密院事兼參知政事。尋拜參知政事兼同知樞密院事。七年，知樞密院事、湖南安撫大使兼知潭州。九年，以觀文殿學士、福建安撫大使知福州，五上章辭，以舊職提舉洞霄宮。開慶元年，召赴闕，落致仕，充醴泉觀使兼侍讀。景定元年，授福建安撫大使兼知福州。久之，提舉佑神觀，力請致仕。明年卒，年八十有三。贈少師，謚忠肅。

崔福者，故羣盜，嘗爲官軍所捕，會夜大雪，方與嬰兒同榻，兒寒啼不止，福不得寐，覺捕者至，因以故衣擁兒口，遂逸去。因隸軍籍。初從趙葵，收李全有功，名重江、淮，又累從韓捕賊，積功至刺史、大將軍。

後從韓留隆興。既而韓移金陵，而福猶在隆興。屬通判與郡僚燕滕王閣，福恚其不見招，道遇民愬寃者，福攜其人直至飲所，責以郡官不理民事，麾諸卒盡碎飲具，官吏皆惴恐竄去，莫敢嬰其鋒。韓知之，遂檄建康，署爲鈐轄。福又奪統制官王明鞍馬，及迫逐總領所監酒官親屬。韓戒諭之，不聽。

會淮兵有警，步帥王鑑出師，鑑請福行，韓因厚遣之。福不樂爲鑑用，遇敵不擊，託以葬女擅歸，亦不聞于制置司。鑑怒，遂白其前後過惡，請必正其慢令之罪。會韓亦厭忌之，遂坐以軍法，然後聲其罪于朝，且自劾專殺之罪。下詔獎諭，免其罪。

福勇悍善戰，頗著威聲；其死也，軍中惜之。時論以爲良將難得，而韓以私忿殺之。

然福跋扈之迹已不可揜，殺身之禍，亦有以自取之也。

論曰：宋自嘉定以來，居相位者賢否不同，故執政者各以其氣類而用之，因其所就而後世得以考其人焉。宣繒、薛極者，史彌遠之腹心也。陳貴誼、曾從龍、鄭性之、李性傳、劉伯正，皆無所附麗。李鳴復、金淵者，史嵩之之羽翼也。鄒應龍無所考見，許應龍治郡見稱循良，林略所謂虛心從諫者，有益於人主矣。徐榮叟父子兄弟皆爲名臣，陳韡將帥才也，優於別之傑多矣。

## 校勘記

〔一〕而遂退二莊士　按「二」，錢士升南宋書卷四九余天錫傳作「一」，本書殿、局本作「亡」，疑此有誤。

〔二〕樞密陳韡帥江西任招捕　「招捕」原作「拓捕」，據趙汝騰庸齋集卷六許應龍神道碑改。

〔三〕張林李全　「李全」原作「孝全」。按劉克莊後村先生大全集卷一四六陳韡神道碑作「張林、李全」；本書卷四七六李全傳記有李全勸張林歸宋事。「孝」爲「李」之誤，據改。

〔四〕潼關　後村先生大全集卷一四六陳韡神道碑作「漳關」。

〔五〕第一策也　同上書同卷同篇作「亦一策也」，疑是。

〔六〕沙縣紫雲臺　「臺」原作「基」。按福建有紫雲臺山，見讀史方輿紀要卷九八。後村先生大全集卷一四六陳韡神道碑作「沙縣紫雲臺」，是，據改。

〔七〕寧化　原作「宣化」。按宋福建路州縣無「宣化」。後村先生大全集卷一四六陳韡神道碑作「寧化」；本書卷八九地理志寧化屬汀州，「宣」爲「寧」之誤，據改。

# 宋史卷四百二十

## 列傳第一百七十九

王伯大　鄭寀　應䌖　徐淸叟　李曾伯　王埜　蔡抗
張磻　馬天驥　朱熠　饒虎臣　戴慶炣　皮龍榮　沈炎

王伯大字幼學，福州人。嘉定七年進士。歷官主管戶部架閣，遷國子正、知臨江軍，歲饑，振荒有法。遷國子監丞、知信陽軍，改知池州兼權江東提舉常平〔一〕。久之，依舊直祕閣、江東提舉常平，仍兼知池州。端平三年，召至闕下，遷尙右郞官，尋兼權左司郞官，遷右司郞官、試將作監兼右司郞中，兼提領鎭江、建寧府轉般倉，兼提領平江府百萬倉，兼提領措置官田。進直寶謨閣、樞密副都承旨兼左司郞中。進對，言：

今天下大勢如江河之決，日趨日下而不可挽。其始也，搢紳之論，莫不交口誦詠，謂太平之期可蹻足而待也；未幾，則以治亂安危之制爲言矣；又未幾，則置治安不言

而不言。

矣，今也置亡而不言矣。人主之患，莫大乎處危亡而不知；人臣之罪，莫大乎知危亡而直以危亂言矣；又未幾，則置危亂不言而直以亡言矣。嗚呼，以亡爲言，猶知有亡

陛下親政，五年于茲，盛德大業未能著見於天下，而招天下之謗議者何其籍籍而未已也？議逸欲之害德，則天下將以陛下爲商紂、周幽之人主；議戚宦近習之撓政，則天下將以朝廷爲恭、顯、許、史、武、韋、仇、魚之朝廷；議姦儔佞朋之誤國，則天下又將爲漢黨錮、元祐黨籍之君子。數者皆犯前古危亡之轍迹，忠臣懇惻而言之，志士憤激而和之。陛下雖日御治朝，日親儒者，日修辭飾色，而終莫能弭天下之議。言者執之而不肯置，聽者厭之而不憚煩，於是厭轉而爲疑，疑增而爲忿，忿極而爲愎，則罪言黜諫之意藏伏於陛下之胸中，而凡迕己者皆可逐之人矣。彼中人之性，利害不出於一身，莫不破廉絕角以阿陛下之所好。其稍畏名義者，則包羞閔默而有跋前疐後之憂；若其無所顧戀者，則皆攘袂遠引，不願立于王之朝矣。

陛下試反於身而自省曰：吾之制行，得無有屋漏在上、知之在下者乎？徒見嬖昵之多，選擇未已，排當之聲，時有流聞，則謂精神之內守，血氣之順軌，未可也。陛下又試于宮闈之內而加省曰：凡吾之左右近屬，得無有因微而入，緣形而出，意所狎信不復

猜覺者乎？徒見內降干請，數至有司，裹言除臣，每實人口，則謂浸潤之不行，邪逕之已塞，未可也。陛下又試於朝廷政事之間而三省曰：凡吾之諸臣，得無有讒說殄行，震驚朕師，惡直醜正，側言改度者乎？徒見剛方峭直之士，昔者所進，今不知其亡，柔佞闒茸之徒，適從何來，而遽集於斯也，則謂舉國皆忠臣，聖朝無闕事，未可也。

夫以陛下之好惡用舍，無非有招致人言之道；及人言之來，又復推而不受。不知平日之際遇信任者，肯爲陛下分此謗乎？無也。陛下誠能布所失於天下，而不必曲爲之回護，凡人言之所不貸者，一朝赫然而盡去之，務使蠹根悉拔，孽種不留，如日月之更，如風雷之迅，則天下之謗，不改而自息矣。陛下何憚何疑而不爲此哉！

又極言邊事，曲盡事情。

以直寶謨閣知婺州。遷祕書少監，拜司農卿，復爲祕書少監，進太常少卿兼中書門下檢正諸房公事。遷起居舍人，升起居郎兼權刑部侍郎。臣僚論罷，以集英殿修撰提舉太平興國宮。起，再知婺州，辭免，復舊祠。

淳祐四年，召至闕，授權吏部侍郎兼權中書舍人。尋爲吏部侍郎仍兼權中書舍人、兼侍讀。時暫兼權侍右侍郎，兼同修國史、實錄院同修撰。權刑部尚書，尋爲眞。七年，拜端明殿學士、簽書樞密院事兼權參知政事。八年，拜參知政事。以監察御史陳垓論罷，以資政殿學士知建寧府。寶祐元年，卒。

鄭寀，不詳何郡人。初歷官爲祕書省校書郎兼國史編修、實錄檢討。遷著作佐郎兼權侍右郎官，升著作郎兼侍講。拜右正言，言：「丞相史嵩之以父憂去，遽欲起之，意甚厚也。奈何謗議未息，事關名教，有尼其行。」帝答曰：「卿言雖切事理，進退大臣豈易事也！」擢殿中侍御史。疏言：「臺諫以糾察官邪爲職，國之紀綱係焉。比劉漢弼劾奏司農卿謝逵，陛下已行其言矣，未及兩月，忽復敍用，何其速也！漢弼雖亡，官不可廢。臣非爲漢弼惜，爲朝廷惜也。」又奏劾王瓚、龔基先、胡淸獻，鐫秩罷祠，皆從之。三人者，不才臺諫也。

遷侍御史。疏言：「比年以來，舊章寖廢。外而諸閫，不問勳勞之有無，而爵秩皆得以例遷；內而侍從，不問才業之優劣，而職位皆可以例進。執政之歸休田里者，與之貼職可也，而凡補外者，皆授之矣。故自公侯以至節度，有同序補，自書殿以至祕閣，錯立周行。名器之輕，莫此爲甚。無功者受賞，則何以旌有功之士；有罪者假寵，則何以服無罪之人。矧事變無窮，而名器有限，使名器常重於上，則人心不敢輕視於下，非才而罔功者不得覬幸於其間，則負慷慨之氣、懷功名之願者，陛下始可得而鼓舞之矣。」遷左諫議大夫。淳祐七年，拜端明殿學士、同簽書樞密院。以監察御史陳求魯論罷。淳祐九年五月，卒。宋之居言路，嘗按工部侍郎曹豳、主管吏部架閣文字洪芹，則大傷公論云。

應𦈡字之道，慶元府昌國人。刻志于學。嘉定十六年，試南省第一，遂舉進士，爲臨江軍教授。入爲國子學錄兼莊文府教授。遷太學博士，又遷祕書郎，請蚤建太子。入對，帝問星變，𦈡請「修實德以答天戒」。帝問州縣貪風，𦈡曰：「貪黷由殉色而起。成湯制官刑，儆有位，首及於巫風淫風者，有以也。」帝問藏書，𦈡請「訪先儒解經注史」，因及程迥、張根所著書皆有益世教。帝善之。遷祕書省著作佐郎兼權尙左郎官、兼翰林權直。又遷著作郎，仍兼職，以言罷。

淳祐二年，叙復奉祠。遷宗正寺丞兼權禮部郎官，兼國史編修、實錄檢討，以言罷。差知台州，召兼禮部郎官、崇政殿說書。遷祕書少監，仍兼職，兼權直學士院。又遷起居舍人、權兵部侍郎，時暫兼權吏部侍郎兼直學士院，帝一夕召𦈡草麻，夜四鼓，五制皆就，帝奇其才。遷吏部侍郎仍兼職。進翰林學士兼中書舍人。

八年，授同知樞密院事兼參知政事。九年拜參知政事，封臨海郡侯，乞歸田里。以資政殿學士知平江府，提舉洞霄宮。寶祐三年，殿中侍御史丁大全論罷，尋卒。德祐元年，詔復元職致仕。

徐清叟字直翁，煥章閣學士應龍之子。嘉定七年進士。歷主管戶部架閣，遷籍田令。疏言：「邇者江右、閩嶠，盜賊竊發，監司帥守，未免少立威名，專行誅戮，此特以權濟事而已。而偏州僻壘，習熟見聞，轉相倣傚，亦皆不俟論報，輒行專殺。欲望明行禁止，一變臣下嗜殺希進之心，以無墜祖宗立國仁厚之意。」遷軍器監主簿。入對，言：「太后舉哀之日，陛下以后服下同媵妾，令別置大袖一襲。文思院觀望，欲如后飾，再造其一以進，詔卻之。此眞知嫡庶之辨者。請宣付史館，以垂法後世。」

遷太常博士。入對，疏言：「陛下親政以來，精神少振而氣脈未復，條目畢舉而綱紀未張，公道若伸而私意之未盡克者，則亦風化之先務，勸戒之大權，與夫選用之要術，猶有闕略而未之講明者爾。何謂風化之先務？曰原人倫以釋羣惑者是已。何謂勸戒之大權？曰惜名器以示正義者是已。何謂選用之要術？曰因物望而進人才者是已。」蓋欲請復皇子竑王爵，裁抑史彌遠恤典，召用眞德秀、魏了翁也。遷兼崇政殿說書。遷祕書郎，升著作佐郎兼權司封郎官，遷軍器少監，皆兼職依舊。遷將作監，拜殿中侍御史兼侍講。遷太常少卿兼權戶部侍郎兼侍講。三疏丐外，給事中洪咨夔、起居舍人吳泳皆抗疏留之。尋權工部侍郎。以右文殿修撰知泉州，集英殿修撰知靜江府、廣西經略安撫使。遷侍右侍郎、主管雲臺觀。召赴闕，遷戶部侍郎，再爲侍右侍郎。以寶章閣直學士知溫州，改知福建安撫使〔三〕，改知婺州。以煥章閣直學士差知泉州，辭免。改知袁州，又改知紹興府、兩浙東路安撫使，辭免。改知潭州，尋知廣州兼廣東經略安撫使。

召赴闕，權兵部尚書兼侍讀。淳祐九年，兼同修國史、實錄院同修撰，權吏部尚書，遷禮部尚書。拜端明殿學士、簽書樞密院事，進同知樞密院事，封晉寧郡公。奏修四朝國史志傳，五上章乞改機政，帝不許。十二年，拜參知政事。尋知樞密院事兼參知政事，監察御史朱應元論罷，以資政殿大學士提舉玉隆萬壽宮，改洞霄宮，復以監察御史朱熠論罷。久之，以舊職提擧洞霄宮。

開慶元年，召赴闕，以舊職提擧佑神觀兼侍讀。出知泉州，復提擧佑神觀。景定三年，轉兩官致仕，卒，贈少師，謚忠簡。淸叟父子兄弟皆以風節相尙，而淸叟劾罷袁甫，於公論少貶云。

李曾伯字長孺，覃懷人，後居嘉興。歷官通判濠州，遷軍器監主簿，添差通判鄂州兼沿江制置副使司主管機宜文字。遷度支郎官，授左司郎官、淮西總領。尋遷右司郎官，太府少卿兼左司郎官，兼勑令所删修官。遷太府卿、淮東制置使兼淮西制置使，詔軍事便宜行之。曾伯疏奏三事：答天心，重地勢，協人謀。又言：「邊餉貴於廣積，將材貴於素儲，賞與不可以不精，戰士不可以不恤。」又條上：「淮面舟師之所當戒，湖面險阻之所當治。」加華文閣待制，又加寶章閣直學士，進權兵部尚書。

淳祐六年正月朔，日食。曾伯應詔，歷陳先朝因天象以謹邊備、圖帥材，乞早易閫寄，放歸田里。又請修浚泗州西城。加煥章閣學士，言者相繼論罷。

九年，以舊職知靜江府、廣西經略安撫使，兼廣西轉運使。陳守邊之宜五事。進徽猷閣學士、京湖安撫制置使、知江陵府，兼湖廣總領，兼京湖屯田使，進龍圖閣學士。疏言：「襄陽新復之地，城池雖修浚，田野未加闢；室廬雖草創，市井未阜通。請蠲租三年。」詔從之。加端明殿學士兼夔路策應大使。進資政殿學士，制置四川邊面，與執政恩例。尋授四川宣撫使，特賜同進士出身。召赴闕，加大學士，知福州兼福建安撫使。辭免，以大學士提舉洞霄宮。

起爲湖南安撫大使兼知潭州，兼節制廣南，移治靜江。開慶元年，進觀文殿學士，以諫議大夫沈炎等論罷。景定五年，起知慶元府兼沿海制置使。咸淳元年，殿中侍御史陳宗禮論劾，褫職。德祐元年，追復元官。

曾伯初與賈似道俱爲閫帥，邊境之事，知無不言。似道卒嫉之，使不竟其用云。

王埜字子文，寶章閣待制介之子也。以父廕補官，登嘉定十二年進士第。仕潭時，帥眞德秀一見異之，延致幕下，遂執弟子禮。德秀欲授以詞學，埜曰：「所以求學者，義理之奥也。詞科惟強記者能之。」德秀益器重之。

紹定初，汀、邵盜作，辟議幕參贊，攝邵武縣，後復攝軍事。盜起唐石，親勒兵討之。後爲樞密院編修兼檢討。襄、蜀事急，議遣使講和，時相依違不决。史嵩之帥武昌，首進和議。埜言：「今日之事宜先定規模，并力攻守。」上疏言八事。繼爲副都承旨，奏請「出師，絕和使，命淮東、西夾攻。不然，利害將深。」理宗深然之，令樞密院下三閫諭旨。嘉熙元年，輪對，采事係安危者四端，而專以司馬光仁、明、武推說。復推廣前所言八事，以孝宗講軍實激發帝意。

淳祐初，自江西赴闕，奏祈天永命十事。嵩之起復，傾國爭之，埜上疏乞聽終喪，後又言嵩之當顯絕而終斥，益嚴君子小人之限。拜禮部尚書，奏十事，終之曰：「陛下一心，十事之綱領也。」前後奏陳，皆明正剴切，鑿鑿可行。其爲兩浙轉運判官，以察訪使出視江防，首嘉興至京口增修官民兵船守險備具。爲江西轉運副使、知隆興府，繼有它命，時以米綱不便，就湖口造轉般倉，請事畢受代。

知鎭江府，兼都大提舉浙西兵船。江面幾千里，調兵捍禦，以守江尤重于淮，瓜洲一渡甚狹，請免鎭江水軍調發，專一守江，置遊兵如呂蒙所言「蔣欽將萬人巡江上」，增創水艦，就揚子江習水戰，登金山指麾之。是冬，揚子橋有警，急調湯孝信所領遊兵救之而退。

淳祐末，遷沿江制置使、江東安撫使、節制和州無爲軍安慶府兼三郡屯田、行宮留守。巡江，引水軍大閱，舳艫相銜幾三十里。憑高望遠，考求山川險阨，謂要務莫如屯田。講行事宜，修飭行宮諸殿室，推京口法，創遊擊軍萬二千，蒙衝萬艘，江上晏然。寶祐二年，拜端明殿學士、簽書樞密院事，封吳郡侯。與宰相不合，言者攻之，以前職主管洞霄宮。卒，贈七官，位特進。

埜因德秀知朱熹之學，凡熹門人高弟，必加敬禮。知建寧府，創建安書院，祠熹，以德秀配。有奏議、文集若干卷。埜工于詩，書法祖唐歐陽詢，署書尤清勁。

蔡抗字仲節，處士元定之孫。紹定二年進士。其後差主管尙書刑、工部架閣文字。召試館職，遷祕書省正字。升校書郎兼樞密院編修官，遷諸王宮大小學教授。疏奏：「權姦不可復用，國本不可不早定。」帝善其言。遷樞密院編修官兼權屯田郎官。遷著作佐郎兼侍右郎官，兼樞密院編修官。尋兼國史院編修官、實錄檢討官。江東提點刑獄，加直祕閣，特授尙書司封員外郎，進直寶章閣，尋加寶謨閣，移浙東。召爲國子司業兼資善堂贊讀，兼玉牒所檢討官，時暫兼侍立修注官。拜宗正少卿兼國子司業。進直龍圖閣、知隆興府。試國子祭酒兼侍立修注官。拜太常少卿，仍兼資善堂翊善。權工部侍郎兼國史院編修官、實錄院檢討官。

遷工部侍郎，時暫兼禮部侍郎，兼權吏部尙書。加端明殿學士、同簽書樞密院事，差兼同提舉編修經武要略。同知樞密院事，拜參知政事。落職予祠，起居郎林存請加竄削，從之。未踰年，復端明殿學士、提舉洞霄宮。乞致仕。轉一官，守本官職致仕。卒，謚文簡，以犯祖諱，更謚文肅。

張磻字渭老，福州人。嘉定四年進士。歷官辟點檢贍軍激賞酒庫所主管文字，差主管尚書吏部架閣。遷太常博士、宗正丞兼權兵部郎官。遷國子祭酒，時暫兼權禮部侍郎，尋爲眞，兼國史編修、實錄檢討。加集英殿修撰，差知婺州。復爲禮部侍郎、權兵部尚書，時暫兼權吏部尚書。以右補闕程元鳳論罷。寶祐三年，復權刑部尚書兼侍讀，拜端明殿學士、簽書樞密院事，升同知樞密院事兼參知政事。五年，拜參知政事。進封長樂郡公，轉三官，守參知政事致仕。九月，卒。遺表上，贈少師。

馬天驥字德夫，衢州人。紹定二年進士，補簽書領南判官廳公事〔三〕。遷祕書省正字兼沂靖惠王府教授。遷祕書省校書郎，升著作佐郎。輪對，假司馬光五規之名，條上時敝，詞旨切直。遷考功郎官，入對，言：「周世宗當天下四分五裂之餘，一念振刷，猶能轉弱爲強。陛下有能致之資，乘可爲之勢，一轉移間耳。」

遷祕書監、直祕閣、知吉州。遷宗正少卿，以祕閣修撰知紹興府，主管浙東安撫司公事兼提舉常平。權兵部侍郎，授沿海制置使，差知慶元府。改知池州兼江東提舉常平。改知廣州兼廣東經略安撫使〔四〕。

寶祐四年，遷禮部侍郎，兼直學士院，兼侍讀，兼國子祭酒。拜端明殿學士、同簽書樞密院事，封信安郡侯。五年，以殿中侍御史朱熠、右正言戴慶炣、監察御史吳衍翁應弼等論罷，依舊職提舉洞霄宮。

景定元年，知衢州，以兵部侍郎章鑑論罷。有旨，依舊職予祠。起知福州、福建安撫使，以職事修舉，升大學士。改知平江府。又改知慶元府兼沿海制置使，提舉洞霄宮。褫職罷祠。咸淳三年，追奪執政恩數，送信州居住。四年，放令自便。後卒于家。

朱熠，温州平陽人。端平二年，武舉第一。遷閤門舍人，差知沅州，改横州，復爲閤門舍人、知雷州。入對，爲監察御史陳垓論罷；臣僚復論，降一官。久之，授帶御器械兼幹辦皇城司，差知興國軍。遷度支郎官，拜監察御史兼崇政殿說書。擢右正言，殿中侍御史兼侍講，遷侍御史。寶祐六年，遷左諫議大夫。拜端明殿學士、簽書樞密院事，同知樞密院事。開慶元年，拜參知政事兼權知樞密院事。景定元年，知樞密院事兼參知政事，兼太子賓客。以舊職知慶元府、沿海制置使。奉祠。爲監察御史胡用虎論罷。久之，監察御史張桂、常楙相繼糾劾，送處州居住。咸淳四年，詔令自便。五年，侍御史章鑑復以爲言，驅之還鄉，尋卒。熠居言路彈劾最多，一時名士若徐淸叟、呂中、尤焴、馬廷鸞，亦皆不免云。

饒虎臣字宗召，寧國人。嘉定七年進士。歷官遷將作監主簿，差知徽州。遷祕書郎，升著作郎兼權右司郎官。遷兵部郎官兼權左司郎官，特授左司郎中。遷司農少卿兼左司，兼國史編修、實錄檢討。遷司農卿、直龍圖閣、福建轉運判官，浙東提點刑獄。拜太府卿兼中書門下檢正諸房公事。以祕閣修撰、兩浙轉運使權禮部侍郎，尋爲眞。時暫兼權侍右侍郎。寶祐六年，兼同修國史、實錄院同修撰，暫通攝吏部尙書。拜端明殿學士、同簽書樞密院事。開慶元年，同知樞密院事，兼權參知政事。景定元年，拜參知政事。殿中侍御史何夢然論罷，以資政殿學士提舉洞霄宮。夢然再劾之，褫職罷祠。四年，敍復元官，提舉太平興國宮。卒。德祐元年，禮部侍郎王應麟、右史徐宗仁乞追復元官，守資政殿學士致仕。

戴慶炣字彥可，温州永嘉人。淳祐十年進士。歷官差主管戶部架閣文字。召試館職，遷祕書省正字兼史館校勘。升校書郎，遷右正言、左司諫、殿中侍御史。升侍御史。開慶元年，拜右諫議大夫。尋加端明殿學士、簽書樞密院事兼權參知政事，同知樞密院事兼參知政事。未幾，守本官致仕。卒，贈特進、資政殿大學士。

皮龍榮字起霖，一字季遠，潭州醴陵人。淳祐四年進士。歷官主管吏部架閣文字，遷宗學諭，授諸王宮大小學教授兼資善堂直講。入對，請「以改過之實，易運化之名，一過改而一善著，百過改而百善融。」遷祕書郎，升著作郎。入對，因及眞德秀、崔與之廉，龍榮曰：「今天下豈無廉者，願陛下崇奬之以風天下，執賞罰之公以示勸懲。」帝以爲然。兼兵部郎官、差知嘉興府。

召赴闕，遷侍右郎官兼資善堂贊讀。又遷吏部員外郎兼直講。入對，言：「忠王之學，願陛下身教之於內。」帝嘉納。遷將作監兼尙右郎官，祕書少監兼吏部郎中，宗正少卿、起居郎兼權侍左侍郎，兼給事中，吏部侍郎兼贊讀，封醴陵縣男。遷集賢殿脩撰、提舉太平興國宮。召見，進刑部侍郎，加寶章閣待制、荆湖南路轉運使，權刑部尙書兼翊善。景定元年四月，拜端明殿學士、簽書樞密院，進封伯。權參知政事兼太子賓客。二年，拜參知政事，仍兼太子賓客，封壽沙郡公。三年，罷爲湖南安撫使，判潭州。四年，以資政殿大學士提舉洞霄宮。以右正言曹孝慶論罷。

咸淳元年，以舊職奉祠。殿中侍御史陳宗禮、監察御史林拾先後論劾，削一官。它日，帝偶問龍榮安在，賈似道恐其召用，陰諷湖南提點刑獄李雷應劾之。雷應至官，謁龍榮，龍榮託故不出；既退，又斥駡之。或以語雷應，不能平，遂疏其罪，又謂「每對人言，有『吾擁至尊于膝上』之語。」詔徙衡州居住。湖南提刑治衡州，龍榮恐不爲雷應所容，未至而歿。龍榮少有志略，精于春秋學，有文集三十卷。性伉直，似道當國，不肯降志。又以度宗舊學，卒爲似道所擯。德祐元年，復其官致仕。二年，太府卿柳岳乞加贈謚，未及行而宋亡。

沈炎字若晦，嘉興人。寶慶二年進士。調嵊縣主簿，廣西經略司准備差遣，湖南安撫司幹辦公事。討郴寇有功，改知金華縣，沿江制置司幹官。通判和州，沿江制置主管機宜文字。監三省、樞密院門，樞密院編修官。爲監察御史、右正言、左司諫、殿中侍御史、侍御史。

景定元年，拜右諫議大夫。加端明殿學士、同簽書樞密院事兼太子賓客。二年，拜同知樞密院事，兼權參知政事，以資政殿學士提舉洞霄宮。三年，進大學士，致仕。卒，贈少保。炎居言路，嘗按劾福建轉運使高斯得、觀文殿學士李曾伯、沿江制置司參謀官劉子澄、左丞相吳潛。然論罷右丞相丁大全及其黨與，則爲公論也。

論曰：王伯大立朝直諒。鄭寀、沈炎居言路，不辨君子小人，皆彈拄之，吾不知其何說也。應繇淸愼沒世。徐淸叟風采凜乎班行之間。李曾伯之治邊，短于才者也。王埜得名父師，而其學問益光。蔡抗號爲君子，史闕其事。若張磻、馬天驥、饒虎臣未見卓然有可稱道者。戴慶炣、皮龍榮登第皆未久而位至執政，龍榮不附權臣，爲所擯斥而死，猶爲可取，慶炣無所稱述焉。朱熠在臺察如狂猘，遇人輒噬之云。

## 校勘記

〔一〕江東提舉常平　原脫「常平」二字，據下文「依舊直秘閣、江東提舉常平」補。

〔二〕改知福建安撫使　按宋會要職官四一之七九，「凡諸路安撫使之名，並以逐州知州充」，福建路以福州；朝野雜記甲集卷一一安撫使條也說建炎以來諸路皆帶安撫使，「其制今存」；下文諸傳亦屢見「知福州、福建安撫使」之文。此處「改知」下當脫「福州」二字。

〔三〕簽書領南判官廳公事　南宋館閣續錄卷九載，馬天驥於紹定二年進士及第，次年正月即以寧海軍簽書節度判官廳召試，三月，除爲正字，九月爲校書郎。疑此處有誤。

〔四〕改知廣州兼廣東經略安撫使　按宋會要職官四一之七九，廣東路安撫使以廣州知州充；本書卷九〇地理志，廣州，「大觀元年升爲帥府，舊領廣南東路兵馬鈐轄，兼本路經略安撫使」。此處「廣州」原作「廣東」，誤，今改。

# 宋史卷四百二十一

## 列傳第一百八十

楊棟 姚希得 包恢 常挺 陳宗禮 常楙 家鉉翁 李庭芝

楊棟字元極，眉州青城人。紹定二年進士第二。授簽書劍南西川節度判官廳公事。未上，丁母憂。服除，遷荆南制置司，改辟西川，入爲太學正。丁父憂，服除，召試授祕書省正字兼吳益王府教授，遷校書郎、樞密院編修官。入對，言：「飛蝗蔽天，願陛下始終一德，庶幾感格天心，消弭災咎。」又言：「邇來中外之臣，如主兵理財，聽其言無非可用，跡其實類皆欺誣，上下相蒙，無一可信。陛下先之以至誠，而後天下之事可爲也。」又言：「祖宗立國，不恃兵財法，惟恃民心固結而已。願陛下常存忠厚之意，勿用峻急之人。」理宗悅，以臣僚言奉祠。

起知興化軍。孔子之裔有居涵頭鎭者，棟爲建廟闢田，訓其子弟。遷福建提點刑獄，尋加直祕閣兼權知福州，兼本路安撫使，遷都官郎官，又遷左司郎官，尋爲右司郎官兼玉牒所檢討官，除宗正少卿。進對，帝曰：「止是正心修身之說乎？」棟對曰：「臣所學三十年，止此一說。用之事親取友，用之治凋郡、察寃獄，至爲簡易。」時有女冠出入宮禁，頗通請謁，外廷多有以爲言者。棟上疏曰：「陛下何惜一女冠，天下所側目而不亟去之乎？」帝不謂然。棟曰：「此人密交小人，甚可慮也。」又言：「京、襄、兩淮、四川殘破郡縣之吏，多是兵將權攝，科取無藝，其民可矜，非陛下哀之，誰實哀之。」帝從之。

遷太常少卿、起居郎，差知滁州，以殿中侍御史周坦論罷。起直龍圖閣、知建寧府，不拜。提舉千秋鴻禧觀，遷起居郎兼權侍左侍郎、崇政殿說書，繼遷吏部侍郎兼同修國史、實錄院同修撰兼侍讀，以集英殿修撰兼中書舍人兼侍講，出知太平州，以右補闕蕭泰來論罷，依舊職提舉太平興國宮。起知婺州。召奏事，以舊職奉祠。度宗立爲太子，帝親擢棟太子詹事。遷工部侍郎，仍爲詹事兼同修國史、實錄院同修撰兼中書舍人，兼直學士院，權刑部尚書兼國子祭酒，遷禮部尚書，加端明殿學士、同簽書樞密院事兼太子賓客，進同知樞密院事兼權參知政事，拜參知政事。

台州守王華甫建上蔡書院，言于朝，乞棟爲山主，詔從之。因卜居于台。尋授資政殿學士、知建寧府，不拜。以舊職提舉洞霄宮，復依舊職知慶元府、沿海制置使。以監察御史胡用虎言罷，仍奉祠。加觀文殿學士知慶元府、沿海制置使，又不拜，仍奉祠。乃以資政殿大學士充萬壽觀使。卒，遺表上，帝輟朝，特贈少保。

棟之學本諸周、程氏，負海內重望。方賈似道入相，登用故老，列之從官，棟亦預焉。及彗星見，棟乃言蚩尤旗，非彗也，故爲世所少云。或謂棟姑爲是言，陰告于帝，謀逐似道，似道覺之，遂蒙疑而去。所著有崇道集、平舟文集。

姚希得字逢原，一字叔剛，潼川人。嘉定十六年進士。授小溪主簿，待次三年，朝夕討論六經、諸子百家之言。調盤石令。會蜀有兵難，軍需調度不擾而集，更調嘉定府司理參軍。改知蒲江縣。巨室挾勢，邑號難治。希得綏彊扶弱，聲聞著聞。同知樞密院事游似以希得名聞，召審察，遷行在都進奏院，通判太平州，改福州，徒步至候官，吏不知爲通判也。召爲國子監丞，遷太府寺丞，時暫書擬金部文字兼沂靖王府教授。時帝斥逐權姦，收召名德，舉朝相慶。希得以爲外觀形狀，似若清明之朝；內察脈息，有類危亡之證。乃上疏言：「堯、舜、三代之時，無危亡之事，而常喜危亡之言；秦、漢以來，多危亡之事，而常諱危亡之言。夫危亡之事不可有，而危亡之言不可亡。後世人主乃履危如履坦，諱言如諱病。」又言：「君子非不收召，而意向猶未調一；小人非不斥逐，而根株猶未痛斷。大權若操握，而不能無旁蹊曲逕之疑；大勢若更張，而未見有長治久安之道。廷臣之所諷諫，封囊之所奏陳，非不激切，而陛下固不之罪，亦不之行。自古甘蹈危亡之機，非獨闇主，而明君亦有焉，此臣之所甚懼。朝廷者，萬化之所自出也，實根於人君之一心。夫何大明當天，猶有可議者？內小學之建，人皆知陛下有意建儲也。然歲月逾邁，未覩施行，人心危疑，無所係屬。秦、漢而下，嗣不蚤定，事出倉卒，或宮闈出令，或宦寺主謀，或姦臣首議，此皆足以危人之國也。陛下何憚而不蚤定大計？邸第之盛，人皆知篤於親愛也。然依馮者衆，輕視王法，請託之行，捷於影響。楊干，晉侯弟也，亂行於曲梁，而魏絳戮其僕，晉侯始怒而終悔，晉卒以霸。平原君，趙王弟也，不出租稅，而趙奢刑其用事者，趙王賢而用之，趙卒以彊。皆足以興人之國也。陛下何爲而不少伸國法？今女冠者流，衆所指目；近璫小臣，時竊威福。此皆陛下之心乍明乍晦之所致，豈不謂之危乎？國有善類，猶人有元氣，善類一敗一消，元氣一病一衰。善類能幾，豈堪數消，消極則國隨之矣。陛下明於知人，公於用人，固無權姦再用之意。然道路之人往往竊議，此元祐、紹聖將分之機也。禍根猶伏而未去，不幾於安其危乎？」帝改容曰：「朕決不用史嵩之。」

遷知大宗正丞兼權金部郎官。李韶以病告，十上疏欲去。希得言：「韶有德望，雖以病告，曷若留奉內祠，侍經幄，亦足爲朝廷重。」又言：「財用困竭，民生憔悴，移此不急之費，以實軍儲，以厚民生，敬天莫大於此，豈在崇大宮宇，莊嚴設像哉！」又條救錢楮三策，請置惠民局，帝皆以爲可行。

進祕書丞，尋遷著作郎，授江西提舉常平。役法久壞，臨川富室有賂吏求免者，希得竟罪之。遂提點刑獄，加直祕閣。未幾，加度支員外郎，尋直寶章閣，移治贛州。盜有僞號「崔太尉」者，據石壁，連結數郡；劉老龍等聚衆焚掠，一方繹騷。希得指授方略，不五旬平之。以直寶謨閣、廣西轉運判官兼權靜江府。尋授直徽猷閣、知靜江府、主管廣西經略安撫司公事兼轉運判官。母喪，免。召爲祕書少監兼中書門下省檢正諸房公事。入對，言君子小人邪正之辯，且曰：「君子犯顏敢諫，拂陛下之意，退甘家食，此乃爲國計，非爲身計也。小人自植朋黨，擠排正人，甘言佞語，一切順陛下之意，遂取陛下官爵，此乃爲身計，非爲國計也。」遷宗正少卿兼國史編修、實錄檢討兼權給事中，兼權刑部侍郎、同修國史、實錄院同修撰。時西方用兵，有爲嵩之復出計者，謂非此人不能辦。帝有意再用，知希得必執之，出旨諭意，希得毅然具疏密奏，不報。又繳鄧泳予祠之命。右正言邵澤、監察御史吳衍、殿中侍御史朱熠相繼論罷。

久之，以集英殿修撰提點千秋鴻禧觀。未幾，依舊職兩淮宣撫使司判官，俄加寶謨閣待制，移京西、湖南北、四川。詔敍復元官。護江陵有功，召爲戶部侍郎。帝曰：「姚希得才望可爲閫帥。」乃進煥章閣待制、知慶元府、沿海制置使，繼升敷文閣待制。詔增沿海舟師，希得爲之廣募水軍，造戰艦，蓄糧食，蠲米一萬二千石、舊逋一百萬。去官，庫餘羨悉以代民輸。召爲工部尚書兼侍讀。入侍經筵，帝問慶元之政甚悉。以華文閣直學士、沿江制置使知建康府、江東安撫使、行宮留守。希得按行江上，慰勞士卒，衆皆歡說。溧陽饑，發廩勸分，全活者衆。剏寧江軍，自建康、太平至池州列砦置屋二萬餘間，屯戍七千餘人。帝聞之，一再降詔獎諭。加寶章閣學士，尋加刑部尚書，依舊任兼淮西總領。

景定五年，召爲兵部尚書兼侍讀。乃言用人才、修政事、治兵甲、惜財用四事。拜端明殿學士、簽書樞密院事兼太子賓客。會星變，上疏引咎，乞解機務。兼權參知政事。度宗卽位，授同知樞密院事兼權參知政事，尋授參知政事。以言罷，授資政殿學士、提舉洞霄宮。起知潭州、湖南安撫使，以疾甚，辭，乃仍舊職奉祠。請致仕，詔不許，力請，以資政殿大學士、金紫光祿大夫、依舊潼川郡公致仕。咸淳五年，卒。遺表聞，帝輟朝，贈少保。

希得忠亮平實，淸儉自將，好引善類，不要虛譽，蓋有誦薦于上而其人莫之知者。廣西官署以錦爲帟幕，希得曰：「吾起身書生，安用此！」命以緇纈易之。蜀之親族婣舊相依者數十家，希得廩之終身，昏喪悉損己力，晚年計口授田，各有差。所著有續言行錄、奏稿、橘州文集。

包恢字宏父，建昌人。自其父揚、世父約、叔父遜從朱熹、陸九淵學。恢少爲諸父門人講大學，其言高明，諸父驚焉。嘉定十三年，舉進士。調金谿主簿。邵武守王遂辟光澤主簿，平寇亂。建寧守袁甫薦爲府學教授，監虎翼軍，募士豪討唐石之寇。授掌故，改沿海制置司幹官。會歲饑，盜起金壇、溧陽之間，恢部諸將爲十誅夷之。沿江制置使陳韡辟爲機宜，復有平寇功，改知吉州永豐縣，未行，差發運幹官。福建安撫使陳塏檄平寇，遷武學諭、宗正寺主簿，添差通判台州。徐鹿卿討溫寇，辟兼提點刑獄司主管文字，議收捕。改通判臨安府，遷宗正寺主簿、知台州。有妖僧居山中，號「活佛」，男女爭事之，因爲姦利，豪貴風靡，恢誅其僧。

進左司郎官，未行，改湖北提點刑獄，未行，移福建兼知建寧。閩俗以九月祠「五王」生日，靡金帛，傾市奉之。恢曰：「彼非犬豕，安得一日而五子同生，非不祥者乎？而尊畏之若是。」衆感悟，爲之衰止。兼轉運判官，以侍御史周坦論罷。光州布衣陳景夏上書云：「包恢剛正不屈之臣，言者汙蠛之耳。」又四年，起爲廣東轉運判官，權經略使，遷侍右郎官，尋爲大理少卿，即日除直顯文閣、浙西提點刑獄。是時海寇爲亂，恢單車就道，調許、澉浦分屯建砦，一旦集諸軍討平之。嘉興吏因和糴受賕百萬，恢被旨慮囚，曰：「吾用此消沴氣。」乃減死，斷其手。

進直龍圖閣、權發運，升祕閣修撰，知隆興府兼江西轉運。沈妖妓於水，化爲狐，人皆神之。有母愬子者，年月後狀作「疏」字，恢疑之，呼其子至，泣不言。及得其情，母孀居，與僧通，惡其子諫，以不孝坐之，狀則僧爲之也。因責子侍養跬步不離，僧無由至。母乃託夫諱日，入寺作佛事，以籠盛衣帛，因納僧於內以歸。恢知之，使人要之，置籠公庫，逾旬，吏報籠中臭達于外，恢命沉於江，語其子曰：「爲汝除此害矣。」又姑死者假子婦棺以斂，家貧不能償，婦愬于恢，恢怒，買一棺，給其婦臥棺中以試，就掩而葬之。改湖南轉運使，罷。

景定初，拜大理卿、樞密都承旨兼侍講，權禮部侍郎，尋爲中書舍人。林希逸奏恢守法奉公，其心如水。權刑部侍郎，進華文閣直學士、知平江府兼發運。豪有奪民包舉田寄公祖誣上者，恢上疏，指爲以小民祈天永命之一事，帝覽奏惻然，罪任事者，即歸民田。召赴闕，辭，改知紹興，又辭。度宗卽位，召爲刑部尙書，進端明殿學士，簽書樞密院事，封南城縣侯。郊祀禮成，還，以資政殿學士致仕。

恢歷仕所至，破豪猾，去姦吏，治蠱獄，課盆鹽，理銀欠，政聲赫然。嘗因輪對曰：「此臣心惻隱所以深切爲陛下告者，陛下惻隱之心如天地日月，其閉而食之者曰近習、曰外戚耳。」參知政事董槐見而歎曰：「吾等有慚色矣。」他日講官因稱恢疏剴切，願容納。理宗欣然曰：「其言甚直，朕何嘗怒直言！」經筵奏對，誠實懇惻，至身心之要，未嘗不從容諄至。度宗至比恢爲程顥、程頤。恢侍其父疾，滌濯拚除之役不命僮僕。年八十有七，臨終，舉盧懷愼臥簀窮約事戒諸子斂以深衣，作書別親戚而後卒，有光隕其地。遺表聞，帝輟朝，贈少保，謚文肅，賻銀絹五百。

常挺字方叔，福州人。嘉熙二年進士。歷官爲太學錄，召試館職，遷祕書省正字兼莊文府教授，升校書郎。輪對，乞以李若水配享高宗。改祕書郎兼考功郎官，出知衢州，拜監察御史兼崇政殿說書。疏言邊閫三事：曰辟實才，曰奏實功，曰招實兵。朝廷二事：曰選良吏，曰擢正人。又言：「願陛下深思宏遠之規模，奮發清明之志氣，立綱陳紀必爲萬世之法程，昭德塞違以示百官之憲度。」遷太常少卿兼國子司業，兼國史編修、實錄檢討兼直舍人院。遷起居郎，權工部侍郎兼直學士院。遷工部侍郎、給事中。右諫議大夫陳堯道論罷。以寶章閣直學士知漳州，改知泉州，權兵部尚書兼侍讀，權禮部尚書兼同修國史、實錄院同修撰。進帝學發題，遷吏部尚書。咸淳三年，授同知樞密院事兼權參知政事，封合沙郡公，拜參知政事。四年，致仕，尋卒，贈少保。

陳宗禮字立之。少貧力學，袁甫爲江東提點刑獄，宗禮往問學焉。淳祐四年，舉進士。調邵武軍判官，入爲國子正，遷太學博士、國子監丞，轉祕書省著作佐郎。入對，言火不循軌。帝以星變爲憂，宗禮曰：「上天示戒，在陛下脩德布政以回天意。」又曰：「天下方事於利欲之中，士大夫奔競趨利，惟至公可以遏之。」兼考功郎官，兼國史實錄院校勘，兼景獻府教授，升著作郎，遷尚左郎官兼右司。時丁大全擅國柄，以言爲諱。宗禮歎曰：「此可一日居乎！」陛對，言：「願爲宗社大計，毋但爲倉廩府庫之小計；願得天下四海之心，毋但得左右便嬖戚畹之心；願寄腹心於忠良，毋但寄耳目於卑近；願四通八達以來正人，毋但旁蹊曲逕類引貪濁。」拜太常少卿，以直寶謨閣、廣東提點刑獄進直煥章閣，遷祕書監。以監察御史虞虙言追兩官，送永州居住。

景定四年，拜侍御史，直龍圖閣、淮西轉運判官，遷刑部尚書。以起居舍人曹孝慶言罷。度宗卽位，兼侍講，拜殿中侍御史。疏言：「恭儉之德自上躬始，淸白之規自宮禁始，左右之言利者必斥，蹊隧之私獻者必誅。」以詩進講，因奏：「帝王舉動，無微不顯，古人所以貴於愼獨也。」權禮部侍郎兼給事中。進讀孝宗聖訓，因奏：「安危治亂，常起於一念慮之間，念慮少差，禍亂隨見。天下之亂未有不起於微而成於著。」又言：「不以私意害公法，乃國家之福。」帝曰：「孝宗家法，惟賞善罰惡爲尤謹。」宗禮言：「有功不賞，有罪不罰，雖堯舜不能治天下，信不可不謹也。」

遷禮部侍郎，尋權禮部尙書，乞奉祠，帝曰：「豈朕不足與有爲耶？」以華文閣直學士知隆興府，再辭，依舊職與待次差遣。逾年，依舊職廣東經略安撫使兼知廣州，加端明殿學士、簽書樞密院事，尋兼權參知政事。疏奏：「國所以立，曰天命人心。因其警而加敬畏，天命未有不可回也；因其未墜而加綏定，人心未嘗不可回也。」卒官，遺表上，贈開府儀同三司、盱江郡侯，謚文定。所著有寄懷斐藁、曲轅散木集、兩朝奏議、經筵講義、經史明辨、經史管見、人物論。

常楙字長孺，顯謨閣直學士同之曾孫。入太學。淳祐七年，舉進士。調常熟尉。公廉自持，不畏彊禦，部使者交薦之。調婺州推官。疏決滯訟，以剸繁裁劇稱。臨安府尹馬光祖又薦於朝，辟差平江府百萬倉檢察，不受和糴事例，戢吏卒苛取。發運使趙與𥲅兼提點刑獄，屬楙檢覆，雪無錫翟氏冤獄。監江淮茶鹽所蕪湖局，不受商稅贏，光祖益敬之。改知嘉定縣。歲大水，勸分和糴，按籍均敷。發運使王爚、提點刑獄孫子秀俱特薦于朝，簽書臨安府判官，不爲權勢撓。有爲淮東提舉常平，辟楙提管，楙知其不可與共事，笑而卻之。未幾，政府強楙行，遂拂衣去，朝野高之。主管城南廂，聽訟嚴明，豪右益憚之。都城火後，瓦礫充斥，差民船徙運，在籍者百五十家，惟二十有五家應役，餘率爲勢要宦官所庇。楙悉追之，不服者杖其人，械于他所，無不聽命。又力拒戶部科買。葉夢鼎、陳昉深期獎焉。添差臨安通判。朝命鞫封樁庫吏范成獄，不肯承廟堂風旨，無辜者悉出之。

知廣德軍。郡有水災，發社倉粟以活饑民，官吏難之，楙先發而後請專命之罪。置慈幼局，立先賢祠。故事，郡守秋苗例可得米千石，乃以代屬縣償大農綱欠。拜監察御史，知無不言。嘗論天變及賈似道家爭田事，論繼皇子竑嗣，觸度宗怒，遷司農卿，尋爲兩浙轉運使。禁戢吏姦，不以急符督常賦。海鹽歲爲鹹潮害稼，楙請于朝，捐金發粟，復輟己帑，大加修築新塘三千六百二十五丈，名曰海晏塘。是秋，風濤大作，塘不浸者尺許，民得奠居，歲復告稔，邑人德之。

遷戶部侍郎。受四方民詞，務通下情。兼中書門下省檢正諸房公事，兼刑部侍郎。極論檢覆之敝。上進故事，首論雷雪非時之變，帝意不悅。匄祠，不許，以集英殿修撰知平江。値旱。故事，郡守合得緡錢十五萬，悉以爲民食、軍餉助。蠲苗九萬、稅十三萬、版帳十六萬，又蠲新苗二萬八千，大寬公私之力。飛蝗幾及境，疾風飄入太湖。節浮費，修府庫。旣代，有送還事例，自給吏卒外，餘金萬楮，楙悉不受。吏驚曰：「人言常侍郎不愛錢，果然。」改浙東安撫使。値水災，捐萬楮以振之，復請糴于朝，得米萬石，蠲新苗三萬八千。又以諸曁被水尤甚，給二萬楮付縣折運，民食不至乏絕。民各祀于家。兩浙及會稽、山陰死者暴露與貧而無以爲殮者，乃以十萬楮置普惠庫，取息造棺以給之。尋以刑部侍郎召。申明期敕敍改法，與廟堂爭可否，辨僞關獄，救八倉虧欠免死罪，平反天井巷殺人獄，全活者甚衆。兼給事中，封還隆國夫人從子黃進觀察使錄黃。帝怒，似道以御書令委曲書行，楙迄不奉命。以寶章閣待制提舉太平興國宮。

德祐元年，拜吏部尙書，以老病辭，累詔不許，專官趣行甚峻。楙入見，首言「霅川之變，非其本心，置之死，過矣，不與立後，又過矣。巴陵帝王之胄，生不得正命，死不得血食，沉寃幽憤，鬱結四五十年之久，不爲妖爲札於冥冥中者幾希。願陛下勿搖浮議，特發神斷，宗社幸甚」。於是詔國史院討論典故以聞。明堂禮成，進端明殿學士、提領戶部財用，特與執政恩數。楙以國步方艱，非臣子貪榮之時，力辭恩數。與廟堂議事不合，以疾謁告。二年春，拜參知政事，爲夏士林繳駁，拜疏出關，後六年卒。

家鉉翁，眉州人。以蔭補官。累官知常州，政譽翕然。遷浙東提點刑獄，入爲大理少卿，直華文閣，以祕閣修撰充紹興府長史，遷樞密都丞旨，知建寧府兼福建轉運副使，權戶部侍郎兼知臨安府、浙西安撫使，遷戶部侍郎，權侍右侍郎，仍兼樞密都丞旨。賜進士出身，拜端明殿學士、簽書樞密院事。

大元兵次近郊，丞相吳堅、賈餘慶檄告天下守令以城降，鉉翁獨不署。元帥遣使至，欲加縛，鉉翁曰：「中書省無縛執政之理。」堅奉表祈請于大元，以鉉翁介之，禮成不得命，留館中。聞宋亡，旦夕哭泣不食飲者數月。大元以其節高欲尊官之，以示南服。鉉翁義不二君，辭無詭對。宋三宮北還，鉉翁再率故臣迎謁，伏地流涕，頓首謝奉使無狀，不能感動上衷，無以保存其國。見者莫不歎息。文天祥女弟坐兄故，繫奚官，鉉翁傾橐中裝贖出之，以歸其兄壁。

鉉翁狀貌奇偉，身長七尺，被服儼雅。其學邃於春秋，自號則堂。改館河間，乃以春秋教授弟子，數爲諸生談宋故事及宋興亡之故，或流涕太息。大元成宗皇帝卽位，放還，賜號「處士」，錫賚金幣，皆辭不受。又數年以壽終。

李庭芝字祥甫。其先汴人，十二世同居，號「義門李氏」。後徙隨之應山縣。金亡，襄、漢被兵，又徙隨。然特以武顯。

庭芝生時，有芝產屋棟，鄉人聚觀，以爲生男祥也，遂以名之。少穎異，日能誦數千言，而智識恆出長老之上。王旻守隨，庭芝年十八，告其諸父曰：「王公貪而不恤下，下多怨之，隨必亂，請徙家德安以避。」諸父勉強從之，未浹旬，旻果爲部曲挾之以叛，隨民死者甚衆。嘉熙末，江防甚急，庭芝得鄉舉不行，以策干荆帥孟珙請自效。珙善相人，且夜夢車騎稱李尙書謁己，明日庭芝至。珙見其魁偉，顧諸子曰：「吾相人多，無如李生者，其名位當過我。」時四川有警，卽以庭芝權施之建始縣。庭芝至，訓農治兵，選壯士雜官軍教之。期年，民皆知戰守，善馳逐，無事則植戈而耕，兵至則悉出而戰。夔帥下其法於所部行之。淳祐初始去，舉進士，中第。辟珙幕中，主管機宜文字。珙卒，遺表舉賈似道自代，而薦庭芝於似道。庭芝感珙知己，扶其柩葬之興國，卽棄官歸，爲珙行三年喪。

似道鎭京湖，起爲制置司參議，移鎭兩淮，與似道議柵淸河五河口，增淮南烽百二十。繼知濠州，復城荆山以備淮南。皆切中機會。開慶元年，似道宣撫京湖，留庭芝權揚州。尋以大兵在蜀，奏知峽州，以防蜀江口。朝廷以趙與簋爲淮南制置，李應庚爲參議官。應庚發兩路兵城南城，大暑中暍死者數萬。李璮窺其無謀，奪漣水三城，渡淮奪南城。鄂兵解，庭芝丁母憂去。朝議擇守揚者，帝曰：「無如李庭芝。」乃奪情主管兩淮制置司事。庭芝再破璮兵，殺璮將厲元帥，夷南城而歸。明年，復敗璮于喬村，破東海、石圍等城。又明年，璮降，徙三城民於通、泰之間。又破蘄縣，殺守將。

庭芝初至揚時，揚新遭火，廬舍盡燬。州賴鹽爲利，而亭戶多亡去，公私蕭然。庭芝悉貸民負逋，假錢使爲屋，屋成又免其假錢，凡一歲，官民居皆具。鑿河四十里入金沙餘慶場，以省車運。兼浚他運河，放亭戶負鹽二百餘萬。亭民無車運之勞，又得免所負，逃者皆來歸，鹽利大興。始，平山堂瞰揚城，大元兵至，則構望樓其上，張車弩以射城中。庭芝乃築大城包之，城中募汴南流民二萬人以實之，有詔命爲武銳軍。又大修學，爲詩書、俎豆，與士行習射禮。郡中有水旱，卽命發廩，不足則以私財振之。揚民德之如父母。劉槃自淮南入朝，帝問淮事，槃對曰：「李庭芝老成謹重，軍民安之。今邊塵不驚，百度具擧，皆陛下委任得人之效也。」

咸淳五年，北兵圍襄陽急，夏貴入援，大敗虎尾州；范文虎總諸兵再入，又敗，文虎以輕舸遁，兵亂，士卒溺漢水死者甚衆。冬，命庭芝以京湖制置大使督師援襄陽。文虎聞庭芝至，貽書似道曰：「吾將兵數萬入襄陽，一戰可平，但無使聽命於京閫，事成則功歸恩相矣。」似道喜，卽除文虎福州觀察使，其兵從中制之。文虎日擕美妾，走馬擊毬軍中爲樂。庭芝屢欲進兵，曰：「吾取旨未至也。」明年六月，漢水溢，文虎不得已始一出師，未至鹿門，中道遁去。庭芝數自劾請代，不允，竟失襄陽。陳宜中請誅文虎，似道芘之，止降一官知安慶府，而貶庭芝及部將蘇劉義、范友信廣南。庭芝罷居京口。

未幾，大元兵圍揚州，制置印應雷暴死，卽起庭芝制置兩淮。庭芝請分淮西夏貴，而已得專力淮東，從之。十年，築清河口，詔以爲清河軍。十二月，大元兵破鄂，詔天下勤王，庭芝首遣兵爲諸道倡。德祐元年春，似道兵潰蕪湖，沿江諸郡或降或遁，無一人能守者。庭芝率所部郡縣城守。有李虎者持招降榜入揚州，庭芝誅虎，焚其榜。總制張俊出戰，持孟之縉書來招降，庭芝焚書，梟俊五人於市。而日調苗再成戰其南，許文德戰其北，姜才、施忠戰其中。時出金帛牛酒燕犒將士，人人爲之死鬭。朝廷亦以督府金勞之，加庭芝參知政事。七月，以知樞密院事徵入朝，徙夏貴知揚州，貴不至，事遂已。

十月，大元丞相伯顏入臨安，留元帥阿术軍鎭江以遏淮兵。阿术攻揚久不拔，乃築長圍困之。冬，城中食盡，死者滿道。明年二月，饑益甚，赴濠水死者日數百，道有死者，衆爭割啖之立盡。宋亡，謝太后及瀛國公爲詔諭之降，庭芝登城曰：「奉詔守城，未聞有詔諭降也。」已而兩宮入朝，至瓜洲，復詔庭芝曰：「比詔卿納款，日久未報，豈未悉吾意，尚欲固圉邪？今吾與嗣君旣已臣伏，卿尚爲誰守之？」庭芝不答，命發弩射使者，斃一人，餘皆退去。姜才出兵奪兩宮，不克，復閉城守。三月，夏貴以淮西降，阿朮驅降兵至城下以示之，旌旗蔽野，幕客有以言覘庭芝者，庭芝曰：「吾惟一死而已。」阿朮使者持詔來招降，庭芝開壁納使者，斬之，焚詔陴上。已而知淮安州許文德、知盱眙軍張思聰、知泗州劉興祖皆以糧盡降。庭芝猶括民間粟以給兵，粟盡，令官人出粟，粟又盡，令將校出粟，雜牛皮、麴蘗以給之。兵有烹子而食者，猶日出苦戰。七月，阿朮請赦庭芝焚詔之罪，使之降，有詔從之。庭芝亦不納。是月，益王遣使以少保、左丞相召庭芝，庭芝以朱煥守揚，與姜才將兵七千人東入海，至泰州，阿朮將兵追圍之。朱煥旣以城降，驅庭芝將士妻子至泰州城下，陴將孫貴、胡惟孝等開門降。庭芝聞變，赴蓮池，水淺不得死。被執至揚州，朱煥請曰：「揚自用兵以來，積骸滿野，皆庭芝與才所爲，不殺之何俟？」於是斬之。死之日，揚之民皆泣下。

有宋應龍者爲泰州諸議官，泰守孫良臣之弟舜臣自軍中來說降，良臣召應龍與計，應龍極陳國家恩澤，君臣大義，請殺舜臣以戒持二心者，良臣不得已殺之。及泰州降，應龍夫婦自經死。提刑司諮議褚一正置司高郵，督戰被創，沒水死。知興化縣胡拱辰，城破亦死。

論曰：楊棟學本伊、洛，而尼於權臣，速謗召尤，誰之過歟？姚希得藹然君子。包恢以嚴爲治，抑以衰世之民非可以縱弛待之耶？常挺、陳宗禮咸通濟，著聲望。常楙晚訟皇子竑事，光明正大，公義炳然。家鉉翁義不二君，足爲臣軌。李庭芝死於國難，其可憫哉！

# 宋史卷四百二十二

## 列傳第一百八十一

林勳　劉才邵　許忻　應孟明　曾三聘　徐僑　度正　程珌　牛大年　陳仲微　梁成大　李知孝

林勳，賀州人。政和五年進士，爲廣州教授。建炎三年八月，獻本政書十三篇，言：「國家兵農之政，率因唐末之故。今農貧而多失職，兵驕而不可用，是以饑民竄卒，類爲盜賊。宜倣古井田之制〔一〕，使民一夫占田五十畝，其有羨田之家，毋得市田，其無田與游惰末作者，皆驅之使爲隸農，以耕田之羨者，而雜紐錢穀，以爲十一之稅。宋二稅之數，視唐增至七倍。今本政之制，每十六夫爲一井，提封百里，爲三千四百井，率稅米五萬一千斛、錢萬二千緡；每井賦二兵、馬一匹，率爲兵六千八百人〔二〕、馬三千四百匹，歲取五之一以爲上番之額，以給征役。無事則又分爲四番，以直官府〔三〕，以給守衞。是民凡三十五年而役使一遍也。悉上則歲食米萬九千餘斛，錢三千六百餘緡，無事則減四分之三，皆以一同之租稅供之。匹婦之貢，絹三尺，綿一兩。百里之縣，歲收絹四千餘疋，綿三千四百斤。非蠶鄉則布六尺、麻二兩，所收視絹綿率倍之。行之十年，則民之口算，官之酒酤，與凡茶、鹽、香、礬之榷，皆可弛以予民。」其說甚備。書奏，以勳爲桂州節度掌書記。

其後，勳又獻比校書二篇，大略謂：「桂州地東西六百里，南北五百里，以古尺計之，爲方百里之國四十，當墾田二百二十五萬二千八百頃，有田夫二百四萬八千，出米二十四萬八千斛，祿卿大夫以下四千人，祿兵三十萬人。今桂州墾田約萬四十二頃，丁二十一萬六千六百一十五，稅錢萬五千餘緡，苗米五萬二百斛有奇，州縣官不滿百員，官兵五千一百人。蓋土地荒蕪而遊手末作之人衆，是以地利多遺，財用不足，皆本政不修之故。」朱熹甚愛其書。東陽陳亮曰：「勳爲此書，考古驗今，思慮周密，可謂勤矣。世之爲井地之學者，孰有加於勳者乎？要必有英雄特起之君，用於一變之後，成順致利，則民不駭而可以善其後矣。」

劉才邵字美中，吉州廬陵人。其上世䴙，太宗召見，未及用而卒。嘗憤五季文辭卑弱，倣楊雄法言，著法語八十一篇行於世。才邵以大觀二年上舍釋褐，爲贛、汝二州教授，復爲湖北提舉學事管幹文字。宣和二年，中宏詞科，遷司農寺丞。靖康元年，遷校書郎。

高宗卽位，以親老歸侍，居閒十年。御史中丞廖剛薦之，召見，遷祕書丞，歷駕部員外郎，遷吏部員外郎，典侍右選事。先是，宗室注宮觀、岳廟，例須赴部，遠者或難於行。才邵言許經所屬以聞于部，依條注擬，行之而便。遷軍器監，既而遷起居舍人，未幾，爲中書舍人兼權直學士院。帝稱其能文，時宰忌之，出知潭州。卽城東開渠十有四，爲閘與斗門以瀦匯決，溉田數千畝，民甚德之。兩奉祠。紹興二十五年，召拜工部侍郎兼直學士院，尋權吏部尚書。以疾請祠，加顯謨閣直學士。卒，贈通奉大夫。才邵氣和貌恭，方權臣用事之時，雍容遜避，以保名節。所著檆溪居士集行世。

許忻，拱州人。宣和三年進士。高宗時，爲吏部員外郎，有旨引見。是時，金國使人張通古在館，忻上疏極論和議不便，曰：

臣兩蒙召見，擢寘文館，今茲復降睿旨引對。今見陛下於多故之時，欲采千慮一得之說以廣聰明，是臣圖報萬分之秋也，故敢竭愚而效忠。臣聞金使之來，陛下以祖宗陵寢廢祀，徽宗皇帝、顯肅皇后梓宮在遠，母后春秋已高，久闕晨昏之奉，淵聖皇帝與天族還歸無期，欲屈己以就和，遣使報聘。玆事體大，固已詔侍從、臺諫各具所見聞矣，不知侍從、臺諫皆以爲可乎？抑亦可否雜進，而陛下未有所擇乎？抑亦金已恭順，不復邀我以難行之禮乎？是數者，臣所不得而聞也。請試別白利害，爲陛下詳陳之。

夫金人始入寇也，固嘗云講和矣。靖康之初，約肅王至大河而返，已而挾之北行，訖無音耗。河朔千里，焚掠無遺，老稚係纍而死者億萬計，復破威勝、隆德等州。淵聖皇帝嘗降詔書，謂金人渝盟，必不可守。是歲又復深入，朝廷制置失宜，都城遂陷。敵情狡甚，懼我百萬之衆必以死爭也，止我諸道勤王之師，則又曰講和矣。乃邀淵聖出郊，次邀徽宗繼往，追取宗族，殆無虛日，傾竭府庫，靡有孑遺，公卿大臣類皆拘執，然後僞立張邦昌而去。則是金人所謂「講和」者，果可信乎？

此已然之禍，陛下所親見。今徒以王倫繆悠之說，遂誘致金人責我以必不可行之禮，而陛下遂已屈己從之，臣是以不覺涕泗之橫流也。而彼以「詔諭江南」爲名而來，則是飛尺書而下本朝，豈講和之謂哉？我躬受之，眞爲臣妾矣。陛下方寢苫枕塊，其忍下穹廬之拜乎？臣竊料陛下必不忍爲也。萬一奉其詔令，則將變置吾之大臣，分部吾之諸將，邀求無厭，靡有窮極。當此之時，陛下欲從之則無以立國，不從之則復責我以違令，其何以自處乎？況犬羊之羣，驚動我陵寢，戕毁我宗廟，刼遷我二帝，據守我祖宗之地，塗炭我祖宗之民，而又徽宗皇帝、顯肅皇后鑾輿不返，遂致萬國痛心，是謂不共戴天之讎。彼意我之必復此讎也，未嘗頃刻而忘圖我，豈一王倫能平哉？方王倫之爲此行也，雖閭巷之人，亦知其取笑外夷，爲國生事。今無故誘狂敵悖慢如此，若猶倚信其說而不寤，誠可慟哭，使賈誼復生，謂國有人乎哉，無人乎哉？

古之外夷，固有不得已而事之以皮幣、事之以珠玉、事之以犬馬者，曷嘗有受其詔，惟外夷之欲是從，如今日事哉！脫或包羞忍恥，受其詔諭，而彼所以許我者不復如約，則徒受莫大之辱，貽萬世之譏；縱使如約，則是我今日所有土地，先拱手而奉外夷矣，祖宗在天之靈，以謂如何？徽宗皇帝、顯肅皇后不共戴天之讎，遂不可復也，豈不痛哉！陛下其審思之，斷非聖心所能安也。自金使入境以來，內外惶惑，儻或陛下終以王倫之說爲不妄，金人之詔爲可從，臣恐不惟墮外夷之姦計，而意外之虞，將有不可勝言者矣。此衆所共曉，陛下亦嘗慮及於此乎？

國家兩嘗敗外夷於淮甸，雖未能克復中原之地，而大江之南亦足支吾。軍聲粗震，國勢粗定，故金人因王倫之往復，遣使來嘗試朝廷。我若從其所請，正墮計中；不從其欲，且厚攜我之金幣而去，亦何適而非彼之利哉！爲今之計，獨有陛下幡然改慮，布告中外，以收人心，謂祖宗陵寢廢祀，徽宗皇帝、顯肅皇后梓宮在遠，母后、淵聖、宗枝族屬未還，故遣使迎請，冀遂南歸。今敵之來，邀朝廷以必不可從之禮，實王倫賣國之罪，當行誅責，以釋天下之疑。然後激厲諸將，謹捍邊陲，無墮敵計，進用忠正，黜遠姦衺，以振紀綱，以修政事，務爲實效，不事虛名，夕慮朝謀，以圖興復，庶乎可矣。

今金使雖已就館，謂當別議區處之宜。臣聞萬人所聚，必有公言。今在廷百執事之臣，與中外一心，皆以金人之詔爲不可從，公言如此，陛下獨不察乎？若夫謂粘罕之已死，外夷內亂，契丹林牙復立，故今金主復與我平等語，是皆行詐款我師之計，非臣所敢知也。或者又謂金使在館，今稍恭順。如臣之所聞，又何其悖慢於前，而遽設恭順於後？敵情變詐百出，豈宜惟聽其甘言，遂忘備豫之深計，待其禍亂之已至，又無所及？此誠切於事情。今日之舉，存亡所繫，愚衷感發，不能自已，望鑒其惓惓之忠，特垂采納，更與三二大臣熟議其便，無貽異時之悔，社稷天下幸甚。

疏入，不省。後忻託故乞從外補，乃授荆湖南路轉運判官。謫居撫州，起知邵陽，卒。

應孟明字仲實，婺州永康人。少入太學，登隆興元年進士第。試中教官，調臨安府教授，繼爲浙東安撫司幹官、樂平縣丞。侍御史葛邲、監察御史王藺薦爲詳定一司敕令所删定官。

輪對，首論：「南北通好，疆埸無虞，當選將練兵，常如大敵之在境，而可以一日忽乎？貪殘苛酷之吏未去，吾民得無不安其生者乎？賢士匿於下僚，忠言壅於上聞，無乃衆正之門未盡開，而兼聽之意未盡孚乎？君臣之間，戒懼而不自持，勤勞而不自寧，進君子，退小人，以民隱爲憂，以邊陲爲警，則政治自修，紀綱自張矣。」孝宗曰：「朕早夜戒懼，無頃刻忘，退朝之暇，亦無它好，正恐臨朝或稍晏，則萬幾之曠自此始矣。」次乞申嚴監司庇貪吏之禁，薦舉狥私情之禁，帝嘉奬久之。它日，宰相進擬，帝出片紙於掌中，書二人姓名，曰：「卿何故不及此？」其一則孟明也。乃拜大理寺丞。

故大將李顯忠之子家僮溺死，有司誣以殺人，逮繫幾三百家。孟明察其寃，白於長官，釋之。出爲福建提舉常平，陛辭，帝曰：「朕知卿愛百姓，惡贓吏，事有不便于民，宜悉意以聞。」因問當世人才，孟明對曰：「有才而不學，則流爲刻薄，惟上之教化明，取舍正，使回心向道，則成就必倍於人。」帝曰：「誠爲人上者之責。」孟明至部，具以臨遣之意咨訪之。帝一日御經筵，因論監司按察，顧謂講讀官曰：「朕近日得數人，應孟明，其最也。」尋除浙東提點刑獄，以鄉部引嫌，改使江東。

會廣西謀帥，帝謂輔臣曰：「朕熟思之，無易應孟明者。」卽以手筆賜孟明曰：「朕聞廣西鹽法利害相半，卿到任，自可詳究事實。」進直祕閣、知靜江府兼廣西經略安撫。初，廣西鹽易官般爲客鈔，客戶無多，折閱逃避，遂抑配於民。行之六年，公私交病，追逮禁錮，民不聊生。孟明條具驛奏除其弊，詔從之。禁卒朱興結集黨侶，弄兵雷、化間，聲勢漸長，孟明遣將縛致轅門斬之。

光宗卽位，遷浙西提點刑獄，尋召爲吏部員外郎，改左司，遷右司，再遷中書門下省檢正諸房公事。寧宗卽位，拜太府卿兼吏部侍郎。慶元初，權吏部侍郎，卒。

孟明以儒學奮身受知人主，官職未嘗倖遷。韓侂冑嘗遣其密客誘以諫官，俾誣趙汝愚，孟明不答，士論以此重之。

曾三聘字無逸，臨江新淦人。乾道二年進士。調贛州司戶參軍，累遷軍器監主簿。有旨造划車弩，三聘謂：「划車弩六人挽之，而箭之所及止二百六十步。今所用克敵弓較之，工費不及十之三，一人挽之而射可及三百六十步，利害曉然。」乃不果造。

光宗不朝重華宮，中外疑懼，三聘以書抵丞相留正。正未及言，會以它事不合求去。三聘謂：「丞相今泯默而退耶，亦將取今日所難言者別白言之而後退？凡今闕庭之內，閨門衽席之間，父子夫婦之際，羣臣莫敢深言者，避嫌遠罪耳。丞相身退計決，言之何嫌乎？」遷祕書郎。帝欲幸玉津園，三聘上疏言：「今人心既離，大亂將作，小大之臣震怖請命，而陛下安意肆志而弗聞知，萬一敵人諜知，馳一介之使，問安北宮，不知何以答之？姦宄窺間，傳一紙之檄，指斥乘輿，不知何以禦之？望亟備法駕朝謁，不然，臣實未知死所也。」

孝宗病革，復上疏言：「道路流言，洶洶日甚，臣恐不幸而有狂夫姦人，託忠憤以行詐，假曲直以動衆，至此而後悔之，則恐無及矣。」帝意爲動。及孝宗崩，帝疾不能執喪，朝論益震洶。三聘謂今日事勢，莫若建儲。或戒之曰：「前日臺諫諸公謂汝奪其職，今復有疏耶？」三聘曰：「此何時而可避煩言也。」

寧宗立，兼考功郎，後知郢州。會韓侂胄爲相，指三聘爲故相趙汝愚腹心，坐追兩官。久之，復元官與祠。差知郴州，改提點廣西、湖北刑獄，皆辭不赴。侂胄誅，諸賢遭竄斥者相繼召用，三聘祿不及，終不自言。嘉熙間，三聘已卒，有旨特贈三官，直龍圖閣，賜謚忠節。

徐僑字崇甫，婺州義烏人。蚤從學於呂祖謙門人葉邽。淳熙十四年，舉進士。調上饒主簿，始登朱熹之門，熹稱其明白剛直，命以「毅」名齋。入爲祕書省正字、校書郎兼吳、益王府教授。直寶謨閣、江東提點刑獄，以迕丞相史彌遠劾罷。寶慶初，葛洪、喬行簡代爲請祠，迄不受祿。紹定中，告老，得請。

端平初，與諸賢俱被召，遷祕書少監、太常少卿。趣入覲，手疏數千言，皆感憤剴切，上劘主闕，下逮羣臣，分別黑白，無所回隱。帝數慰諭之，顧見其衣履垢敝，愀然謂曰：「卿可謂清貧。」僑對曰：「臣不貧，陛下迺貧耳。」帝曰：「朕何爲貧？」僑曰：「陛下國本未建，疆宇日蹙；權幸用事，將帥非材；旱蝗相仍，盜賊並起；經用無藝，帑藏空虛；民困於橫斂，軍怨於掊克；羣臣養交而天子孤立，國勢阽危而陛下不悟：臣不貧，陛下乃貧耳。」又言：「今女謁、閹宦相爲囊橐，誕爲二豎，以處國膏肓，而執政大臣又無和、緩之術，陛下此之不慮而耽樂是從，世有扁鵲，將望見而卻走矣。」時貴妃閻氏方有寵，而內侍董宋臣表裏用事，故僑論及之。帝爲之感動改容，咨嗟太息。明日，手詔罷邊帥之尤無狀者，申儆羣臣以朋黨爲之戒，命有司裁節中外浮費，而賜僑金帛甚厚。僑固辭不受。

侍講，開陳友愛大義，用是復皇子竑爵，請從祀周敦頤、程顥、程頤、張載、朱熹，以趙汝愚侑食寧宗，帝皆如其請。金使至，僑以無國書宜館之於外，如叔向辭鄭故事，迕丞相意，力丏休致，帝諭留甚勤。遷工部侍郎，辭益堅，遂命以內祠侍讀，不得已就職。遇事盡言。以疾申前請，乃以寶謨閣待制奉祠。卒，謚文清。

僑嘗言：「比年熹之書滿天下，不過割裂掇拾，以爲進取之資，求其專精篤實，能得其所言者蓋鮮。」故其學一以眞踐實履爲尙。奏對之言，剖析理欲，因致勸懲，弘益爲多。若其守官居家，淸苦刻厲之操，人所難能也。

度正字周卿，合州人。紹熙元年進士。歷官爲國子監丞。時士大夫無賢愚，皆策李全必反而不敢言，正獨上疏極言之，且獻斃全之策有三，其言鯁亮激切。

遷軍器少監。輪對，言：「陛下推行聖學，當自正家始。」進太常少卿。適太廟災，爲二說以獻，其一則用朱熹之議，其一則因宋朝廟制而參以熹之議：「自西徂東爲一列，每室之後爲一室，以藏祧廟之主。如僖祖廟以次祧主則藏之，昭居左，穆居右，後世穆之祧主藏太祖廟，昭之祧主藏太宗廟。仁宗爲百世不遷之宗，後世昭之祧主則藏之。高宗爲百世不遷之宗，後世穆之祧主則藏之。室之前爲兩室，三年祫享，則帷帳幕之通爲一室，盡出諸廟主及祧廟主並爲一列，合食其上。往者此廟爲一室，凡遇祫享合祭於室，名爲合享，而實未嘗合享。合增此三室，後有藏祧主之所，前有祖宗合食之地，於本朝之制初無更革，而頗已得三年大祫之義。」

遷權禮部侍郎兼侍右郎官，兼同修國史、實錄院同修撰。遷禮部侍郎，轉一官，守禮部侍郎致仕。卒，贈四官，賻銀絹三百。所著有性善堂文集。

程珌字懷古，徽州休寧人。紹熙四年進士。授昌化主簿，調建康府教授，改知富陽縣，遷主管官告院。歷宗正寺主簿、樞密院編修官，權右司郎官、祕書監丞，江東轉運判官。陛辭，寧宗謂宰臣曰：「程珌豈可容其補外？」遂復舊職。

遷浙西提舉常平，又遷祕書丞，升祕書省著作郎，尋爲軍器少監兼權左司郎官。遷國子司業兼國史編修、實錄檢討，兼權直舍人院，遷起居舍人，兼職依舊。權吏部侍郎，直學士院兼同修國史、實錄院同修撰，兼權中書舍人。遷禮部侍郎仍兼侍讀，權刑部尚書，封休寧縣男。授禮部尚書兼同修國史、實錄院同修撰，兼權吏部尚書，拜翰林學士、知制誥，兼修玉牒官，進封子。五上疏丐祠，以煥章閣學士、知建寧府，授福建路招捕使。以舊職提舉玉隆萬壽宮，進封伯。進敷文閣學士、知寧國府，改知贛州，皆不赴。進封新安郡侯，加寶文閣學士、知福州兼福建安撫使。再奉祠，又加龍圖閣學士。以端明殿學士致仕，卒，年七十有九，贈特進、少師。

珌十歲詠冰，語出驚人。直學士院時，寧宗崩，丞相史彌遠夜召珌，舉家大驚。珌妻丞相王淮女也，泣涕，疑有不測，使人瞯之，知彌遠出迎，而後收涕。彌遠與珌同入禁中草矯詔，一夕爲制誥二十有五。初許珌政府，楊皇后緘金一囊賜珌，珌受之不辭，歸視之，其直不貲。彌遠以是銜之，卒不與共政云。

牛大年字隆叟，揚州人。慶元二年進士。歷官將作監主簿。入對，言：「人主所當先者，要以天命人心之所繫致念焉。夫以人主居富貴崇高之位，重而承宗社之托，尊而爲臣辟之戴，一指意而衆莫敢違，一動作而人孰敢議，然而天心靡常，則可畏也。」又言：「今日士氣亦久靡矣，宜體立國之意以振起之。夫有扶持作興之意，而後縉紳無貪名嗜利之習；無貪名嗜利之習，而後有持正秉義之操。國家之休戚，在士大夫之風俗，而風俗之善惡在朝廷。惟陛下爲之振起，機括一運，天下轉移，而風俗易矣。」

遷軍器監主簿、大宗正丞、四川提舉茶馬兼權總領、知黎州兼管內安撫司公事、節制黎雅州屯戍軍馬，加直寶章閣，爲工部郎官。入對，請懲貪吏。遷侍左郎中，進直華文閣、浙東提點刑獄，遷守祕書少監、宗正少卿，升祕書監，遷起居舍人，升起居郎兼崇政殿說書。以寶章閣待制提舉太平興國宮，卒，特贈四官。大年清操凛然，所至以廉潔自將。

陳仲微字致廣，瑞州高安人。其先居江州，旌表義門。嘉泰二年，舉進士。調莆田尉，會守令闕，通判又罷輭不任，臺閫委以縣事。時歲凶，部卒幷饑民作亂，仲微立召首亂者戮之。籍閉糶，抑強糴，一境以肅。囊山浮屠與郡學爭水利，久不決，仲微按法曰：「曲在浮屠。」它日沿檄過寺，其徒久揭其事鐘上以爲寃，旦暮祝詛，然莫省爲仲微也。仲微見之曰：「吾何心哉？吾何心哉？」質明，首僧無疾而死。寓公有誦仲微於當路而密授以薦牘者，仲微受而藏之。踰年，其家負縣租，竟逮其奴。寓公有怨言，仲微還其牘，緘封如故，其人慚謝，終其任不敢撓以私。

遷海鹽丞。鄰邑有疑獄十年，郡命仲微按之，一問立決。改知崇陽縣，寢食公署旁，日與父老樵豎相爾汝，下情畢達，吏無所措手。通判黃州，職兼餉餽，以身律下，隨事檢柅，軍興賴以不乏。制置使上其最，辭曰：「職分也，何最之有？」復通判江州，遷幹辦諸司審計事，知贛州、江西提點刑獄，迕丞相賈似道，監察御史舒有開言罷。久之，起知惠州，遷太府寺丞兼權侍右郎官。輪對，言：「祿餌可以釣天下之中才，而不可啖嘗天下之豪傑；名航可以載天下之猥士，而不可以陸沉天下之英雄。」似道怒，又諷言者罷奪其官。久之，敍復。

時國勢危甚，仲微上封事，其略曰：「誤襄者，老將也。夫襄之罪不專在於庸閫、疲將、孩兵也，君相當分受其責，以謝先皇帝在天之靈。天子若曰罪在朕躬，大臣宜言咎在臣等，宣布十年養安之往繆，深懲六年玩寇之昨非，救過未形，固已無極，追悔既往，尙愈於迷。或謂覆護之意多，剋責之辭少；或謂陛下乏哭師之誓，師相飾分過之言，甚非所以慰恤死義，祈天悔禍之道也。往往代言乏知體之士，翹館鮮有識之人，吮旨茹柔，積習成痼，君道相業，兩有所虧。方今何時，而在廷無謀國之臣，在邊無折衝之帥。監之先朝宣和未亂之前、靖康既敗之後，凡前日之日近冕旒，朱輪華轂，俛首吐心，奴顏婢膝，卽今日奉賊稱臣之人也；彊力敏事，捷疾快意，卽今日畔君賣國之人也。爲國者亦何便於若人哉！迷國者進慆憂之欺以逢其君，託國者護恥敗之局而莫敢議，當國者昧安危之機而莫之悔。臣嘗思之，今之所少不止於兵。閫外之事，將軍制之，而一級半階，率從中出，斗粟尺布，退有後憂，平素無權，緩急有責，或請建督，或請行邊，或請京城，創聞駭聽。因諸閫有辭於緩急之時，故廟堂不得不掩惡於敗闕之後，有謀莫展，有敗無誅，上下包羞，噤無敢議。是以下至器仗甲馬，衰颯厖涼，不足以肅軍容；壁壘堡栅，折樊籬漏，不足以當衝突之騎。號爲帥閫，名存實亡也。城而無兵，以城與敵；兵不知戰，以將與敵；將不知兵，以國與敵。光景蹙近目睫矣！惟君相幡然改悟，天下事尚可爲也。轉敗爲成，在君相一念間耳。」乃出仲微江東提點刑獄。

德祐元年，遷祕書監，尋拜右正言、左司諫、殿中侍御史。益王卽位海上，拜吏部尚書、給事中。厓山兵敗，走安南。越四年卒，年七十有二。

其子文孫與安南王族人益稷出降，鄉導我師南征。安南王憤，伐仲微墓，斧其棺。

仲微天稟篤實，雖生長富貴，而惡衣菲食，自同窶人。故能涵飫六經，精研理致，於諸子百家、天文、地理、醫藥、卜筮、釋老之學，靡不搜獵云。

梁成大字謙之，福州人。開禧元年進士。素苟賤亡恥，作縣滿秩，諂事史彌遠家幹萬昕，昕言眞德秀當擊，成大曰：「某若入臺，必能辨此事。」昕爲達其語。通判揚州，尋遷宗正寺簿。

寶慶元年冬，轉對，首言：「大佞似忠，大辨若訥，或好名以自鬻，或立異以自詭，或假高尙之節以要君，或飾矯僞之學以欺世。言若忠鯁，心實回衺，一不察焉，薰蕕同器，涇、渭雜流矣。言不達變，謀不中機，或巧辨以爲能，或詭訐以市直，或設奇險之說以駴衆聽，或肆妄誕之論以惑士心。所行非所言，所守非所學，一不辨焉，枘鑿不侔，矛盾相激矣。」

越六日，拜監察御史。尋奏：「魏了翁已從追竄，人猶以爲罪大罰輕。眞德秀狂僭悖繆，不減了翁，相羊家食，宜削秩貶竄，一等施行。」章旣上，不下者兩月，或傳德秀有衡陽之命，時宰於帝前及之。帝曰：「仲尼不爲已甚。」遂止鐫三秩。明年三月，又奏楊長孺寢新命，徐瑄追三秩移象州居住，胡夢昱移欽州編管。是冬，拜右正言。紹定元年，進左司諫。四年正月，遷宗正少卿。五年二月，權刑部侍郞。明年十月，帝夜降旨黜之，提舉千秋鴻禧觀。莫澤時兼給事中，急於別異，上疏駁之，遂寢祠命。端平初，洪咨夔、吳泳交章論駁，鐫兩秩。泳復上疏，送泉州居住。會王遂論亦上，再鐫秩，徙潮州。

成大天資暴狠，心術險巇，凡可賊忠害良者，率多擴臂爲之。四方賂遺，列寘堂廡，賓至則導之使觀，欲其效尤也。尤嗜豪奪，冒占宇文氏賜第。旣擯歸，訟之者不下百數。竄之日，朝命毁其廬，雖小人如李知孝亦曰：「所不堪者，他日與成大同傳耳。」

李知孝字孝章，參知政事光之孫。嘉定四年進士。嘗爲右丞相府主管文字，不以爲恥。差充幹辦諸司審計司，拜監察御史。

寶慶元年八月，上疏：「士大夫汲汲好名，正救之力少而附和沽激之意多，扶持之意微而詆訾扇搖之意勝。既慮君上之或不能用，又恐朝廷之或不能容，姑爲激怒之辭，退俟斥逐之命。始則慷慨而激烈，終則懇切而求去，將以樹奇節而求令名，此臣之所未解。」蓋陰詆眞德秀等。又奏洪咨夔三秩、放罷，胡夢昱追毀、除名、勒停，羈管象州。知孝猶語魏了翁曰：「此所論咨夔等，乃府第付出全文。」其情狀變詐如此。

越月，復言：「近年以來，諸老凋零，後學晚出，不見前輩，不聞義理，不講綱常，識見卑陋，議論偏詖，更唱迭和，蠱惑人心，此風披扇，爲害實深。乞下臣章，風厲內外，各務靖共，以杜亂萌。」拜右正言。又言：「德秀節改聖語，繆謄牒示，導信邪說，簧鼓同流，其或再有妄言，當追削流竄，以正典刑。」疏既上，遂鏤榜播告天下。又言：「趣召之人，率皆遲回，久而不至，以要君爲高致，以共命爲常流，可行而固不行，不疾而稱有疾，比比皆是，相扇成風，欲求難進易退之名，殊失尊君親上之義。願將趣召之人計其程途，限以時日，使之造朝；其有衰病者，早與改命。」時召傅伯成、楊簡、劉宰等皆不至，故知孝詆之。又奏張忠恕落職、鐫秩、罷郡。

知孝拜殿中侍御史，升侍御史。紹定元年，遷右司諫，進右諫議大夫。五年，遷工部尚書兼侍讀。越月，進兵部。明年，理宗親政，以寶謨閣直學士出知寧國，後省駁之，令提舉嵩山崇福宮。端平初，監察御史洪咨夔、權直舍人院吳泳交章論駁，鐫秩罷祠。泳復封駁，繼送婺州居住。殿中侍御史王遂且論之，再鐫秩，徙瑞州。

知孝起自名家，苟於仕進，領袖庶頑，懷諼迷國，排斥諸賢殆盡。時乘小輿，謁醉從官之家，侵欲斂積，不知紀極。紹定末，猶自乞爲中丞。世指知孝及梁成大、莫澤爲三凶。卒以貶死，天下快之。

論曰：讀本政書，然後知林勳之於井地，可謂密矣。劉才邵能全名節於權姦之時。許忻之論和議，最爲忠懇，卒以是去國，尤足悲夫。應孟明、曾三聘之不汚韓侂胄，孔子所謂「歲寒然後知松柏之後凋也」。徐僑之淸節，度正之淳敏，牛大年之廉正，陳仲微之忠實，然皆不至於大用，非可惜哉！若乃程珌之竊取富貴，梁成大、李知孝甘爲史彌遠鷹犬，遺臭萬年者也。

## 校勘記

〔一〕宜倣古井田之制　「倣」原作「假」，據本書卷一七三食貨志、繫年要錄卷二六改。

〔二〕率爲兵六千八百人　「八」原作「四」，本書卷一七三食貨志作「率爲兵六千八百人」，與上文「三千四百井」、「井賦二兵」之數合，據改。

〔三〕以直官府　「府」原作「衞」，據本書卷一七三食貨志、繫年要錄卷二六改。

# 宋史卷四百二十三

## 列傳第一百八十二

吳泳　徐範　李韶　王邁　史彌鞏　陳塤子蒙　趙與𥲅
李大同　黃𡋯　楊大異

吳泳字叔永，潼川人。嘉定二年進士。歷官爲軍器少監，行太府寺丞，行校書郎，升祕書丞兼權司封郎官，兼樞密院編修官，升著作郎，時暫兼權直舍人院。

輪對，言：「願陛下養心，以清明約己，以恭儉進德，以剛毅發強，毋以旨酒違善言，毋以嬖御姝莊士，毋以靡曼之色伐天性。杜漸防微，澄源正本，使君身之所自立者先有其地。夫然後移所留之聰明以經世務，移所舍之精神以強國政，移所用之心力以恤罷民，移所當省之浮費以犒邊上久戍之士，則不惟可以消弭災變，攘除姦凶，殄滅寇賊，雖以是建久安長治之策可也。」

他日入對，又言：「誦往哲之遺言，進謀國之上策，實不過曰內修政事而已。然所謂內修者，非但車馬器械之謂也。袞職之闕，所當修也；官師之曠，所當修也；出令之所弗清，所當修也；本兵之地弗嚴，所當修也；直言敢諫之未得其職，所當修也；折衝禦侮之弗堪其任，所當修也。陛下退修於其上，百官有司交修於其下，朝廷既正，人心既附，然後申警國人，精討軍實，合內修外攘爲一事，神州赤縣，皆在吾指顧中矣。」

火災，應詔上封曰：「京城之災，京城之所見也。四方有敗，陛下亦得而見之乎？夫慘莫慘於兵也，而連年不戢，則甚於火矣。酷莫酷於吏也，而頻歲橫征，則猛於火矣。閩之民困於盜，浙之民困於水，蜀之民困於兵。橫斂之原既不澄於上，包苴之根又不絕於下。譬彼壞木，疾用無枝，而內涸之形見矣。」

遷祕書少監，兼權中書舍人，尋遷起居舍人兼權吏部侍郎，兼直學士院。疏言：「世之識治體而憂時幾者，以爲天運將變矣，世道將降矣，國論將更矣，正人將引去而舊人將登用矣。執持初意，封植正論，茲非砥柱傾頹之時乎？若使廉通敏慧者專治財賦，淑慎曉暢者專御軍旅，明清敬謹者專典刑獄，經術通明使道訓典，文雅麗則使作訓辭，秉節堅厲使備風憲，奉法循理使居牧守，剛直有守者不聽其引去，恬退無競者不聽其里居，功名慷慨者不佚之以祠庭，言論闓爽者不寘之於外服，隨才器使，各盡其分，則短長小大，安有不適用者哉！」又言謹政體、正道揆、厲臣節、綜軍務四事。權刑部尚書兼修玉牒，以寶章閣直學士知寧國府，提舉太平興國宮，進寶章閣學士，差知温州。赴官，道聞温州饑，至處州，乞蠲租科降，救餓者四萬八千有奇，放夏稅一十二萬有奇，秋苗二萬八千有奇，病者復與之藥。事聞，賜衣帶鞍馬。改知泉州，以言罷。所著有鶴林集。

徐範字彝父，福州侯官人。少孤，刻苦授徒以養母。與兄同舉于鄉，入太學，未嘗以疾言遽色先人。

丞相趙汝愚去位，祭酒李祥、博士楊簡論救之，俱被斥逐。同舍生議叩閽上書，書已具，有閩士亦署名，忽夜傳韓侂胄將寘言者重辟，閩士怖，請削名，範之友亦勸止之。範慨然曰：「業已書名矣，尚何變？」書奏，侂胄果大怒，謂其扇搖國是，各送五百里編管。範謫臨海，與兄歸同往，禁錮十餘年。

登嘉定元年進士第。授淸江縣尉，辟江、淮制置司準備差遣。屬邊事紛糺，營砦子弟募隸軍籍者未及涅，洶洶相驚。一夕，秉燭招刺千餘人，踊躍爭奮。差主管戶部架閣，改太學錄，遷國子監主簿。入對，言：「時平，不急之務、無用之官，猶當痛加裁節，矧多事之秋，所貴全萬民之命，紓一時之急，獨奈何坐視其無救而以虛文自蔽哉！願懲既往之失，廢無用之文，一意養民，以培國本。」

丙外，添差通判澤州〔一〕。湖湘大旱，振救多所裨益。知邵武軍，尋召赴行在，言：「功利不若道德，刑罰不若恩厚，雜伯不若純王，異端不若儒術，諛佞不若直諫，便嬖不若正人，奢侈不若詩書，盤遊不若節儉，玩好不若宵衣旰食，窮黷不若偃兵息民。是非兩立，明白易見。幾微之際，大體所關。積習不移，治道舛矣。」遷國子監丞，徙太常丞，權都官郎官，改祕書丞、著作郎、起居郎、兼國史編修、實錄檢討。以朝奉大夫致仕。卒，贈朝請大夫、集英殿修撰。

李韶字元善，彌遜之曾孫也。父文饒，爲台州司理參軍，每謂人曰：「吾司臬多陰德，後有興者。」韶五歲，能賦梅花。嘉定四年，與其兄寧同舉進士。調南雄州教授。校文廣州，時有當國之親故私報所業，韶卻之。調慶元。丞相史彌遠薦士充學職，韶不與。袁燮求學宮射圃益其居，亦不與，燮以此更敬韶。

以廉勤薦，遷主管三省架閣文字，遷太學正，改太學博士。上封事諫濟王竑獄，且以書曉彌遠，言甚懇到。又救太學生甯式，汔學官。丐外，添差通判泉州。郡守游九功素清嚴，獨異顧韶。改知道州。葺周惇頤故居，錄其子孫於學宮，且周其家。紹定四年，行都災，韶應詔言事。提舉福建市舶。會星變，又應詔言事。入爲國子監丞，改知泉州兼市舶。

端平元年，召。明年，轉太府寺丞，遷都官郎官，遷尙左郎官。未幾，拜右正言。奏乞以國事、邊防二事專委丞相鄭清之、喬行簡各任責。論汰兵、節財及襄、蜀邊防。又論史嵩之、王遂和戰異議，迄無成功，請出遂於要藩，易嵩之於邊面，使各盡其才。史宅之將守袁州，韶牽同列一再劾之。俱不報。乞解言職，拜殿中侍御史，辭，不允。奏曰：「頃同臣居言職者四人，未踰月徐淸叟去，未三月杜範、吳昌裔免，獨臣尙就列。淸叟昨言『三漸』，臣繼其說，李宗勉又繼之，陛下初不加怒，而淸叟竟去，猶曰淸叟倡之也。今臣與範、昌裔言未嘗不相表裏，二臣出臺，臣獨留，豈臣言不加切於二臣邪？抑先去二臣以警臣，使知擇而後言邪？淸叟所言『三漸』，臣猶以爲未甚切。今國柄有陵夷之漸，士氣有委靡之漸，主勢有孤立之漸，宗社有阽危之漸，上下偸安，以人言爲諱，此意不改，其禍豈直三漸而已。」

時魏了翁罷督予祠，韶訟曰：「了翁刻志問學，幾四十年，忠言讜論，載在國史，去就出處，具有本末。端平收召，論事益切。去年督府之遺，體統不一，識者逆知其無功。了翁迫於君命，黽勉驅馳，未有大闕。襄州變出肘腋，未可以爲了翁罪。樞庭之召，未幾改鎮，改鎮未久，有旨予祠。不知國家四十年來收拾人才，煒然有稱如了翁者幾人？願亟召還，處以台輔。」又劾奏陳洵益刑餘腐夫，粗通文墨，掃除賤隸，竊弄威權，乞予洵益外祠。劾女冠吳知古在宮掖招權納賄，宜出之禁庭。帝怒，韶還笏殿陛乞歸。會祀明堂，雷電，免二相，韶權工部侍郎、正言，遷起居舍人。復疏洵益、知古，不報。辭新命，不許。應詔上封事，幾數千言。帝諭左右曰：「李韶眞有愛朕憂國之心。」凡三辭不獲，以生死祈哀乞去。帝蹙額謂韶曰：「曲爲朕留。」退，復累疏乞補外，以集英殿修撰知漳州，號稱廉平。朝廷分遣部使者諸路稱提官楮，韶疏極言其斂。

嘉熙二年，召。明年，上疏乞寢召命云：

端平以來，天下之患，莫大於敵兵歲至，和不可，戰不能，楮劵日輕，民生流離，物價踊貴，遂至事無可爲。臣竊論以爲必自上始，九重菲衣惡食，臥薪嘗膽，使上下改慮易聽，然後可圖。今二患益深，雖欲效忠，他莫有以爲說。此其不敢進者一。

史宅之，故相子，予郡，外議皆謂扳援之徒將自是復用，故嘗論列至再。今聖斷赫然，用舍由己，人才一變矣。環視前日在廷之臣，流落擯棄，臣雖欲貪進，未知所以處其身。此其不敢進者二。

始臣爲郎，蜀受兵方亟，廟堂已遣小使至，特起嵩之於家，而言者攻擊不已。臣妄論以爲講和固非策，而首兵亦豈能無罪。故居言路，首乞出高論者付以兵事，使稍知敵情者嘗試其說於閫外。不知事勢推移，遂竟罷廢，而款敵無功者，白麻揚廷矣。或者將議臣前日有所附會。此臣重不敢進者三。

又臣昨彈內侍女冠，不行，退惟聖主高明，必不容其干政。然未幾首相去位，臣亦出臺，傳聞其人謂臣受廟堂風旨，故決意丐外。今臣言迄不行，苟貪君命，竊恐或者議臣向何所聞而去，今何所見而來。此臣重不敢進者四。

四年，詔趣赴闕，辭，遷戶部侍郎，再辭，不許。五年，改禮部侍郎，辭，詔不允，令所在州軍護遣至闕。嵩之遣人謂韶曰：「毋言濟邸、宮媼、國本。」韶不答。上疏曰：「臣生長淳熙初，猶及見度江盛時民生富樂，吏治修舉。事變少異，政歸私門，紹定之末，元氣索矣。端平更化，陛下初意豈不甚美。國事日壞，其人或罷或死，莫有爲陛下任其責者。考論至是，天下事豈非陛下所當自任而力爲乎？左氏載史墨言：『魯公世從其失，季氏世修其勤。』蓋言所由來者漸矣。陛下臨御日久，宜深思熟念，威福自己，誰得而盜之哉？舍此不爲，悠悠玩愒，乃幾於左氏所謂『世從其失者』。」蓋以世卿風嵩之也。疏出，嵩之不悅，曰：「治春秋人下語毒。」當是時，杜範亦在列，二人廉直，中外稱爲「李、杜」。

兼侍講，累辭，兼國史編修、實錄檢討，辭，遷吏部侍郎兼中書舍人，淳祐二年，疏言：「道揆之地，愛善類不勝於愛爵祿，畏公議不勝於畏權勢。陛下以腹心寄之大臣，大臣以腹心寄之一二都司，恐不能周天下之慮。故以之用人，則能用其所知，豈能用其所不知；以之守法，則能守其所不與，必不能守於其所欲與。」又及濟王、國本、宮媼。三上疏乞歸，以寶章閣直學士知泉州，辭，乞畀祠，不許。既歸，三辭，仍舊職提舉鴻慶宮。

淳祐五年，詔被召，再辭，詔本州通判勸勉赴闕。遷禮部侍郎，三辭，遷權禮部尙書，復三辭，不許。入見，疏曰：「陛下改畀正權，並進時望，天下孰不延頸以覬大治。臣竊窺之，恐猶前日也。君子小人，倫類不同。惟不計近功，不急小利，然後君子有以自見；不惡聞過，不諱盡言，然後小人無以自託。不然，治亂安危，反覆手爾。」

又曰：「陛下所謀者嬪妃近習，所信者貴戚近親。按政和令：『諸國戚、命婦若女冠、尼，不因大禮等輒求入內者，許臺諫覺察彈奏。』乞申嚴禁廷之籍，以絕天下之謗。世臣貴戚，牽聯並進，何示人以不廣也。借曰以才選，他時萬一有非才者援是以求進，將何以抑之耶！」

又曰：「今土地日蹙者未反，人民喪敗者未復，兵財止有此數，且旦而理之，不過椎剝州縣，朘削里閭。就使韓、白復生〔三〕，桑、孔繼出，能爲陛下強兵理財，何補治亂安危之數，徒使國家負不韙之名。況議論紛然，賢者不過苟容而去，不肖者反因是以媒其身，忠言至計之不行，淺功末利之是計，此君子小人進退機括所係，何不思之甚也！」

又曰：「聞之道路，德音每下，昆蟲草木咸被潤澤，恩獨不及於一枯胔。威斷出，自公卿大夫莫敢後先，令獨不行於一老媼。小大之臣積勞受爵，皆得以延于世，而國儲君副，社稷所賴以靈長，獨不蚤計而豫定。」又疏乞還，不許。兼侍讀，三辭，不許。又三疏乞歸。

時游似以人望用，然有牽制之者，韶奏云：「人主職論一相而已，非其人不以輕授。始而授之，如不得已，既乃疑之，反使不得有所爲，是豈專任責成之體哉！所言之事不必聽，所用之人不必從，疑畏憂沮，而權去之矣。」擢翰林學士兼知制誥、兼侍讀，不拜，詔不許，又三辭，不許。

嵩之服除，有鄉用之意，殿中侍御史章琰、正言李昂英、監察御史黃師雍論列嵩之甚峻，詔落職予祠。韶同從官抗疏曰：「臣等謹按春秋桓公五年書：『蔡人、衞人、陳人從王伐鄭。』春秋之初，無君無親者莫甚於鄭莊。二百四十二年之經，未有云『王伐國』者，而書『王』書『伐』，以見鄭之無王，而天王所當聲罪以致討。未有書諸侯從王以伐者，而書三國從王伐鄭，又見諸侯莫從王以伐罪，而三國之微者獨至，不足伸天王之義，初不聞以其嘗爲王卿士而薄其伐。今陛下不能正姦臣之罪，其過不專在上，蓋大臣百執事不能輔天子以討有罪，皆春秋所不赦。乞斷以春秋之義，亟賜裁處。」詔嵩之勒令致仕。既而嵩之進觀文殿大學士，詔上疏爭之甚力。未幾，琰、昂英他有所論列，並罷言職。詔復上疏留之。

七年，詔十上疏丐去，以端明殿學士提舉玉隆宮。時直學士院應䌛、中書舍人趙汝騰拜疏留詔內祠，未報。詔陛辭，疏甚剴切，其略曰：「彼此相視，莫行其志，而剸裁庶政，品量人物，相與運於冥冥之中者，不得不他有人焉。是中書之手可束，而臺諫之口可鈐，朝廷之事所當力爲，不可枚舉，皆莫有任其責者，甚非所以示四方、一體統。」改提舉萬壽觀兼侍讀，即出國門，力辭，道次三衢，詔趣受命，再辭，仍奉祠玉隆。

八年，被召，辭，不許。再辭，仍舊職奉祠萬壽兼侍讀，令守臣以禮趣行。又辭，不許。九年，仍奉祠玉隆。十一年，祠滿再任。卒，年七十五。詔忠厚純實，平粹簡澹，不溺於聲色貨利，默坐一室，門無雜賓云。

王邁字貫之，興化軍仙遊人。嘉定十年進士，爲潭州觀察推官。丁內艱，調浙西安撫司幹官。考廷試，詳定官王元春欲私所親寘高第，邁顯擿其繆，元春怒，嗾諫官李知孝誣邁在殿廬語聲高，免官。

調南外睦宗院教授。眞德秀方守福州，邁竭忠以裨郡政。赴都堂審察，丞相鄭清之曰：「學官掌故，不足浼吾貫之。」俄召試學士院，策以楮幣，邁援據古今，考究本末，謂：「國貧楮多，弊始於兵。乾、淳初行楮幣，止二千萬，時南北方休息也。開禧兵興，增至一億四千萬矣。紹定有事山東，增至二億九千萬矣。議者徒患楮窮，而弗懲兵禍，姑以今之尺籍校之，嘉定增至二十八萬八千有奇。用寡謀之人，試直突之說，能發而不能收，能取而不能守。今無他策，核軍實，窒邊釁，救楮幣第一義也。」又言：「修內司營繕廣，內帑宣索多，厚施緇黃，濫予嬪御，若此未嘗裁撙，徒聞有括田、榷鹽之議者。向使二事可行，故相行之久矣。更化伊始，奈何取前日所不屑行者而行之乎？」又因楮以及時事，言：「君子之類雖進，而其道未行；小人之迹雖屛，而其心未服。」眞德秀病危，聞邁所對，善之。

帝再相喬行簡，或傳史嵩之復用，邁上封事曰：「天下之相，不與天下共謀之，是必冥冥之中有爲之地者。且舊相姦憸刻薄，天下所知，復用，則君子空於一網矣。」又言吳知古、陳洵益撓政。輪對，言：「君不可欺天，臣不可欺君，厚權臣而薄同氣，爲欺天之著。」邁由疏遠見帝，空臆無隱，帝爲改容。言者劾邁論邊事過實，魏了翁侍經筵，爲帝言惜其去，改通判漳州。禋祀雷雨，邁應詔言：「天與寧考之怒久矣。麴蘖致疾，妖冶伐性，初秋踰旬，曠不視事，道路憂疑，此天與寧考之所以怒也。隱、刺覆絕，攸、熺奪寵，綱淪法斁，上行下效，京卒外兵〔三〕，狂悖迭起，此天與寧考之所以怒也。陛下不是之思，方用漢災異免三公故事，環顧在廷，莫知所付。遙相崔與之，臣恐與之不至，政柄他有所屬，此世道否泰，君子小人進退之機也。」於是臺官李大同言邁交結德秀、了翁及洪咨夔以收虛譽，削一秩免。蔣峴劾邁前疏妄論倫紀，請坐以非所宜言之罪，削二秩。久之，復通判贛州，改福州、建康府、信州，皆不行。淳祐改元，通判吉州。右正言江萬里袖疏榻前曰：「邁之才可惜，不即召，將有老不及之歎。」帝以爲然。有尼之者，遂止。

知邵武軍。在郡，詔以亢旱求言，邁驛奏七事，而以徹龍翔宮、立濟王後爲先。時鄭清之再相，以左司郎官召，力辭。以直祕閣提點廣東刑獄，亦辭。改侍右郎官，諫官焦炳炎論罷。予祠，卒，贈司農少卿。

邁以學問詞章發身，尤練世務。易祓戒潭人曰：「此君不可犯。」奪勢家冒占田數百畝以還民。李宗勉嘗論邁，然邁許近世宰輔，至宗勉，必曰「賢相」。徐清叟與邁有違言，邁晚應詔，謂清叟有人望可用。世服其公云。

史彌鞏字南叔，彌遠從弟也。好學彊記。紹熙四年，入太學，升上舍。時彌遠柄國，寄理不獲試，淹抑十載。嘉定十年，始登進士第。

時李𡌴開鄂閫，知彌鞏持論不阿，辟諸幕府事。壽昌戍卒失律，欲盡誅其亂者，乃請誅倡者一人，軍心感服。改知溧水縣，首嚴庠序之教。端平初，入監都進奏院。轉對，有君子小人才不才之奏，護蜀保江之奏。嘉熙元年，都城火，彌鞏應詔上書，謂修省之未至者有五。又曰：「天倫之變，世孰無之。陛下友愛之心亦每發見，洪咨夔所以蒙陛下殊知者，謂霅川之變非濟邸之本心，濟邸之死非陛下之本心，其言深有以契聖心耳。矧以先帝之子，陛下之兄，乃使不能安其體魄於地下，豈不干和氣，召災異乎？蒙蔽把握，良有以也。」

出提點江東刑獄。歲大旱，饒、信、南康三郡大祲，謂振荒在得人，俾鰲戶爲五，甲乙以等第振糶，丙爲自給，丁糶而戊濟，全活爲口一百一十四萬有奇。徽之休寧有淮民三十餘輩，操戈刼人財，逮捕，法曹以不傷人論罪。彌鞏曰：「持兵爲盜，貸之，是滋盜也。」推情重者僇數人，一道以寧。饒州兵籍溢數，供億不繼，請汰冗兵。令下，營門大譟。乃呼諸校謂曰：「汰不當，許自陳，敢譁者斬。」咸叩頭請罪，諸營帖然，廩給亦大省。召爲司封郎中，以兄子嵩之入相，引嫌丐祠，遂以直華文閣知婺州。時年已七十，丐祠，提舉崇禧觀。里居絕口不道時事。卒，年八十。眞德秀嘗曰：「史南叔不登宗袞之門者三十年，未仕則爲其寄理，已仕則爲其排擯，嚼然不汚有如此。

五子，長肎之，終刑部郎官，能之、有之、胄之俱進士。肎之子蒙卿，咸淳元年進士，調江陰軍教授，蚤受業色川陽恪，爲學淹博，著書立言，一以朱熹爲法。

陳塤字和仲，慶元府鄞人。大父叔平與同郡樓鑰友善，死，鑰哭之。塤纔四歲，出揖如成人。鑰指槃中銀杏使屬對，塤應聲曰：「金桃。」問何所據？對以杜詩「鸎鵡啄金桃」。鑰竦然曰：「亡友不死矣。」長受周官於劉著，頃刻數千百言輒就。試江東轉運司第一，試禮部復爲第一。

嘉定十年，登進士第。調黃州教授。喪父毀瘠，考古禮制時祭、儀制、祭器行之。忽歎曰：「俗學不足學。」乃師事楊簡，攻苦食淡，晝夜不怠。免喪，史彌遠當國，謂之曰：「省元魁數千人，狀元魁百人，而恩數踰等，盍令省元初授堂除教授，當自君始。」塤謝曰：「廟堂之議甚盛，舉自塤始，得無嫌乎？」徑部注處州教授以去，士論高之。

理宗卽位，詔求言，塤上封事曰：「上有憂危之心，下有安泰之象，世道之所由隆。上有安泰之心，下有憂危之象，世道之所由汙。故爲天下而憂，則樂隨之。以天下爲樂，則憂隨之。有天下者，在乎善審憂樂之機而已。今日之敝，莫大於人心之不合，紀綱之不振，風俗之不淳，國敝人偷而不可救。願陛下養之以正，勵之以實，涖之以明，斷之以武。」而塤直聲始著于天下。與郡守高似孫不合，去，歸奉其母。召爲太學錄，踰年始至。轉對，言：「天道無親，民心難保。日月逾邁，事會莫留。始之銳，久則怠。始之明，久則昏。垂拱仰成，盛心也，不可因以負有爲之志。遵養時晦，至德也，不可因以失乘時之機。」上嘉納之。遷太學博士，主宗正寺簿。都城火，塤步往玉牒所，盡藏玉牒于石室。詔遷官，不受。應詔言應上天非常之怒者，當有非常之舉動，歷陳致災之由。又有吳潛、汪泰亨上彌遠書，乞正馮榯、王虎不盡力救火之罪，及行知臨安府林介、兩浙轉運使趙汝惲之罰。人皆壯之。

遷太常博士，獨爲袁燮議謚，餘皆閣筆，因歎曰：「幽、厲雖百世不改。謚有美惡，豈諛墓比哉？」會朱端常子乞謚，塤曰：「端常居臺諫則逐善類，爲藩牧則務刻剝，宜得惡謚，以戒後來。」乃謚曰榮愿。議出，宰相而下皆肅然改容。考功郎陳耆覆議，合宦者陳洵益欲改，塤終不答。

李全在楚州有異志，塤以書告彌遠：「痛加警悔，以回羣心。蚤正典刑，以肅權綱。大明黜陟，以飭政體。」不納。未幾，賈貴妃入內，塤又言：「乞去君側之蠱媚，以正主德；從天下之公論，以新庶政。」彌遠召塤問之曰：「吾甥殆好名邪？」塤曰：「好名，孟子所不取也。

夫求士於三代之上，惟恐其好名；求士於三代之下，惟恐其不好名耳。」力丙去，添差通判嘉興府。彌遠卒，召爲樞密院編修官。入對，首言：「天下之安危在宰相。南渡以來，屢失機會。秦檜死，所任不過万俟卨、沈該耳。侂胄死，所任史彌遠耳。此今日所當謹也。」次言：「內廷當嚴宦官之禁，外廷當嚴臺諫之選。」於是洵益陰中之，監察御史王定劾塤，出知常州，改衢州。

寇卜日發潦坑，遵江山縣而東。塤獲諜者，卽遣人致牛酒諭之曰：「汝不爲良民而爲刼盜，不事耒耜而弄甲兵，今享汝牛酒，冀汝改業，否則殺無赦。」於是自首者日以百數，獻器械者重酬之，遂以潰散。改提點都大坑冶，徙福建轉運判官。侍御史蔣峴常與論中庸，不合，又劾之。主管崇道觀。踰年，遷浙西提點刑獄。歲旱，盜起，捕斬之，盜懼徙去。安吉州俞垓與丞相李宗勉連姻，恃勢黷貨，塤親按臨之。弓手戴福以獲潘丙功爲副尉，宗勉倚之爲腹心，盜橫貪害，塤至，福聞風而去。貽書宗勉曰：「塤治福，所以報丞相也。傳聞實走丞相，賢輔弼不宜有此。」宗勉答書曰：「福罪惡貫盈，非君不能治。宗勉雖不才，不敢庇姦凶。惟君留意。」及獲福豫章，衆皆欲殺之，塤曰：「若是則刑濫矣。」乃加墨徇于市，囚之圜土。以吏部侍郎召，及爲國子司業，諸生咸相慶，以爲得師。

未幾，兼玉牒檢討、國史編修、實錄修撰，乃辭兼史館。歷陳境土之蹙，民生之艱，國計之匱，「既無經理圖回之素，惟有感動轉移之策，必有爲之本者，本者何？復此心之妙耳」。又言：「履泰安而逸樂者，有習安致危之理。因艱危而兢懼者，有慮危圖安之機。明用舍以振紀綱，躬節儉以汰冗濫，屏姦妄以厲將士，抑貴近以寬羅羅，結鄉社以防竊發，黜增創以培根本。今任用混殽，薰蕕同器，遂使賢者耻與同羣。」諫議大夫金淵見之，怒。塤乞補外，不許，又辭免和羅轉官賞，亦不許。知温州，未上，以言罷。

塤家居，時自娛於泉石，四方學者踵至。輕財急義，明白洞達，一言之出，終身可復。忽臥疾，戒其子抽架上書占之，得呂祖謙文集，其墓志曰：「祖謙生於丁巳歲，沒於辛丑歲。」塤曰：「異哉！我生於慶元丁巳，今歲在辛丑，於是一甲矣。吾死矣夫！」

子蒙，年十八，上書萬言論國事。吳子良奇之，妻以女。爲太府寺主簿。入對，極言賈似道爲相時國政闕失，文多不錄。爲淮東總領，似道誣以貪汙，貶建昌軍簿，錄其家，惟靑氊耳。德祐初，禮部侍郎李珏乞放便，以刑部侍郎召，不赴，卒。

趙與簒字德淵，太祖十世孫。居湖州。嘉定十三年進士。歷官差主管官告院，遷將作監主簿，差知嘉興府，遷知大宗正兼權樞密院檢詳諸房文字，尋爲都官郎官，加直寶章閣、兩浙轉運判官。進煥章閣、知慶元府，主管沿海制置司公事，拜司農少卿，仍兼知慶元府兼沿海制置副使。遷浙西提點刑獄，授中書門下省檢正諸房公事，拜司農卿兼知臨安府，主管浙西安撫司公事，權刑部侍郎兼詳定敕令官，權兵部侍郎，遷戶部侍郎，權戶部尚書，時暫兼吏部尚書，尋爲眞，兼戶部尚書，時暫兼浙西提舉常平，加端明殿學士、提領戶部財用，皆依舊兼知臨安府。與執政恩澤，加資政殿大學士。以觀文殿學士知紹興府、浙東安撫使；知平江府兼淮、浙發運使，時暫兼權浙西提點刑獄；授沿江制置使，知建康府、江東安撫使、馬步軍都總管兼行宮留守，節制和州、無爲軍、安慶府三郡屯田使；時暫兼權揚州、兩淮安撫制置使，改兼知揚州，尋兼知鎭江府，兼淮東總領，提舉洞霄宮；復爲淮、浙發運使，差知平江府，特轉兩官致仕。景定元年八月，卒，特贈少師。與籌所至急於財利，幾於聚斂之臣矣。

李大同字從仲，婺州東陽人。嘉定十六年進士。歷官爲祕書丞兼崇政殿說書，拜右正言兼侍講。疏言：「趙、冀分野，乃有熒惑犯塡星之變，則我師之出，豈無當長慮而卻顧者。

故臣願陛下勿以星文爲小異而或加忽。一話一語，一政一事，必求有以格天心而弭災變。至於進兵攻討，尤切謹重。」遷太常少卿兼國史編修、實錄檢討，兼侍講，兼權侍立修注官，遷起居郎，拜殿中侍御史，權刑部侍郎兼同修國史、實錄院同修撰，選吏部侍郎，進工部尚書，以寶謨閣直學士知平江府，提舉江州太平興國宮。乞致仕，不許，後卒于家。

黃𥠭字子耕，隆興分寧人。嘗從郭雍、朱熹學，熹深期之，而𥠭亦以道自任，反復論辨，必無所疑然後止。舉太學進士，爲瑞昌主簿，監文思院，知廬陽縣。五溪獠獷悍，𥠭爲詩諭之，獠感悅，有公事莫敢違。

通判處州，經、總制有額無錢，俗號殿最綱，𥠭會十年中成賦酌取之，閣免逋負，錢額鈞等，獨以最聞。主管官告院、大理寺簿、軍器監丞，歲餘三遷，𥠭乃不樂。間行西湖，慨然曰：「我昔在南、北山，一水一石，無不自題品，今無復情味，何邪？」

丐外，知台州。謝良佐子孫居台者既播越流落，𥠭求之民間，收而教之。勤苦夙夜，先勸後禁，訟牒銷縮，郡稱平治。爲濟糶倉，爲抵當庫，葬民之棲寄暴露者爲棺千五百，置養濟院，又創安濟坊以居病囚，皆自有子本錢，使不廢。故葉適謂𥠭條目建置，憂民如家。遷袁州，哭從弟哀甚，得疾卒。所著有復齋集。

楊大異字同伯，唐天平節度使漢公之後，十世祖祥避地醴陵，因家焉。祥事親孝，親亡哀毁，泣盡繼以血，廬墓終身，有白芝、白烏、白兔之瑞。事聞于朝，褒封至孝公，賜名木植墓道，以旌其孝。

大異從胡宏受春秋大義。登嘉定十三年進士第。授衡陽主簿，有惠政。調龍泉尉，攝邑令。適歲饑，提刑司遣吏和糴米二萬石于邑，米價頓增，民乏食，大異卽以提刑司所糴者如價發糶，民甚德之。提刑趙與簹大怒，捃其罪弗得，坐以方命，移安遠尉。

邑有峒寇擾民，官兵致討，積年弗獲，檄大異往治之。大異以一僕負告身自隨，肩輿入賊峒，傳呼尉至，賊露刃成列以待，徐諭以禍福，皆伏地叩頭，願改過自新。留告身爲質，偕其渠魁數輩出降。以賞遷吉州戶曹，改廣西經幹，復以弭盜賞，除四川制置司參議官。北兵入成都，大異從制置使丁黼巷戰，兵敗，身被數創死，闔門皆遇難。詰旦，其部曲竊往瘞之，大異復蘇，負以逃，獲免。進朝奉郎，宰石門縣，就除通判溧陽，攝州事，皆有惠政。去官之日，老弱攀號留之，大異易服潛去。擢知登聞鼓院，遷大理寺丞，平反冤獄者七。召對，極言時政得失，迕宰相意，出知澧州。理宗曰：「是四川死節更生者楊大異耶？論事剴切，有用之材也。何遽出之？」對曰：「是人尤長於治民。」命予節兼庾事，進直祕閣、提點廣東刑獄兼庾事。

時常平司逋負山積，械繫追索，姦蠹百出。大異與之約，悉縱遣之，負者如期畢輸，吏無所容其姦。訪張九齡曲江故宅，建相江書院，以祀九齡。改提點廣西刑獄兼漕、庾二司，所至姦吏屏息，寇盜絕迹。凡可以爲民興利除害者，必奏行之。復建宣成書院祀張栻、呂祖謙。廣海幅員數千里，道不拾遺，報政爲最。未六十即丐致仕，不允，章四上，除祕閣修撰、太中大夫，提舉崇禧觀、醴陵縣開國男，食邑三百戶，賜紫金魚袋。歸里第，與居民無異，學者從之，講肄諄諄，相與發明經旨，條析理學。食祠祿者二十四年，卒，年八十二。子霆、霖。霆在忠義傳。

論曰：正論之在天下，未嘗亡也。徐範之於韓侂胄，吳泳、李韶、王邁之於史氏，皆能無所回撓，正色直言。至於史彌鞏則彌遠之弟，陳塤其甥也，不以私親而廢天下之公論。抑孟子所謂「寡助之至」者歟？趙與簒揚歷最久，甘爲聚斂之臣。李大同以鄉人喬行簡爲相，薦起之。黃𥲅出仕，以恤民尊賢爲急，可謂知本。大巽節義如此，宜其善政之著稱于世也。

## 校勘記

〔一〕添差通判澤州　按澤州當時不受宋朝管轄，徐範不得爲澤州通判；下文有「湖湘大旱」事，「澤」字疑爲「潭」字之訛。

〔二〕韓白復生　「白」原作「匃」，此語與下文「桑（弘羊）、孔（僅）繼出」相對，並以「強兵理財」爲言，「韓」下當爲「白」字，指韓信、白起。因改。

〔三〕京卒外兵　「卒」原作「率」，據後村先生大全集卷一五二臞軒王少卿墓誌銘改。

# 宋史卷四百二十四

## 列傳第一百八十三

陸持之 徐鹿卿 趙逢龍 趙汝騰 孫夢觀 洪天錫
黃師雍 徐元杰 孫子秀 李伯玉

陸持之字伯微，知荊門軍九淵之子也。七歲能爲文。九淵授徒象山之上，學者數百人，有未達，持之爲敷繹之。荊門郡治火，持之倉卒指授中程，九淵器之。韓侂胄將用兵，持之憂時不懌，乃歷聘時賢，將有以告。見徐誼於九江，時議防江，持之請擇僚吏察地形，孰險而守，孰易而戰，孰隘而伏，毋專爲江守。具言：「自古興事造業，非有學以輔之，往往皆以血氣盛衰爲銳惰。故三國、兩晉諸賢，多以盛年成功名。公更天下事變多矣，未舉一事，而朝思夕惟，利害先入于中，愚恐其爲之難也。」誼憮然。又之鄂謁薛叔似、項安世，之荊謁吳獵，爭欲留之，尋皆謝歸。著書十篇，名戇說。

嘉定三年，試江西轉運司預選，常平使袁燮薦于朝，謂持之議論不爲空言，緩急有可倚仗。不報。豫章建東湖書院，連帥以書幣彊起持之長之。嘉定十六年，寧宗特詔持之祕書省讀書，固辭，不獲。既至，又詔以迪功郎入省，乞歸，不許。理宗卽位，轉修職郎，差幹辦浙西安撫司，以疾請致仕，特命改通直郎。所著有易提綱、諸經雜說。

徐鹿卿字德夫，隆興豐城人。博通經史，以文學名於鄉，後進爭師宗之。嘉定十六年，廷試進士，有司第其對居二，詳定官以其直抑之，猶寘第十。

調南安軍學教授。張九成嘗以直道謫居，鹿卿摭其言行，刻諸學以訓。先是周惇頤、程顥與其弟頤皆講學是邦，鹿卿申其教，由是理義之學復明。立養士綱條，學田多在溪峒，異時征之無藝，農病之，鹿卿撫恤，無逋租者。其後盜作，環城屋皆燬〔一〕，惟學宮兗，曰：「是無擾我者。」

辟福建安撫司幹辦公事。會汀、邵寇作，鹿卿贊畫備禦，動中機會。避寇者入城，多方振濟，全活甚衆。郡多火災，救護有方。會都城火，鹿卿應詔上封事，言積陰之極，其徵爲火，指言惑嬖寵、溺燕私、用小人三事尤切。眞德秀稱其氣平論正，有憂愛之誠心。改知尤溪縣。德秀守泉，辟宰南安，鹿卿以不便養辭。德秀曰：「道同志合，可以拯民，何憚不來？」鹿卿入白其母，欣然許之。既至，首罷科斂之無名者，明版籍，革預借，決壅滯，達寃抑，邑以大治。德秀尋帥閩，疏其政以勸列邑。歲饑，處之有法，富者樂分，民無死徙。最聞，令赴都堂審察。以母喪去。

詔服闋赴樞密稟議，首言邊事、楮幣。主管官告院，幹辦諸司審計司。故相子以集英殿修撰食祠祿，又幫司農少卿米麥，鹿卿曰：「奈何爲一人壞成法。」持不可。遷國子監主簿。入對，陳六事，曰：「洗凡陋以起事功，昭勸懲以收主柄，淸班著以儲實才，重藩輔以蔽都邑，用閩、越舟師以防海，合東南全力以守江。」上皆嘉納。改樞密院編修官，權右司，贊畫二府，通而守法。會右史方大琮、編修劉克莊、正字王邁以言事黜，鹿卿贈以詩，言者併劾之，太學諸生作四賢詩。知建昌軍，未上，而崇教、龍會兩保與建黎原、鐵城之民修怨交兵，鹿卿馳書諭之，斂手聽命。既至，則寬賦斂，禁掊克，汰贓濫，抑彊禦，恤寡弱，黥黠吏，訓戍兵，創百丈砦，擇兵官，城屬縣，治行大孚，田里歌誦。

督府橫取秋苗斛面，建昌爲米五千斛。鹿卿爭之曰：「守可去，米不可得。」民恐失鹿卿，請輸之以共命。鹿卿曰：「民爲守計則善矣。守獨不爲民計乎？」卒爭以免。召赴行在，將行，盜發南豐，捕斬渠首二十人，餘不問。擢度支郎官兼右司。入對，極陳時敝。改侍右郎官兼敕令删修官，兼右司。鹿卿又言當時並相之敝。宰相以甘言誘鹿卿，退語人曰：「是牢籠也，吾不能爲宰相私人。」言者以他事詆鹿卿，主管雲臺觀。越月，起爲江東轉運判官。歲大饑，人相食，留守別之傑諱不詰，鹿卿命掩捕食人者，尸諸市。又奏援眞德秀爲漕時撥錢以助振給，不報。遂出本司積米三千餘石減半賈以糶，及減抵當庫息，出緡錢萬有七千以予貧民，勸居民收字遺孩，日給錢米，所活數百人。宴集不用樂。

會岳珂守當塗，制置茶鹽，自詭興利，橫斂百出，商旅不行，國計反屈於初。命鹿卿覈之，吏爭竄匿。鹿卿寬其期限，躬自鉤考，盡得其實。珂辟置貪刻吏，開告訐以罔民，沒其財，民李士賢有稻二千石，囚之半歲。鹿卿悉縱舍而勸以其餘分，皆感泣奉命。珂罷，以鹿卿兼領太平，仍暫提舉茶鹽事。弛苛征，蠲米石〔三〕、蕪湖兩務蘆稅。江東諸郡飛蝗蔽天，入當塗境，鹿卿露香默禱，忽飄風大起，蝗悉度淮。之傑密請移鹿卿浙東提點刑獄，加直祕閣兼提舉常平。鹿卿言罷浮鹽經界𦆎地，先撤相家所築，就捕者自言：「我相府人。」鹿卿曰：「行法必自貴近始。」卒論如法。丞相史彌遠之弟通判溫州，利韓世忠家寶玩，籍之，鹿卿奏削其官。

初，鹿卿檄衢州推官馮惟說決婺獄，惟說素廉平，至則辨曲直，出淹禁。大家不快其爲，會鄉人居言路，迺屬劾惟說。州索印紙，惟說笑曰：「是猶可以仕乎？」自題詩印紙而去。衢州鄭逢辰以繆舉，鹿卿以委使不當，相繼自劾，且共和其詩。御史兼二人劾罷之。及知泉州，改贛州，皆辭。遷浙西提點刑獄、江淮都大坑冶，皆以病固辭，遂主管玉局觀。及召還，又辭，改直寶章閣知寧國府，提舉江東常平，又辭。

淳祐三年，以右司召，猶辭。丞相杜範遺書曰：「直道不容，使人擊節。君不出，豈以馮惟說故耶？惟說行將有命矣。」鹿卿迺出。擢太府少卿兼右司。入對，請定國本、正紀綱、立規模，「時事多艱，人心易搖，無獨力任重之臣，無守節伏義之士，願蚤決大計」。上嘉納之。兼中書門下省檢正諸房公事，兼崇政殿說書。逾年，兼權吏部侍郎。時議使執政分治兵財，鹿卿執議不可。以疾丐祠，遷右文殿修撰、知平江府兼發運副使。力丐祠，上諭丞相挽留之。召權兵部侍郎，固辭，上令丞相以書招之，鹿卿至，又極言君子小人，切於當世之務。兼國子祭酒，權禮部侍郎，兼同修國史，兼實錄院同修撰，兼侍講，兼權給事中。鹿卿言「瑣闥之職無所不當問，比年命下而給舍不得知，請復舊制」。從之。

上眷遇寖篤而忌者寖多，有撰僞疏託鹿卿以傳播，歷詆宰相至百執事，鹿卿初不知也，遂力辨上前，因乞去，上曰：「去，則中姦人之計矣。」令臨安府根捕，事連勢要，獄不及竟。遷禮部侍郎。累疏告老，授寶章閣待制、知寧國府，而引年之疏五上，不允，提舉鴻禧觀，遂致仕，進華文閣待制。卒，遺表聞，贈四官。

鹿卿居家孝友，喜怒不形，恩怨俱泯，宗族鄉黨，各得歡心。居官廉約清峻，豪髮不妄取，一廬僅庇風雨。所著有泉谷文集、奏議、講義、鹽楮議政稿、歷官對越集，手編漢唐文類、文苑菁華，謚清正。

趙逢龍字應甫，慶元之鄞人。刻苦自修，爲學淹博純實。登嘉定十六年進士第。授國子正、太學博士，歷知興國、信、衢、衡、袁五州，提舉廣東、湖南、福建常平。每至官，有司例設供張，悉命撤去，日具蔬飯，坐公署，事至卽面問決遣。爲政務寬恕，撫諭惻怛，一以天理民彝爲言，民是以不忍欺。居官自常奉外，一介不取。民賦有逋負，悉爲代輸。尤究心荒政，以羨餘爲平糴本。遷將作監，拜宗正少卿兼侍講。凡道德性命之蘊，禮樂刑政之事，縷縷爲上開陳。疏奏甚衆，稿悉焚棄。年八十有八終于家。

逢龍家居講道，四方從遊者皆爲鉅公名士。丞相葉夢鼎出判慶元，修弟子禮，常謂師門庳陋，欲市其鄰居充拓之。逢龍曰：「鄰里粗安，一旦驚擾，彼雖勉從，我能無媿於心！」逢龍寡嗜欲，不好名，敭歷日久，泊然不知富貴之味。或問何以裕後，逢龍笑曰：「吾憂子孫學行不進，不患其飢寒也。」

趙汝騰字茂實，宗室子也。居福州。寶慶二年進士。歷官差主管禮、兵部架閣，遷籍田令，召試館職，授祕書省正字，升校書郎，尋升祕書郎兼史館校勘。輪對，言節用先自乘輿宮掖始。兼玉牒所檢討官，以直煥章閣知温州，進直徽猷閣、江東提點刑獄，又進直寶文閣，差知婺州。召赴闕，遷起居舍人，兼權中書舍人，升起居郎，時暫兼權吏部侍郎，兼國史編修、實錄檢討，兼同修國史、實錄院同修撰，兼侍講，遷吏部侍郎兼侍講，權工部尚書兼權中書舍人，皆兼同修撰，以左司諫陳垓論罷。召爲禮部尚書兼給事中，兼修國史、實錄院修撰。入奏，言：「前後姦諛之臣，傷善害賢，自取穹官要職，何益於陛下，而深損於聖德。興利之臣，移東就西，順適宮禁，自遂谿壑無厭之欲，何益於陛下，而深戕於國脈。則陛下私惠羣小之心，可以息矣。」又言：「陛下有用君子之名，無用君子之實。」

兼直學士院，拜翰林學士兼知制誥，兼侍讀。辭歸故里，累召，力辭，以龍圖閣學士知紹興府、浙東安撫使。召至闕，以端明殿學士提舉佑神觀，兼翰林學士承旨，知泉州、知州南外宗正事，復提舉佑神觀兼侍讀，兼翰林學士承旨。景定二年，卒，遺表上，特贈四官。

孫夢觀字守叔，慶元府慈溪人。寶慶二年進士。調桂陽軍教授、浙西提舉司幹辦公事，差主管吏部架閣文字，爲武學諭。輪對，言：「人主不容有所憚，尤不容有所玩，憚則有言而不能容，玩則雖容其言而不能用。」力請外，添差通判嚴州，主管崇道觀，召爲武學博士、太常寺丞兼諸王宮大小學教授，大宗正丞兼屯田郎官、將作少監。知嘉興府，仍舊班兼右司郎官、將作監。轉對，極言：「風憲之地，未聞有十八疏攻一竦者。封駁之司，未聞有三舍人不肯草制者。道揆不明，法守滋亂，天下之權將有所寄，而倒持之患作。」當路者滋不悅。出知泉州兼提舉市舶，改知寧國府。蠲逋減賦，無算泛入者盡籍于公帑。戶部遣官督賦，急若星火，闔郡皇駭，莫知爲計。夢觀曰：「吾寧委官以去，毋寧病民以留。」力丐祠，且將以府印牒所遣官，所遣官聞之夜遁。他日夢觀去寧國，人言之爲之流涕。

丞相董槐召還，帝問江東廉吏，槐首以夢觀對，帝說，乃遷司農少卿兼資善堂贊讀。輪對，謂：「今內外之臣，恃陛下以各遂其私，而陛下獨一無可恃，可爲寒心！」次論：「郡國當爲斯民計，朝廷當爲郡國計。乞命大臣應自前主計之臣奪州縣之利而歸版曹者，復歸所屬，庶幾郡國蒙一分之寬，則斯民亦受一分之賜。」帝善其言。遷太府卿、宗正少卿，兼給事中、起居舍人、起居郎。八上章辭免，以監察御史吳燧論罷，直龍圖閣與祠，授祕閣修撰、江淮等路提點鑄錢司公事。甫至官，即復召爲起居郎兼侍右侍郎、給事中兼贊讀，兼國子祭酒，權吏部侍郎。奏事抗論益切，以寵賂彰、仁賢逝、貨財偏聚爲言，且謂「未易相之前，敝政固不少；既易相之後，敝政亦自若。」在廷之士皆危之。夢觀曰：「吾以一布衣蒙上恩至此，雖捐軀無以報，利鈍非所計也。」

力求補外，以集英殿修撰知建寧府。蠲租稅，省刑罰，郡人徐淸叟、蔡抗以爲有古循吏風。民有夢從者甚都，迎祠山神，出視之則夢觀也。俄而夢觀得疾，口授遺表，不忘規諫，遂卒。帝悼惜久之，賻銀帛三百。夢觀退然若不勝衣，然義所當爲，奮往直前；其居敗屋數間，布衣蔬食，而重名節云。

洪天錫字君疇，泉州晉江人。寶慶二年進士。授廣州司法。長吏盛氣待僚屬，天錫糾正爲多。丁內艱，免喪，調潮州司理。勢家奪民田，天錫言於守，還之。帥方大琮辟眞州判官，留賓幕府。改秩知古田縣。行鄉飲酒禮。邑劇，牒愬猥多，天錫剖決無留難。有倚王邸勢殺人者，誅之不少貸。調通判建寧府。大水，擅發常平倉振之。擢諸司糧料院，拜監察御史兼說書。累疏言：「天下之患三：宦官也，外戚也，小人也。」劾董宋臣、謝堂、厲文翁，理宗力護文翁，天錫又言：「不斥文翁，必爲王府累。」上令吳燧宣諭再三，天錫力爭，謂：「貴倖作姦犯科，根柢蟠固，乃遲回護惜，不欲繩以法，勢燄愈張，紀綱愈壞，異時禍成，雖欲治之不可得矣。」上又出御札，俾天錫易疏，欲自戒飭之。天錫又言：「自古姦人雖憑怙，其心未嘗不畏人主之知，苟知之而止於戒飭，則憑怙愈張，反不若未知之爲愈也。」章五上，出關待罪。詔二人已改命，宋臣續處之。天錫言：「臣留則宋臣去，宋臣留則臣當斥，願早賜裁斷。」越月，天雨土，天錫以其異爲蒙，力言陰陽君子小人之所以辨，又言修內司之爲民害者。

蜀中地震，浙、閩大水，又言：「上下窮空，遠近怨疾，獨貴戚巨閹享富貴耳。舉天下窮且怨，陛下能獨與數十人者共天下乎？」會吳民仲大論等列愬宋臣奪其田，天錫下其事有司，而御前提舉所移文謂田屬御莊，不當白臺，儀鸞司亦牒常平。天錫謂：「御史所以雪冤，常平所以均役，若中貴人得以控之，則內外臺可廢，猶爲國有紀綱乎？」乃申劾宋臣併盧允升而枚數其惡，上猶力護之。天錫又言：「修內司供繕修而已，比年動曰『御前』，姦贓之老吏，迹捕之兇渠，一竄名其間，則有司不得舉手，狡者獻謀，暴者助虐，其展轉受害者皆良民也。願毋使史臣書之曰：『內司之橫自今始。』」疏上至六七，最後請還御史印，謂：「明君當爲後人除害，不當留患以遺後人。今朝廷輕給舍臺諫，輕百司庶府，而北司獨重，倉卒之際，臣實懼焉。」言雖不果行，然終宋世閹人不能竊弄主威者，皆天錫之力，而天錫亦自是去朝廷矣。改大理少卿，再遷太常，皆不拜。

改廣東提點刑獄，五辭。明年，起知潭州，久之始至官。戢盜賊，尊先賢，踰年大治。直寶謨閣，遷廣東轉運判官，決疑獄，劾貪吏，治財賦，皆有法。召爲祕書監兼侍講，以聵辭，升祕閣修撰、福建轉運副使，又辭。度宗即位，以侍御史兼侍讀召，累辭，不許，在道間，監察御史張桂劾罷之。乃疏所欲對病民五事：曰公田，曰關子，曰銀綱，曰鹽鈔，曰賦役。又言：「在廷無嚴憚之士，何以寢姦謀？遇事無敢諍之臣，何以臨大節？人物稀疏，精采銷耎，隱惰惜己者多，忘身徇國者少。」進工部侍郎兼直學士院，加顯文閣待制、湖南安撫使、知潭州，改漳州，皆力辭。

又明年，改福建安撫使，力辭，不許。亭戶買鹽至破家隕身者，天錫首罷之，民作佛事以報。罷荔枝貢。召爲刑部尙書，詔憲守之臣趣行無虛日，不起。久之，進顯文閣直學士，提舉太平興國宮，三降御札趣之，又力辭。踰年，進華文閣直學士，仍舊宮觀，尋致仕，加端明殿學士，轉一官。疾革，草遺表以規君相。上震悼，特贈正議大夫，謚文毅。

天錫言動有準繩，居官淸介，臨事是非不可回折。所著奏議、經筵講義、進故事、通祀輯略、味言發墨、陽巖文集。

黃師雍字子敬，福州人。少從黃榦學。入太學。寶慶二年，舉進士。詔爲楚州官屬。出盜賊白刃之衝，不畏不懾。李全反狀已露，師雍密結忠義軍別部都統時青圖之，謀泄，全殺青，師雍不爲動，全亦不加害。秩滿，朝議褒異，師雍恥出史彌遠門，不往見之。調婺州教授，學政一以呂祖謙爲法。李宗勉、趙必願、趙汝談皆薦之。

師雍慕徐僑有清望，欲謁之，會其有召命，師雍曰：「今不可往也。」僑聞而賢之，至闕，以其學最聞。宗勉在政府，力言於丞相喬行簡，行簡已許以朝除。師雍以書見行簡，勸其歸老，行簡不悅，宗勉之請遂格。

知遂之龍溪，轉運使王伯大上其邑最。行簡罷，宗勉與史嵩之入相，召師雍審察，將至而宗勉卒。嵩之延師雍，密示相親意，師雍不領；遷糧料院，又曰：「料院與相府密邇，所以相處。」師雍亦不領。嵩之獨相，權勢浸盛，上下懼禍，未有發其姦者。博士劉應起首疏論嵩之，帝感悟，思逐嵩之。師雍與應起相善，故嵩之疑師雍左右之，諷御史梅杞擊師雍，差知興化軍，旋奪之，改知邵武軍。及應起爲監察御史，師雍遷宗正寺簿，尋亦拜監察御史。首疏削金淵秩，送外居住。再疏斥趙綸、項容孫、史肎之。嵩之終喪，正言李昴英、殿中侍御史章琰共疏乞竄斥之，師雍亦上疏論列，帝感悟，卽其日詔勒令致仕。權直舍人院劉克莊封還詞頭，乞畀嵩之以貼職如宰臣去國故事，遂得守金紫光祿大夫、觀文殿學士致仕。議者曰：「大夫，官也。觀文，職也。元降御筆但云『守官』，無『本官職』之辭。觀文之命，自克莊啓之。朋邪顧望，不可赦。」師雍遂劾克莊臨事失身犯義，免所居官，琰亦繼劾克莊，師雍又乞籍嵩之家隸張叔儀，皆從之。

未幾，昴英劾臨安尹趙與𥲅及執政，琰亦劾執政，帝怒昴英幷及琰。鄭寀乘間劾琰、昴英，又嗾同列再疏，以昴英屬某人，琰屬師雍。師雍毅然不從，獨擊葉閶乃與𥲅腹心。琰、昴英去國，寀於是薦周坦、葉大有入臺，首劾程公許、江萬里，善類日危矣。未踰月，坦攻參政吳潛去，陳垓爲監察御史，時寀、與𥲅、坦、垓、大有合爲一，師雍獨立。寀惡之尤甚，思所以去師雍，未得，招四人共謀之。會大旱求言，應詔者多指寀、坦等爲起災之由，牟子才、李伯玉、盧鉞語尤峻。坦等僞撰匿名書，誣三士，師雍榻前辨，謂：「匿名書條令所禁，非公論也，不知何爲至前。」因發其僞撰之迹。適鉞疏譽師雍，寀迺以鉞附師雍，帝不聽，擢師雍左司諫。

未幾，寀入政府，謝方叔、趙汝騰疏其姦，寀遂罷去。師雍與丞相鄭清之故同舍，然以劾劉用行、魏峴皆清之親故，清之不樂。坦喜曰：「吾得所以去之矣。」遣其婦日造清之妻，譖曰：「彼去用行、峴，乃去丞相之漸也。」帝將以師雍爲侍御史，淸之曰：「如此，則臣不可留。」遷起居舍人兼侍講，卽力丐去。淸之猶冀師雍少貶，師雍曰：「吾欲爲全人。」終不屈。數月，坦卒劾師雍及高斯得俱罷。久之，以直寶文閣奉祠，陳垓又嗾同列寢之。淸之卒，起師雍爲左史，既而改江西轉運使，遷禮部侍郎，命下而卒于江西官舍。

師雍簡淡寡欲，靖厚有守，言若不出口，而於衺正之辨甚明，視外物輕甚，故博采公論，當官而行，愛護名節，無愧師友云。

徐元杰字仁伯，信州上饒人。幼潁悟，誦書日數千言，每冥思精索。聞陳文蔚講書鉛山，實朱熹門人，往師之。後師事眞德秀。紹定五年，進士及第。簽書鎭東軍節度判官廳公事。

嘉熙二年，召爲祕書省正字，遷校書郎。奏否泰、剝復之理，因及右轄久虛，非骨鯁耆艾，身足負荷斯世者，不可輕畀。又言皇子竑當置後及蚤立太子，乞蚤定大計。時諫官蔣峴方力排竑置後之說，遂力請外，不許，卽謁告歸，丐祠，章十二上。三年，遷著作佐郎兼兵部郎官，以疾辭。差知安吉州，辭。召赴行在奏事，辭益堅。

淳祐元年，差知南劍州。會峽陽寇作，擒渠魁八人斬之，餘釋不問。父老或相語曰：「侯不來，我輩魚肉矣。」郡有延平書院，率郡博士會諸生親爲講說。民訟，率呼至以理化誨，多感悅而去。輪苗聽其自槩，闔郡德之。丁母憂去官，衆遮道跪留。既免喪，授侍左郎官。言敵國外患，乞以宗社爲心。言錢塘駐蹕，驕奢莫尚，宜抑文尚質。兼崇政殿說書，每入講，必先期齋戒。嘗進仁宗詔內降指揮許執奏及臺諫察舉故事爲戒，語多切宮壼。拜將作監，進楊雄大匠箴，陳古節儉。時天久不雨，轉對，極論洪範天人感應之理及古今遇災修省之實，辭益忠懇。

丞相史嵩之丁父憂，有詔起復，中外莫敢言，惟學校叩閽力爭。元杰時適輪對，言：「臣前日晉侍經筵，親承聖問以大臣史嵩之起復，臣奏陛下出命太輕，人言不可沮抑。陛下自盡陛下之禮，大臣自盡大臣之禮，玉音賜俞，臣又何所容喙。今觀學校之書，使人感歎。且大臣讀聖賢之書，畏天命，畏人言。家庭之變，哀戚終事，禮制有常。臣竊料其何至於忽送死之大事，輕出以犯清議哉！前日昕庭出命之易，士論所以凛凛者，實以陛下爲四海綱常之主，大臣身任道揆，扶翊綱常者也。自聞大臣有起復之命，雖未知其避就若何，凡有父母之心者莫不失聲涕零，是果何爲而然？人心天理，誰實無之，興言及此，非可使聞於鄰國也。陛下烏得而不悔悟，大臣烏得而不堅忍？臣懇懇納忠，何敢詆訐，特爲陛下愛惜民彝，爲大臣愛惜名節而已。」疏出，朝野傳誦。帝亦察其忠亮，每從容訪天下事，經筵益申前議。未幾，夜降御筆黜四不才臺諫，起復之命遂寢。

元老舊德次第收召，元杰亦兼右司郎官，拜太常少卿，兼給事中、國子祭酒，權中書舍人。杜範入相，復延議軍國事。爲書無慮數十，所言皆朝廷大政，邊鄙遠慮。每裁書至宗社隱憂處，輒閣筆揮涕，書就隨削稿，雖子弟無有知者。六月朔，輪當侍立，以暴疾謁告。特拜工部侍郎，隨乞納祿，詔轉一官致仕。夜四鼓，遂卒。

先，元杰未死之一日，方謁左丞相范鍾歸，又折簡察院劉應起，將以翼日奏事。是夕，俄熱大作，詰朝不能造朝，夜煩愈甚，指爪忽裂，以死。朝紳及三學諸生往弔，相顧駭泣。訃聞，帝震悼曰：「徐元杰前日方侍立，不聞有疾，何死之遽耶？」亟遣中使問狀，賻贈銀絹二百計。已而太學諸生伏闕愬其爲中毒，且曰：「昔小人有傾君子者，不過使之自死於蠻烟瘴雨之鄉，今蠻烟瘴雨不在嶺海，而在陛下之朝廷。望奮發睿斷，大明典刑。」於是三學諸生相繼叩閽訟冤，臺諫交疏論奏，監學官亦合辭聞于朝。二子直諒、直方乞以恤典充賞格。有旨付臨安府逮醫者孫志寧及常所給使鞫治。既又改理寺，詔殿中侍御史鄭宷董之，且募告者賞緡錢十萬、官初品。大理寺正黃濤謂伏暑證，二子乞斬濤謝先臣。然獄迄無成，海內人士傷之，帝悼念不已，賜官田五百畝、緡錢五千給其家。賜謚忠愍。

孫子秀字元實，越州餘姚人。紹定五年進士。調吳縣主簿。有妖人稱「水仙太保」，郡守王遂將使治之，莫敢行，子秀奮然請往，焚其廬，碎其像，沈其人於太湖，曰：「實汝水仙之名矣。」妖遂絕。日詣學宮與諸生討論義理。辟淮東總領所中酒庫，檄督宜興縣圍田租。既還，白水災，總領恚曰：「軍餉所關，而敢若此，獨不爲身計乎？」子秀曰：「何敢爲身計，寧罪去爾。」力爭之，遂免。

調滁州教授，至官，改知金壇縣。嚴保伍，釐經界，結義役，一切與民休息。訟者使齎牒自詣里正，幷鄰證來然後行，不實者往往自匿其牒，惟豪黠者有犯，則痛繩不少貸。淮民流入以萬計，振給撫恤，樹廬舍，括田使耕，拔其能者分治之。崇學校，明教化，行鄉飲酒禮。訪國初茅山書院故址，新之，以待遠方遊學之士。

通判慶元府，主管浙東鹽事。先是，諸場鹽百袋附五袋，名「五釐鹽」，未幾，提舉官以爲正數，民困甚，子秀奏蠲之。辟幹辦行在諸司糧料院。衢州寇作，水冒城郭，朝廷擇守，屬子秀行。子秀謂捕賊之責，雖在有司，亦必習土俗之人，乃能翦其憑依，截其奔突。乃立保伍，選用土豪，首旌常山縣令陳謙亨、寓士周還淳等捍禦之勞，且表於朝，乞加優賞，人心由是競勸。未幾，盜復起江山、玉山間，甫七日，而衆禽四十八人以來。終子秀之任，賊不復動。水潦所及，則爲治橋梁，修堰牐，補城壁，浚水原，助葺民廬，振以錢米，招通鄰糴。奏蠲秋苗萬五千石有奇，盡代納其夏稅，幷除公私一切之負；坍溪沙壅之田，請於朝，永蠲其稅，民用復蘇。

南渡後，孔子裔孫寓衢州，詔權以衢學奉祀，因循踰年，無專饗之廟。子秀撤廢佛寺，奏立家廟如闕里。既成，行釋菜禮。以政最遷太常丞，以言罷。未幾，遷大宗正丞，遷金部郎官。金部舊責州郡以必不可辨之泛數，吏顚倒爲姦欺。子秀日夜討論，給册轉遞以均其輸，人人如債切身，不遺一字而輸足。遷將作監、淮東總領，辭。改知寧國府，辭。爲左司兼右司，再兼金部。與丞相丁大全議不合，去國。差知吉州，尋鐫罷。

時變倖朱熠凡三劾子秀。開慶元年，爲浙西提舉常平。先是，大全以私人爲之，盡奪亭民鹽本錢，充獻羨之數；不足，則估籍虛攤。一路騷動，亭民多流亡。子秀還前政鹽本錢五十餘萬貫，奏省華亭茶鹽分司官，定衡量之非法多取者，於是流徙復業。徙浙西提點刑獄兼知常州。淮兵數百人浮寓貢院，給餉不時，死者相繼，子秀請於朝，創名忠衞軍，置砦以居，截撥上供贍之。盜刼吳大椿，前使者諱其事，誣大椿與兄子焴爭財，自刼其家，追毁大椿官，編置千里外，徙黥其臧獲。子秀廉得實，乃悉平反之。尋以兼郡則行部非便，得請專臬事。擊貪舉廉，風采凜然，犴獄爲清。

進大理少卿，直華文閣、浙東提點刑獄兼知婺州。婺多勢家，有田連阡陌而無賦稅者，子秀悉覈其田，書諸牘，勢家以爲厲己，嗾言者罷之。尋遷湖南轉運副使，以迎養非便辭，移浙西提點刑獄。子秀冒暑周行八郡三十九縣，獄爲之清。安吉州有婦人惎人殺其夫與二僕，郡守捐賞萬緡，逮繫考掠十餘人，終莫得其實。子秀密訪之，乃婦人賂宗室子殺其夫，僕救之，併殺以滅口。一問卽伏誅，又釋僞會之連逮者，遠近稱爲神明。

初，獄訟之滯，皆由期限之不應。使者下車，或親書戒州縣勿違，而違如故，則怒之。怒之，改匣，又違則又重怒之，至再三。而專卒四出，巡尉等司繳限抱匣費不貲，則其勢必違。子秀與州縣約，到限者徑詣庭下，吏不得要索，亦無違者。其後創循環總匣屬各州主管官，凡管內諸司報應皆併入匣，一日一遣，公移則又總實於匣以往。於是事無小大，纖悉畢具，而風聞者反謂專卒淩州縣，劾罷之，子秀笑而已。移江東提點刑獄。度宗卽位，進太常少卿兼右司，尋兼知臨安府，以言罷。起知婺州，卒。

子秀少從上虞劉漢弼遊，磊落英發，抵掌極談，神采飛動。與人交久而益親，死生患難，營救不遺力。聞一善則手錄之。

李伯玉字純甫，饒州餘干人。端平二年，進士第二。初名誠，以犯理宗潛諱更今名。授觀察推官、太學正兼莊文府教授、太學博士。召試館職，歷詆貴戚大臣，直聲暴起。改校書郎，奏言：「臺評迎合上意，論罷尤焴、楊棟、盧鉞三人，忠衺不辨，乞同罷。」帝不允。監察御史陳垓連劾罷之。

奉雲臺祠，差知南康軍，遷著作佐郎兼沂靖惠王府教授，兼考功郎官，兼尚書右司員外郎。引故事彈臺臣蕭泰來，遷著作郎。帝怒，降兩官罷敍。復知邵武軍，改湖北提點刑獄，移福建，遷尚右郎官。侍御史何夢然論伯玉迺吳潛之死黨，奉祀，遷福建提舉常平、淮西轉運判官。召赴經筵，遷考功郎兼太子侍讀，拜太府少卿、祕書少監、起居郎、工部侍郎。

度宗即位，兼侍講，權禮部侍郎，升兼同修國史、實錄院同修撰。賈似道嘗集百官議事，忽厲聲曰：「諸君非似道拔擢，安得至此！」衆默然莫敢應者，伯玉答曰：「伯玉殿試第二名，平章不拔擢，伯玉地步亦可以至此。」似道雖改容而有怒色。既退，即治歸。以顯文閣待制知隆興府，右正言黄萬石論罷。召入覲，擢權禮部尚書兼侍讀。似道益專國柄，帝以伯玉舊學，進之臥內，相對泣下，欲用以參大政，似道益忌之，而伯玉尋病卒。

伯玉嘗請能童子科，以爲非所以成人材，厚風俗。趙汝騰嘗薦八士，各有品目，於伯玉曰「銅山鐵壁」。立朝風節，大較似之。所著有斛峯集。

論曰：陸持之學足以承其家，而不幸蚤喪，徐鹿卿論議明達，克施有政，趙逢龍之清操，汝騰之不撓，孫夢觀之平直，洪天錫、黃師雍、徐元杰、李伯玉皆悉心直言，不避權勢，孫子秀政績著見，皆當時之傑出云。

## 校勘記

〔一〕環城屋皆燬　「屋」字原脫，據劉克莊後村大全集卷一四四徐鹿卿神道碑補。

〔二〕米石　疑當作「采石」。按九域志卷六，太平州當塗縣有采石鎮；宋會要食貨一八之五、一八之二九，南宋太平州有蕪湖、采石兩稅務。此處「米」字疑爲「采」字之誤。

# 宋史卷四百二十五

## 列傳第一百八十四

劉應龍　潘牥　洪芹　趙景緯　馮去非　徐霖　徐宗仁　危昭德　陳塏　楊文仲　謝枋得

劉應龍字漢臣，瑞州高安人。嘉熙二年進士。授零陵主簿，饒州錄事參軍。有毛隆者，務剽掠殺人，州民被盜，遙呼盜曰：「汝毛隆也？」盜亦曰：「我毛隆也。」既，訟于官，捕隆置獄，應龍曰：「盜誠毛隆，其肯自謂？」因言于州，州不可，乃委它官，隆誣伏抵死，未幾盜敗，應龍繇是著名。改知崇仁縣。淮西失守，江西諸州有殘破者，縣佐貳聞變先遁，應龍固守不去。

先是，理宗久未有子，以弟福王與芮之子爲皇子，丞相吳潛有異論，帝已不樂。大元兵度江，朝野震動，逐丞相丁大全，復起潛爲相，帝問潛策安出，潛對曰：「當遷幸。」又問卿如何，潛曰：「臣當死守於此。」帝泣下曰：「卿欲爲張邦昌乎？」潛不敢復言。未幾北兵退，帝語羣臣曰：「吳潛幾誤朕。」遂罷潛相。帝怒潛不已，應龍朝受命，帝夜出象簡書疏稿授應龍，使劾潛，應龍謂：「潛本有賢譽，獨論事失當，臨變寡斷。祖宗以來，大臣有罪未嘗輕肆誅戮。欲望姑從寬典，以全體貌。」帝大怒。迺按劾丁大全，請加竄斥，疏言：「內莫急於蘇民瘼以固國本，外莫急於討軍實以振國威。」又言時政四事，廣發廩以振民饑，通商販以助民食，勸分富室以助官糴，嚴等第以覈民數，稽檢放以蘇民窮，嚴戢盜以除民害。賈似道素忌潛，會京師米貴，應龍爲勸糶歌，宦者取以上聞，帝問知應龍所作，問似道米價高，當亟處之，似道訪其由，亦怒應龍。遷司農少卿，尋以右諫議大夫孫附鳳言，遂去國。

景定三年，湖南饑，起提舉常平。以救荒功，遷直寶章閣、廣南東路轉運判官。遷秘書監兼國史編修、實錄檢討。知隆興府兼江西轉運副使，奏免和糴二十萬石。擢權戶部侍郎兼侍講。時似道當國，百官奏對稍切直者輒黜，應龍言：「臣觀今日之事，可言者多矣。邇日以來，靖恭自守者以論事爲忌，指陳稍切者聯翩引去，豈兩省繳駁過甚，重其疑歟？抑廷臣奏對咈意，速其畏歟？朝廷清明之時，而言者已懷疑畏，臣恐正臣奪氣，鯁臣吃舌，宜非盛世所有。」遂忤當路，自侍從、兩省以下無不切齒。未幾，以集英殿修撰知建寧府，亟辭，中書舍人盧鉞希指封還錄黃。久之，起爲江東轉運使，辭。

南海寇作，朝廷患之，乃以顯謨閣待制知廣州、廣東經略安撫使。寇聞應龍至，遁去。應龍勦逐之，南海大治。特旨屢召，拜戶部侍郎仍兼侍讀，七上奏辭免。德祐元年，遷兵部尚書、寶章閣直學士、知贛州，兼江西兵馬鈐轄、靑海軍節度使，力辭，隱九峯。

子元高亦舉進士，知候官縣。沒，洪天錫歎曰：「朝廷失一御史矣。」

潘牥字庭堅，福州閩人。端平二年策進士，牥對曰：「陛下承休上帝，皈德匹夫，何異爲人子孫，身荷父母劬勞之賜，乃指豪奴悍婢爲恩私之地。欲父母無怒，不可得也。」又曰：「陛下手足之愛，生榮死哀，反不得視士庶人。此如一門之內，骨肉之間未能親睦，是以僮僕疾視，鄰里生侮。宜厚東海之恩，裂淮南之土，以致人和。」時對者數百人，庭堅語最直。

會殿中侍御史蔣峴劾方大琮、劉克莊、王邁前倡異論，幷誣牥姓同逆賊，策語不順，請皆論以漢法。牥調鎭南軍節度推官、衢州推官，歷浙西提舉常平司。遷太學正，旬日，出通判潭州。日食，應詔上封事曰：「熙寧初元日食，詔郡縣掩骼，著爲令。故王一抔淺土，其爲暴骸亦大矣。請以王禮改葬。」又移書丞相游侶申言之，侶心善其言，方將收用之，而牥卒。

洪芹，尚書右僕射适之曾孫，以大父澤入官，甫更調，登進士第。自南平司法改欽州教授。部使者愛其才，先後並薦之，有旨召審察。丁內外艱。入主省架閣，遷太學博士。輪對，發明絜矩之道。擢國子博士，出通判南劍，入爲太常博士，累遷將作少監。屬詞臣無當上意，慨然思得天下士，丞相程元鳳言當今地望無踰洪芹者，進兼翰林，權直祕書少監。開慶元年，升直學士院，繼權禮部侍郎、中書舍人。屬兵興，帝悟柄任非人，自貽國禍，詔書所至，聞者奮激，蓋芹所草也。丁大全罷相，出典鄉郡。芹遷禮部侍郎〔一〕，繳奏：「大全鬼蜮之資，穿窬之行，暴戾淫黷，引用凶惡，陷害忠良，遏塞言路，濁亂朝綱。乞盡從諫臣所請，追官遠竄，以伸國法，以謝天下。」沈炎乘上怒，攻丞相吳潛，芹獨繳奏曰：「方國本多虞，潛星馳赴闕，理紛鎭浮，陳力爲多。一旦視爲弁髦，得無如詩所謂『將安將樂，女轉棄予』乎？」慷慨敢言，天下義之。

遷禮部侍郎，帝銳意鄉用而以論去，退寓永嘉，怡然自適。咸淳初，起知寧國府。卒。有文集。

趙景緯字德父，臨安府於潛人。少勤學，弱冠得周惇頤、程顥兄弟諸書讀之，恨不及登朱熹之門。熹門人葉味道謂之曰：「度正，吾黨中第一人。」遂往見，首誨以求放心爲本。由是往來味道、正之間，研索益精。入太學，登淳祐元年進士第。授江陰軍教授，諸生守其榘度。丁母憂，以祿不逮養，服闋不調。作讀易菴懸霤山。江東提點刑獄吳勢卿辟爲幹辦公事，不就。召爲史館檢閱，辭，不許；乞換待次教授，不許；乞岳祠，又不許；乞致仕，不報。有旨特與改合入官，主管崇道觀，三辭，不許。景定元年，特授祕書郎，兩辭，不許。遷著作郎，辭，不許。以疾丐祠，差主管佑神觀兼史館校勘。史成，兩乞外祠，進直祕閣，與在外宮觀，辭職名，不許。差主管崇禧觀。

台州守王華甫建上蔡書院，禮景緯爲堂長，以疾辭。依舊職差知台州，兩辭，不許，趣命益嚴。至郡，以化民成俗爲先務，首取陳述古諭俗文書示諸邑，且自爲之說，使其民更相告諭、諷誦、服行，期無失墜。約束官吏擾民五事。取孝經庶人章爲四言詠贊其義，使朝夕歌之，至有爲之感涕者。舉遺逸車若水、林正心于朝。旌孝行，作訓孝文以勵其俗。平重刑，懲譁訐，治豪橫。建黃巖縣社倉六十有六。浚河道九十里，築隄路三十里。節浮費，爲下戶代輸秋苗。奏蠲五邑坊河渡錢。

期年之內，乞歸田里者再。進考功郎官，再辭，不許。兼沂靖惠王府教授，辭，不許。是冬，四辭新命，且乞祠，皆不許。乃乞於赤城、桐柏之間采藥著書，庶幾有補後學，使病廢之身不爲無用於聖世，不許。御筆兼崇政殿說書，三辭，不許。乃造朝，侍緝熙殿，以易進講；論「聖人體元之妙在惟幾，人君得此，則天下有治而無亂，人事有吉而無凶矣」。又曰：「惕厲祇懼，乃天心之所存。聖人先處於憂，故能無憂，先處以危，故能無危；若乃先自處於安樂，則憂危乘之矣。」又論監司守令，其說曰：「知人之難，自古已然。人才乏使，莫今爲甚。或觀望而撓於勢，或阿私而徇於情，或是非不公而以枉爲直，或毀譽失實而以汚爲廉。遂使舉刺不當，不足以服天下之心。與其糾劾於有罪之後，而未必盡得其情；孰若精擇於未用之先，而使之各稱其職。」

彗出于柳，景緯應詔上封事曰：

今日求所以解天意者，不過悅人心而已。百姓之心卽天心也。錮私藏而專天下之同欲，則人不悅。保私人而違天下之公議，則人不悅。閭閻之糟糠不厭，而燕私之供奉自如，則人不悅。百姓之膏血日朘，而符移之星火愈急，則人不悅。不公於己而欲絕天下之私，則人不悅，不澄其源而欲止天下之貪，則人不悅。夫必有是數者，斯足以召怨而致災。

願陛下捐內帑以絕壅利之謗；出嬪嬙以節用度之奢。弄權之貂寺素爲天下之所共惡者，屏之絕之；毒民之恩澤侯嘗爲百姓之所憤者，黜之棄之。擇忠鯁敢言之士置之臺諫，以通闕鬲之壅；選慈惠忠信之人使爲守宰，以保元氣之殘。又必稽乾、淳以來，凡利源窠名之在百司庶府者，悉隸其舊，以濟經用之急；公田派買不均之斂，聽民自陳，隨宜通變，以安田里之生。則人心悅、天意解矣。人之常情，懼心每發於災異初見之時，不能不潛移於諂諛交至之後。萬一過聽左右寬譬之言，曲爲它說以自解，毛舉細故以塞責，而恐懼之初心弛，則下拂人心，上違天意，國之安危或未可知。

又曰：「損玉食，不若損內帑、卻貢奉之爲實。避正朝，不若塞倖門、廣忠諫之爲實。肆大眚固所以廣仁恩，又不若擇循良、黜貪暴之爲實。蓋天意方回而未豫，人心乍悅而旋疑，此正陰陽勝復之會，眷命隆替之機也。」兼國史院編修官、實錄院檢討官，辭，不許。轉對，言：「願明辨義利之限，力破繫吝之私，以天自處而絕內外之分，以道制欲而黜耳目之累。毋以閫闥之賤干公議，毋以戚畹之私紊國常。」乞歸田里，不許。拜太府少卿，兼職仍舊，再辭，不許。復上疏乞歸，不許。

以直敷文閣知嘉興府，辭，仍乞奉祠，皆不許。咸淳元年至郡，首以護根本、正風俗爲先務。三乞辭，不許。拜宗正少卿，御筆兼侍講，辭，不許。乃還家，三乞祠，御筆趣行，猶乞寬告，不許。至國門，御筆兼權工部侍郎，時暫兼權中書舍人，三辭，不許。以禮記進講，開陳敬恕之義。封還濫恩詞頭，帝從之。又言：「損德害身之大莫過於嗜欲，而窒嗜欲之要莫切於思。居處則思敬，動作則思禮，祭祀則思誠，事親則思孝。每御一食，則思天下之饑者。每服一衣，則思天下之寒者。嬪嬙在列，必思夏桀以嬖色亡其國。飲燕方歡，必思商紂以沈湎喪其身。念起而思隨之，則念必息。欲萌而思制之，則欲必消。志氣日以剛健，德性日以充實，豈不盛哉。」

又曰：「雷發非時，竊迹今日之事而有疑焉。內批疊降而名器輕，宮閫不嚴而主威褻，橫恩之濫已收而復出，戢貪之詔方嚴而隨弛。宮正什伍之令所以防奇袤，而或縱於乞憐之卑詞。緇黃出入之禁所以嚴宸居，而間惑於禬禳之小數。以至彈墨未乾，而拔拭之旨已下；駁奏未幾，而捷出之徑已開。命令不疑，則陽縱而不收。主意不堅，則陰閉而不密。陛下可不思致災之由，而亟求所以正之哉？願清其天君，以端出治之源；謹其號令，以肅紀綱之本。毋牽於私恩而撓公法，毋遷於邇言而亂舊章，去讒而遠色，賤貨而貴德，則人心悅而天意得，可以開太平而兆中興也。」

進權禮部侍郎兼修玉牒，再辭，不許。升兼侍讀，辭，不許。進聖學四箴：一曰惜日力以致其勤，二曰精體認以充其知，三曰屏嗜好以專其業，四曰謹行事以驗其用。五乞歸田里，帝勉留之，請益力。特授集英殿修撰、知建寧府，辭，不許，乃還家。召爲中書舍人，三辭，不許，請益力。進顯文閣待制，依所乞予祠，辭職名，不許，遂差提舉玉隆萬壽宮。有疾，謝醫卻藥，曰：「使我清心以順天命，毋重惱我懷。」拱手三揖乃卒。詔特贈四官至中奉大夫，謚文安。景緯天性孝友，雅志沖澹，親沒無意仕進，故其立朝之日不久云。

馮去非字可遷，南康都昌人。父椅字儀之，家居授徒，所註易、書、詩、語、孟、太極圖、西銘輯說，孝經章句，喪禮小學，孔子弟子傳，讀史記及詩文、志錄，合二百餘卷。去非，淳祐元年進士。嘗幹辦淮東轉運司，治儀眞，歐陽脩東園在焉，使者黃濤欲以爲佛寺，時已許薦，去非力爭不得，寧不受使者薦，謁告而去。寶祐四年，召爲宗學諭。丁大全爲左諫議大夫，三學諸生叩閽言不可，帝爲下詔禁戒，詔立石三學，去非獨不肯書名碑之下方。監察御史吳衍、翁應弼劾諸生下獄，去非復調護宗學生之就逮者。未幾，大全簽書樞密院事、參知政事，蔡抗去國，去非亦以言罷。歸舟泊金、焦山，有僧上謁，去非不虞其爲大全之人也，周旋甚款。僧乘間致大全意，願毋遽歸，少俟收召，誠得尺書以往，成命卽下。去非奮然正色曰：「程丞相、蔡參政牽率老夫至此，今歸吾廬山，不復仕矣，斯言何爲至我！」絕之，不復與言。

徐霖字景說，衢州西安人。年十三，有志聖人之道，取所作文焚之，研精六經之奧，探賾先儒心傳之要。淳祐四年，試禮部第一。知貢舉官入見，理宗曰：「第一名得人。」嘉獎再三。登第，授沅州教授。

時宰相史嵩之挾邊功要君，植黨顓國。霖上疏歷言其姦深之狀，以爲：「其先也奪陛下之心，其次奪士大夫之心，而其甚也奪豪傑之心。今日之士大夫，嵩之皆變化其心而收攝之矣。且其變化之術甚深，非章章然號於人使之爲小人也。常於善類擇其質柔氣弱易以奪之者，親任一二，其或稍有異己，則潛棄而擯遠之，以風其餘。彼以名節之尊不足以易富貴之願，義利之辨亦終暗於妻妾宮室之私，則亦從之而已。」疏奏，見者吐舌，爲霖危之。未幾，嵩之匿父喪求起復，君子並起而攻之，上大感悟。

丞相范鍾進所召試館職二人，上思霖之忠，親去其一，易霖名。及試，則曰：「人主無自強之志，大臣有患失之心，故元良未建，凶姦未竄。」是時，丞相杜範已薨，而鍾雖得位，畏姦人覆出爲己禍故也。擢祕書省正字，霖辭不獲命，遂就職。會日食，霖應詔上封事曰：「日，陽類也，天理也，君子也。吾心之天理不能勝乎人欲，朝廷之君子不能勝乎小人。宮闈之私暱未屏，瑣闥之姦宄未辨，臺臣之討賊不決，精祲感浹，日爲之食。」又數言建立太子。遷校書郎。七年夏，大旱，霖應詔言：「諫議大夫不易則不雨，京兆尹不易則不雨。」不報，去國。上遣著作郎姚希得留之，不還。御筆改合入官，迺改宣教郎。霖屢辭，曰：「向爲身死而不敢欺其君父，今以官高而自眩於平生，失其本心，何以暴其忠志？」又曰：「志貴乎潔，忠尙乎精，卽有取，則自蹈於垢汙矣。」

八年夏，添差通判信州，霖皆力辭，竟未拜，改秩之命故也。尋令守臣勉諭之，特改宣教郎、主管雲臺觀，霖迺拜受。十二年，遷祕書省著作郎，累辭，不許。兼國史編修、實錄檢討，上曰：「今日所當言者，當備陳之。」霖復以正太子名爲言，又奏：「萬化之本在心，存心之法在敬。」兼權尙左郎官，兼崇政殿說書。迺上疏言：「葉大有陰柔姦黠，爲羣憸冠，不宜久長臺諫，乞斥去。」不報。兼權左司。霖知無不言，於是讒嫉者思以中傷，而上亦不說。乞補外，知撫州。祠先賢，寬租賦，振饑窮，誅悍將，建營砦，幾一月而政舉化行。以言去，士民遮道，不得行，及暝，始由徑以出。

寶祐元年，差知衡州。三年，當之官，遂辭，差知袁州。五年，丁外艱，哀毀號絕，水漿不入口七日。明年開慶元年，差主管崇禧觀。景定二年，知汀州。明年，卒。將終，語其長子心亨曰：「有生必有死，自古聖賢皆然，吾復何憾。」尙書省請加優異，詔與一子恩澤。度宗賜祭田百畝，以旌直臣。霖閒居衢，守游鈞築精舍，聘霖爲學者講道，是日聽者三千餘人。

徐宗仁字求心，信之永豐人。淳祐十年進士。歷官爲國子監主簿。開慶元年，伏闕上書曰：

賞罰者，軍國之綱紀。賞罰不明，則綱紀不立。今天下如器之欹而未墜於地，存亡之機，固不容髮。兵虛將惰，而力匱財殫，環視四境，類不足恃；而所恃以維持人心、奔走豪傑者，惟陛下賞罰之微權在耳。權在陛下，而陛下不知所以用之，則未墜者安保其終不墜乎？臣爲此懼久矣。

陛下當危急之時，出金幣，賜土田，授節鉞，分爵秩，尺寸之功，在所必賞。故當悉心效力，圖報萬分可也。而自幹腹之兵越江踰廣以來，凡閱數月，尙未聞有死戰陣、死封疆、死城郭者，豈賞罰不足以勸懲之耶？今通國之所謂佚罰者，不過丁大全、袁玠、沈翥、張鎭、吳衍、翁應弼、石正則、王立愛、高鑄之徒，而首惡則董宋臣也。是以廷紳抗疏，學校叩閽，至有欲借尙方劍爲陛下除惡。而陛下乃釋而不問，豈眞欲愛護此數人而重咈千萬人之心？天下之事勢急矣，朝廷之紀綱壞矣。若誤國之罪不誅，則用兵之士不勇。今東南一隅天下，已半壞於此數人之手，而罰不損其豪毛。彼方擁厚貲，挾聲色，高臥華屋，而使陛下與二三大臣焦心勞思，可乎？三軍之在行者，豈不憤然不平曰：「稔禍者誰歟，而使我捐軀兵革之間？」百姓之罹難者，豈不羣然胥怨曰：「召亂者誰歟，而使我流血鋒鏑之下？」陛下亦嘗一念及此乎？

又極論邊事，謂惠褻而威不振。論董宋臣盤固日久，蒙蔽日久。又請「使有言責者皆得以盡其言，則國論伸而國威振，臣雖屏處山林，亦有生氣」。遷國子監丞、祕書省著作佐郎，主管崇禧觀。遷考功郎官兼崇政殿說書，進讀敬天圖。遷太府少卿兼侍講、兼侍立修注官，遷太常少卿兼國史編修、實錄檢討。知寧國府。監察御史郭闓論罷。

德祐元年，起授吏部侍郎兼中書門下檢正諸房公事，兼提領豐儲倉所，兼同修國史、實錄院同修撰，侍左侍郎。乞假督府名稱往本州同守臣防拓，不允。權禮部尙書兼益王府贊讀。衞益王走海上，厓山兵敗，死焉。

危昭德，邵武人。寶祐元年進士。歷官爲史館檢閱校勘、武學諭、宗正寺簿兼崇政殿說書，遷祕書郎。疏言：「國之命在民，民之命在士大夫。士大夫不廉，朘民膏血，爲己甘腴，民不堪命矣。」又言：「願陛下與二三大臣察利害之實，究安危之本，明詔郡國，申嚴號令，俾急其所急，凡荒政之當舉者，不可一日而置念；緩其可緩，凡苛賦之肆擾者，易爲此時之寬征。固結人心，乃所以延天命也。」又言：「願陛下舉考課之事，內以責諸彈糾之職，外以責諸監司、郡守之計。貪濁昏庸，固在必懲。廉能正直，尤當示勸。察之精則黜陟之咸服，行之力則觀聽之具孚，而課吏之實得矣。」

進兼侍講。又言：「民者，邦之命脈，欲壽國脈，必厚民生，欲厚民生，必寬民力。」且條上厲民四斂。又言：「願陛下爲萬世根本之慮，爲一時倉卒之防，必求安節之亨，毋招不節之咎，節之又節，則宮闈之費差省，帑藏之積自充，上用足而下不匱矣。」又乞「察欣瘁休戚之故，酌利害損益之宜，孰爲當因，孰爲當革，孰爲可罷，孰爲可行，則折衷泉貨而遠近便，開通關梁而商賈行。下修身奉法之詔，而吏得自新；出輸倉助貸之令，而民免貴糴；窒墨敕之門，而無官府黜陟之異；止輪臺之議，而無疆界彼此之分，則氣脈蘇醒，意向翕合矣」。

遷起居舍人兼國史編修、實錄檢討，尋遷殿中侍御史、侍御史。諫作宗陽宮。權工部侍郎兼同修國史實錄院，乞致仕，特轉一官。昭德在經筵，以易、春秋、大學衍義進講，反覆規正者甚多。所著春山文集。

子徹孫，咸淳元年進士。

陳塏字子爽，嘉興人。歷京湖制置使司主管機宜文字，差知德安府，加直寶謨閣、江西提點刑獄，改直敷文閣、提舉千秋鴻禧觀，轉司農寺丞、主管崇道觀、知安慶府。召赴闕，加直顯謨閣、湖南提點刑獄。再召爲右司郎官，加直寶文閣知隆興府、江西安撫使，改知江州，主管江西安撫司事。召爲右司郎官，進直龍圖閣、浙西提點刑獄，遷司農少卿，以祕閣修撰知慶元府兼沿海制置副使，遷大理卿，進右文殿修撰、知平江府兼淮、浙發運使。

戶部侍郎趙必愿舉塏最，詔特轉一官，遷太府卿、司農卿，權工部侍郎兼同詳定敕令官，兼中書門下省檢正諸房公事。入奏，言：「願陛下轉移世道之樞機，砥礪士大夫之廉恥，使知名義爲重，利祿爲輕。久去國以恬退聞者召之，久立朝以更迭請者從之，甘言容悅者必斥，眞情丐閑者勿留。如此，則君臣上下皆以眞實相與，四維既張，士大夫難進易退之風，當見於聖世，人才幸甚！」又言：「請以從官倣古昔入從出藩之意，其從臣爲諸路憲漕，則以提點刑獄使、轉運使繫銜，假之『使』名，示與庶官別，仍乞除授自臣始。」自是屢言於帝前，不許。以言罷。

未幾，進集英殿修撰、知婺州，改知太平州兼江東轉運副使。請蠲放諸郡災傷。加戶部侍郎、淮東總領，尋提領江、淮茶鹽所兼知太平州。發公帑代三縣輸折絲帛錢五十萬九千三百六十餘貫。又作浮淮書堂以處兩淮之民而教之。進顯謨閣待制、知廣州，權兵部尚書，又進寶章閣直學士、知婺州，遷權戶部尚書，尋爲眞，時暫兼吏部尚書，以寶文閣學士知潭州兼湖南安撫使。召赴闕，以舊職提舉太平興國宮，加龍圖閣學士，依舊宮觀。久之，加端明殿學士。咸淳四年，卒，諡清毅。

塏屢歷麾節，軍民愛戴，幕客盛多，而塏又樂薦士。所著可齋瓿稿二十卷。

楊文仲字時發，眉州彭山人。七歲而孤。母胡，年二十有八，守節自誓，敎養諸子。文仲既冠，以春秋貢，其母喜曰：「汝家至汝，三世以是經收效矣。」

淳祐七年，文仲以胄試第一入太學。九年，又以公試第一升內舍。時言路頗壅，因季冬雷震，首帥同舍叩閽極言時事，有曰：「天本不怒，人激之使怒。人本無言，雷激之使言。」一時爭傳誦之。升上舍，爲西廊學錄。丞相謝方叔嘗問文仲曰：「今日何事最急？」對曰：「國本未建，莫大於此。上意未喻，當以死請可也。」寶祐元年，登進士第。丁母憂，釋服，屬從叔父棟守婺州罷歸，寓餘杭，文仲往問伊、洛之學。

調復州學教授。轉運使印應飛辟入幕。明婺婦寃獄，應飛悉從文仲議，且薦之。荆湖宣撫使趙葵署文仲佐分司幕。姚希得〔三〕、江萬里合薦文仲學爲有用。辟四川宣撫司準備差遣，添差沿海制置司幹辦公事，召爲戶部架閣，遷太學正，升博士。時棟爲祭酒，講學益詣精邃。遷國子博士。丐外，添差通判台州。故事，守貳尙華侈，正月望，取燈民間，吏以白，文仲曰：「爲吾然一燈足矣。」劭農東郊，守因欲泛湖，文仲即先馳歸。添差通判揚州。牙契舊額歲爲錢四萬緡，累政增至十六萬，開告訐以求羨。文仲曰：「希賞以擾民，吾不爲也。」卒增十八界一而已。制置使李庭芝檄主管機宜文字。時有沙田，使者欲舉行之，文仲力爭，以爲：「事不可妄興，蓋與民之惠有限，不擾之惠無窮。江北風寒之地，民力竭矣，爲利幾何，安忍重擾吾民乎！」事遂不行。

召爲宗學博士。郊祀，攝圜壇子階監察御史。近輔兵變水患，輪對，言：「皇天眷命，垂四百年，天命久熟之餘，國脈癃老之候，此豈非一大喜懼之交乎？願陛下一初淸明，自作主宰。」又曰：「春多沈陰，豈但麥秋之憂。於時爲夬，尤軫莧陸之慮。天目則洪水發焉，蘇、湖則弄兵興焉。峨冠于于，而每見大夫之乏使；佩印纍纍，而常慮貪瀆之無厭。將習黃金橫帶之娛，兵疲赤籍掛虛之穴。蚩蚩編氓，得以輕統府；瑣瑣警遽，輒以憂朝廷。設不幸事有大於此者，國何賴焉？」帝竦聽，顧問甚至。遷太常丞，尋兼權倉部郎官，兼崇政殿說書，遷將作少監，又遷將作監。

文仲在講筵，每以積誠感動，嘗進讀春秋，帝問五霸何以爲三王罪人，文仲奏云：「齊桓公當王霸升降之會，而不能爲向上事業，獨能開世變厲階。臣考諸春秋，桓公初年多書『人』，越二十年，伐楚定世子之功既成，然後書『侯』之辭迭見，此所以爲尊王抑伯之大法。然王豈徒尊哉？蓋欲周王子孫率修文、武、成、康之法度，以扶持文、武、成、康之德澤，則王迹不熄，西周之美可尋，如此方副春秋尊王之意。」帝曰：「先帝聖訓有曰：『絲竹之亂耳，紅紫之眩目，良心善性，皆本有之。』又曰：『得聖賢心學之指要，本領端正，家傳世守，以是而君國子民，以是而祈天永命，以是而貽謀燕翼。』大哉先訓，朕朝夕服膺。」時帝以疾連不視朝，文仲奏：「聲色之事，若識得破，元無可好。」帝歛容端拱久之。

盛夏，建宗陽宮，壞徙民居，畿甸騷然。文仲疏諫：「移閭閻之聚，爲香火之庭，不得爲善計矣。陛下紹祖宗之位，豈以黃、老之居爲輕重哉。」翼日面奏，益懇至，丞相賈似道怒曰：「楊文仲多言！」詔卿監以上薦人才，文仲薦陳存、呂折、鍾季玉等十有八人，名士二人，金華王柏、天台車若水也。兼國子司業，兼侍立修注官。又以救太學敎諭彭成大迕似道，主管崇禧觀，出知衡州。運餉有法而民不擾，以所當得米八千石立思濟倉。召爲祕書少監，尋兼崇政殿說書。以疾乞致仕，不許。兼國史院編修官、實錄院檢討官，遷太常少卿兼國子司業，遷起居舍人。瀛國公即位，授權工部侍郎兼權侍右郎官，尋兼給事中。有事明堂，議以上公攝行，文仲議曰：「今祗見天地之始，雖在幼沖，比卽喪次，已勝拜跪，執禮無違，所當親饗。」時丞相王爚、陳宜中不協，文仲上疏言：「事危且急矣。祖宗所深賴，億兆所寄命，在乎二相，苟以不協之故，今日不戰，明日不征，時不再來，後悔何及！」尋兼國子祭酒。請謚金華何基及柏。時大元兵度江，畿甸震動，朝士多棄去者，侍從班惟文仲一人，詔旌在列不去者二階。文仲疾益甚，丐祠，以集英殿修撰知漳州，三上章乞致仕，改知泉州。因將家踰嶺南待次，卒，而宋亡矣。有見山文集焉。

謝枋得字君直，信州弋陽人也。爲人豪爽。每觀書，五行俱下，一覽終身不忘。性好直言，一與人論古今治亂國家事，必掀髯抵几，跳躍自奮，以忠義自任。徐霖稱其「如驚鶴摩霄，不可籠縶」。

寶祐中，舉進士，對策極攻丞相董槐與宦官董宋臣，意擢高第矣，及奏名，中乙科。除撫州司戶參軍，卽棄去。明年復出，試教官，中兼經科，除教授建寧府。未上，吳潛宣撫江東、西，辟差幹辦公事。團結民兵，以扞饒、信、撫，科降錢米以給之。枋得說鄧、傅二社諸大家，得民兵萬餘人，守信州，暨兵退，朝廷覈諸軍費，幾至不免。

五年，彗星出東方，枋得考試建康，擿似道政事爲問目，言：「兵必至，國必亡。」漕使陸景思銜之，上其稿於似道，坐居鄉不法，起兵時冒破科降錢，且訕謗，追兩官，謫居興國軍。咸淳三年，赦，放歸。德祐元年，呂文煥導大元兵東下鄂、黃、蘄、安慶、九江，凡其親友部曲皆誘下之，遂屯建康。枋得與呂師夔善，乃應詔上書，以一族保師夔可信，乞分沿江諸屯兵，以之爲鎭撫使，使之行成，且願身至江州見文煥與議。從之，使以沿江察訪使行，會文煥北歸，不及而反。

以江東提刑、江西招諭使知信州。明年正月，師夔與武萬戶分定江東地，枋得以兵逆之，使前鋒呼曰：「謝提刑來。」呂軍馳至，射之，矢及馬前。枋得走入安仁，調淮士張孝忠逆戰團湖坪，矢盡，孝忠揮雙刀擊殺百餘人。前軍稍卻，後軍繞出孝忠後，衆驚潰，孝忠中流矢死。馬奔歸，枋得坐敵樓見之，曰：「馬歸，孝忠敗矣。」遂奔信州。師夔下安仁，進攻信州，不守。枋得乃變姓名，入建寧唐石山，轉茶坂，寓逆旅中，日麻衣躡屨，東鄉而哭，人不識之，以爲被病也。已而去，賣卜建陽市中，有來卜者，惟取米屨而已，委以錢，率謝不取。其後人稍稍識之，多延至其家，使爲弟子論學。天下既定，遂居閩中。

至元二十三年，集賢學士程文海薦宋臣二十二人，以枋得爲首，辭不起。又明年，行省丞相忙兀台將旨詔之，執手相勉勞。枋得曰：「上有堯、舜，下有巢、由，枋得名姓不祥，不敢赴詔。」丞相義之，不強也。二十五年，福建行省參政管如德將旨如江南求人材，尚書留夢炎以枋得薦，枋得遺書夢炎曰：「江南無人材，求一瑕呂飴甥、程嬰、杵臼廝養卒，不可得也。紂之亡也，以八百國之精兵，而不敢抗二子之正論，武王、太公凜凜無所容，急以興滅繼絕謝天下。殷之後遂與周並立。使三監、淮夷不叛，武庚必不死，殷命必不黜。夫女眞之待二帝亦慘矣。而我宋今年遣使祈請，明年遣使問安。王倫一市井無賴、狎邪小人，謂梓宮可還，太后可歸。終則二事皆符其言。今一王倫且無之，則江南無人材可見也。今吾年六十餘矣，所欠一死耳，豈復有它志哉！」終不行。郭少師從瀛國公入朝，既而南歸，與枋得道時事，曰：「大元本無意江南，屢遣使使頓兵，令毋深入，待還歲幣卽議和，無枉害生靈也。張宴然上書乞斂兵從和，上卽可之。兵交二年，無一介行李之事，乃挈數百年宗社而降。」因相與痛哭。

福建行省參政魏天祐見時方以求材爲急，欲薦枋得爲功，使其友趙孟迦來言，枋得罵曰：「天祐仕閩，無毫髮推廣德意，反起銀冶病民，顧以我輩飾好邪？」及見天祐，又傲岸不爲禮，與之言，坐而不對。天祐怒，強之而北。枋得卽日食菜果。

二十六年四月，至京師，問謝太后欑所及瀛國所在，再拜慟哭。已而病，遷憫忠寺，見壁間曹娥碑，泣曰：「小女子猶爾，吾豈不汝若哉！」留夢炎使醫持藥雜米飲進之，枋得怒曰：「吾欲死，汝乃欲生我邪？」棄之於地，終不食而死。伯父徽明以特奏恩爲當陽尉，攝縣事，時天基節上壽，大元兵奄至，徽明出兵戰死，二子趨進抱父屍，亦死。

論曰：劉應龍不附賈似道，馮去非不附丁大全，潘牥論皇子竑事，坎壈以終。洪芹訟吳潛，偉哉。趙景緯，醇儒也，而無躁競之心。徐霖進則直言于朝，退則講道于里。徐宗仁國亡與亡，異乎懷二心以事其君者也。危昭德經筵進對之言，悉載諸故史。陳塏能以意氣感人，楊文仲當搶攘之時，猶能薦士，謝枋得嶔崎以全臣節，皆宋末之卓然者也。

## 校勘記

〔一〕芹遷禮部侍郎　按繳奏係中書舍人職權，而非禮部侍郎所掌，並見本書職官志；上文芹「權禮部侍郎、中書舍人」，下文又有「遷禮部侍郎」事，疑此處「遷禮部侍郎」五字衍，或有誤。

〔二〕姚希得　原作「姚希德」，據本卷上文徐霖傳、本書卷四二一姚希得傳改。

# 宋史卷四百二十六

## 列傳第一百八十五

### 循吏

陳靖　張綸　邵曄　崔立　魯有開　張逸　吳遵路　趙尙寬　高賦　程師孟　韓晉卿　葉康直

宋法有可以得循吏者三：太祖之世，牧守令錄，躬自召見，問以政事，然後遣行，簡擇之道精矣；監司察郡守，郡守察縣令，各以時上其殿最，又命朝臣專督治之，考課之方密矣；吏犯贓遇赦不原，防閑之令嚴矣。承平之世，州縣吏謹守法度以修其職業者，實多其人。其間必有絕異之績，然後別於賞令，或自州縣善最，他日遂爲名臣，則撫字之長又不足以盡其平生，故始終三百餘年，循吏載諸簡策者十二人。作循吏傳。

陳靖字道卿，興化軍莆田人。好學，頗通古今。父仁壁，仕陳洪進爲泉州別駕。洪進稱臣，豪猾有負險爲亂者，靖徒步謁轉運使楊克巽，陳討賊策。召還，授陽翟縣主簿。契丹犯邊，王師數不利，靖遣從子上書，求入奏機略。詔就問之，上五策，曰：明賞罰；撫士衆；持重示弱，待利而舉；帥府許自辟士；而將帥得專制境外。太宗異之，改將作監丞，未幾，爲御史臺推勘官。

時御試進士，多擢文先就者爲高等，士皆習浮華，尙敏速。靖請以文付考官第甲乙，俟唱名，或果知名士，卽置上科。喪父，起復祕書丞，直史館，判三司開拆司。淳化四年，使高麗還，提點在京百司，遷太常博士。

太宗務興農事，詔有司議均田法，靖議曰：「法未易遽行也。宜先命大臣或三司使爲租庸使，或兼屯田制置，仍擇三司判官選通知民事者二人爲之貳。兩京東西千里，檢責荒地及逃民產籍之，募耕作，賜耕者室廬、牛犂、種食，不足則給以庫錢。別其課爲十分，責州縣勸課，給印紙書之。分殿最爲三等：凡縣管墾田，一歲得課三分，二歲六分，三歲九分，爲下最；一歲四分，二歲七分，三歲至十分，爲中最；一歲五分，未及三歲盈十分者，爲上最。

其最者，令佐免選或超資；殿者，即增選降資。每州通以諸縣田爲十分，視殿最行賞罰。候數歲，盡罷官屯田，悉用賦民，然後量人授田，度地均稅，約井田之制，爲定以法，頒行四方，不過如此矣。」太宗謂呂端曰：「朕欲復井田，顧未能也，靖此策合朕意。」乃召見，賜食遣之。

他日，帝又語端。曰：「靖說雖是，第田未必墾，課未必入，請下三司雜議。」於是詔鹽鐵使陳恕等各選判官二人與靖議，以靖爲京西勸農使，命大理寺丞皇甫選、光祿寺丞何亮副之。選等言其功難成，帝猶謂不然。既而靖欲假緡錢二萬試行之，陳恕等言：「錢一出，後不能償，則民受害矣。」帝以羣議終不同，始罷之，出靖知婺州，再遷尙書刑部員外郎。

眞宗卽位，復列前所論勸農事，又言：「國家禦戎西北，而仰食東南，東南食不足，則誤國大計。請自京東、西及河北諸州大行勸農之法〔一〕，以殿最州縣官吏，歲可省江、淮漕百餘萬。」復詔靖條上之，靖請刺史行春，縣令勸耕，孝悌力田者賜爵，置五保以檢察姦盜，籍游惰之民以供役作。又下三司議，皆不果行。

歷度支判官，爲京畿均田使，出爲淮南轉運副使兼發運司公事，徙江南〔三〕轉運使。極論前李氏橫賦於民凡十七事，詔爲罷其尤甚者。徙知潭州，歷度支、鹽鐵判官。祀汾陰，爲行在三司判官。又歷京西、京東轉運使，知泉、蘇、越三州，累遷太常少卿，進太僕卿、集賢院學士，知建州，徙泉州，拜左諫議大夫。初，靖與丁謂善，謂貶，黨人皆逐去，提點刑獄、侍御史王耿乃言靖老疾，不宜久爲鄉里官，於是以祕書監致仕，卒。

靖平生多建畫，而於農事尤詳，嘗取淳化、咸平以來所陳表章，目曰勸農奏議，錄上之，然其說泥古，多不可行。

張綸字公信，穎州汝陰人。少倜儻任氣。舉進士不中，補三班奉職，遷右班殿直。從雷有終討王均于蜀，有降寇數百據險叛，使綸擊之，綸馳報曰：「此窮寇，急之則生患，不如諭以向背。」有終用其說，賊果棄兵來降。以功遷右侍禁、慶州兵馬監押，擢閤門祗候，益、彭、簡等州都巡檢使〔三〕。所部卒縱酒掠居民，綸斬首惡數人，衆乃定。徙荆湖〔四〕提點刑獄，遷東頭供奉官、提點開封府界縣鎭公事。

奉使靈夏還，會辰州溪峒彭氏蠻內寇，以知辰州。綸至，築蓬山驛路，賊不得通，乃遁去。徙知渭州。改內殿崇班、知鎭戎軍。奉使契丹，安撫使曹瑋表留之，不可。蠻復入寇，爲辰州、澧、鼎等州緣邊五溪十峒巡檢安撫使，諭蠻酋禍福，購還所掠民，遣官與盟，刻石于境上。

久之，除江、淮制置發運副使。時鹽課大虧，乃奏除通、泰、楚三州鹽戶宿負，官助其器用，鹽入優與之直，由是歲增課數十萬石。復置鹽場于杭、秀、海三州，歲入課又百五十萬。居二歲，增上供米八十萬。疏五渠，導太湖入于海，復租米六十萬。開長蘆西河以避覆舟之患，又築漕河隄二百里于高郵北，旁錮鉅石爲十礎，以泄橫流。泰州有捍海堰，延袤百五十里，久廢不治，歲患海濤冒民田。綸方議修復，論者難之，以爲濤患息而畜潦之患興矣。綸曰：「濤之患十九，而潦之患十一，獲多而亡少，豈不可邪？」表三請，願身自臨役。命兼權知泰州，卒成堰，復逋戶二千六百，州民利之，爲立生祠。

居淮南六年，累遷文思使、昭州刺史。契丹隆緒死，爲弔慰副使。歷知秦、瀛二州，兩知滄州，再遷東上閤門使，眞拜乾州刺史，徙知潁州，卒。綸有材略，所至興利除害。爲人恕，喜施予，在江、淮，見漕卒凍餒道死者衆，歎曰：「此有司之過，非所以體上仁也。」推奉錢市絮襦千數，衣其不能自存者。

邵曄字日華，其先京兆人。唐末喪亂，曾祖岳挈族之荆南，謁高季興，不見禮，遂之湖南。彭玕刺全州，辟爲判官。會賊魯仁恭寇連州，卽署岳國子司業、知州事，遂家桂陽。祖崇德，道州錄事參軍。父簡，連山令。

曄幼嗜學，恥從辟署。太平興國八年，擢進士第，解褐，授邵陽主簿，改大理評事、知蓬州錄事參軍〔五〕。時太子中舍楊全知州，性悍率蒙昧，部民張道豐等三人被誣爲刼盜，悉置于死，獄已具，曄察其枉，不署牘，白全當核其實。全不聽，引道豐等抵法，號呼不服，再繫獄按驗。既而捕獲正盜，道豐等遂得釋，全坐削籍爲民。曄代還引對，太宗謂曰：「爾能活吾平民，深可嘉也。」賜錢五萬，下詔以全事戒諭天下。授曄光祿寺丞，使廣南採訪刑獄。俄通判荆南，賜緋魚。遷著作佐郎、知忠州。歷太常丞、江南轉運副使，改監察御史。以母老乞就養，得知朗州。入判三司磨勘司，遷工部員外郎、淮南轉運使。

景德中，假光祿卿，充交阯安撫國信使。會黎桓死，其子龍鉞嗣立，兄龍全率兵刼庫財而去，其弟龍廷殺鉞自立，龍廷兄明護率扶蘭砦兵攻戰。曄駐嶺表，以事上聞，改命爲緣海安撫使，許以便宜設方略。曄貽書安南，諭朝廷威德，俾速定位。明護等卽時聽命，奉龍廷主軍事。初，詔曄俟其事定，卽以黎桓禮物改賜新帥。曄上言：「懷撫外夷，當示誠信，不若俟龍廷貢奉，別加封爵而寵賜之。」眞宗甚嘉納。使還，改兵部員外郎，賜金紫。初受使，假官錢八十萬，市私覿物，及爲安撫，已償其半，餘皆詔除之。嘗上邕州至交州水陸路及宜州山川等四圖，頗詳控制之要。

俄判三司三勾院，坐所舉季隨犯贓，曄當削一官，上以其遠使之勤，止令停任。大中祥符初，起知兗州，表請東封，優詔答之。及遣王欽若、趙安仁經度封禪，仍判州事，就命曄爲京東轉運使。封禪禮畢，超拜刑部郎中，復判三勾院，出爲淮南、江、浙、荆湖制置發運使。四年，改右諫議大夫、知廣州。州城瀕海，每蕃舶至岸，常苦颶風，曄鑿內濠通舟，颶不能害。俄遘疾卒，年六十三。

崔立字本之，開封鄢陵人。祖周度，仕周爲泰寧軍節度判官。慕容彥超叛，周度以大義責之，遂見殺。

立中進士第。爲果州團練推官，役兵輦官物，道險，乃率衆錢，傭舟載歸。知州姜從革論如率斂法，當斬三人，立曰：「此非私己，罪杖爾。」從革初不聽，卒論奏，詔如立議。眞宗記之，特改大理寺丞，知安豐縣。大水壞期斯塘，立躬督繕治，踰月而成。進殿中丞，歷通判廣州、許州。

會滑州塞決河，調民出芻楗，命立提舉受納。立計其用有餘，而下戶未輸者尙二百萬，悉奏弛之。知江陰軍，屬縣有利港久廢，立教民濬治，既成，溉田數千頃，及開橫河六十里，通運漕。累遷太常少卿，歷知棣、漢、相、潞、兗、鄆、涇七州。兗州歲大饑，募富人出穀十萬餘石振餓者，所全活者甚衆。

立性淳謹，尤喜論事。大中祥符間，帝既封禪，士大夫爭奏上符瑞，獻贊頌，立獨言：「水發徐州，旱連江、淮，無爲烈風，金陵火，天所以警驕惰、戒淫泆也，區區符瑞，尚何足爲治道言哉？」前後上四十餘事。以右諫議大夫知耀州，改知濠州，遷給事中。告老，進尚書工部侍郎致仕，卒。識韓琦於布衣，以女妻之，人嘗服其鑒云。

魯有開字元翰，參知政事宗道從子也。好禮學，通左氏春秋。用宗道蔭，知韋城縣。曹、濮劇盜橫行旁縣間，聞其名不敢入境。知確山縣，大姓把持官政，有開治其最甚者，遂以無事。興廢陂，溉民田數千頃。富弼守蔡，薦之，以爲有古循吏風。

知金州，有蠱獄，當死者數十人，有開曰：「欲殺人，衷謀之足矣，安得若是衆邪？」訊之則誣。天方旱，獄白而雨。知南康軍，代還。熙寧行新法，王安石問江南如何，曰：「法新行，未見其患，當在異日也。」以所對乖異，出通判杭州。

知衞州，水災，人乏食，擅貸常平錢粟與之，且奏乞蠲其息。徙冀州，增隄，或謂：「郡無水患，何以役爲？」有開曰：「豫備不虞，古之善計也。」卒成之。明年河決，水果至，不能冒隄而止。朝廷遣使河北，民遮誦有開功狀，召爲膳部郎中。元祐中，歷知信陽軍、洺滑州，復守冀，官至中大夫，卒。

張逸字天隱，鄭州滎陽人。進士及第，爲試祕書省校書郎。知襄州鄧城縣，有能名。知州謝泌將薦逸，先設几案，置章其上，望闕再拜曰：「老臣爲朝廷得一良吏。」乃奏之。他日引對，眞宗問所欲何官，逸對曰：「母老在家，願得近鄉一幕職官，歸奉甘旨足矣。」授澶州觀察推官，數日，以母喪去。服除，引對，帝又固問之，對曰：「願得京官。」特改大理寺丞。帝雅賢泌，再召問逸者，用泌薦也。

知長水縣，時王嗣宗留守西京，厚遇之，及徙靑神縣，貧不自給，嗣宗假奉半年使辦裝。既至縣，興學校，敎生徒。後邑人陳希亮、楊異相繼登科，逸改其居曰桂枝里。縣東南有松柏灘，夏秋暴漲多覆舟，逸禱江神，不踰月，灘爲徙五里，時人異之。再遷太常博士、知尉氏縣。擢監察御史，提點益州路刑獄，開封府判官。使契丹，爲兩浙轉運使。徙陝西，未赴，又徙河東，居數月，復徙陝西。以龍圖閣待制知梓州。

累遷尚書兵部郎中，知開封府。有僧求內降免田稅，而逸固執不許。仁宗曰：「有司能守法，朕何憂也。」又言：「頃禁命婦干禁中恩，比來稍通女謁，願令官司糾劾。」從之。

以樞密直學士知益州。逸凡四至蜀，諳其民風。華陽驪長殺人，誣道旁行者，縣吏受財，獄既具，乃使殺人者守囚。逸曰：「囚色寃，守者氣不直，豈守者殺人乎？」囚始敢言，而守者果服，立誅之，蜀人以爲神。會歲旱，逸使作堰壅江水，溉民田，自出公租減價以振民。初，民饑多殺耕牛食之，犯者皆配關中。逸奏：「民殺牛以活將死之命，與盜殺者異，若不禁之，又將廢穡事。今歲少稔，請一切放還，復其業。」報可。未幾，卒于官。

吳遵路字安道。父淑，見文苑傳。第進士，累官至殿中丞，爲祕閣校理。章獻太后稱制，政事得失，下莫敢言。遵路條奏十餘事，語皆切直，忤太后意，出知常州。嘗預市米吳中，以備歲儉，已而果大乏食，民賴以濟，自他州流至者亦全十八九。累遷尚書司封員外郎，權開封府推官，改三司鹽鐵判官，加直史館，爲淮南轉運副使。會罷江、淮發運使，遂兼發運司事。嘗於眞楚泰州、高郵軍置斗門十九，以畜泄水利。又廣屬郡常平倉儲畜至二百萬，以待凶歲。凡所規畫，後皆便之。

遷工部郎中，坐失按蘄州王蒙正故入部吏死罪，降知洪州。徙廣州，辭不行。是時發運司既復置使，乃以爲發運使，未至，召修起居注。元昊反，建請復民兵。除天章閣待制、河東路計置糧草。受詔料揀河東鄉民可爲兵者，諸路視以爲法。進兵部郎中、權知開封府，馭吏嚴肅，屬縣無追逮。

時宋庠、鄭戩、葉清臣皆宰相呂夷簡所不悅，遵路與三人雅相厚善，夷簡忌之，出知宣州。上禦戎要略、邊防雜事二十篇。徙陝西都轉運使，遷龍圖閣直學士、知永興軍，被病猶決事不輟，手自作奏。及卒，仁宗聞而悼之，詔遣官護喪還京師。

遵路幼聰敏，既長，博學知大體。母喪，廬墓蔬食終制。性夷雅愼重，寡言笑，善筆札。其爲政簡易不爲聲威，立朝敢言，無所阿倚。平居廉儉無他好，既沒，室無長物，其友范仲淹分奉賙其家。

子瑛，爲尙書比部員外郎，不待老而歸。

趙尙寬字濟之，河南人，參知政事安仁子也。知平陽縣。鄰邑有大四十數，破械夜逸，殺居民，將犯境，尙寬趣尉出捕，曰：「盜謂我不能來，方怠惰，易取也。宜亟往，毋使得散漫，且爲害。」尉既出，又遣徼巡兵躡其後，悉獲之。

知忠州，俗畜蠱殺人，尚寬揭方書市中，教人服藥，募索爲蠱者窮治，置于理，大化其俗。轉運使持鹽數十萬斤，課民易白金，期會促，尚寬發官帑所儲副其須，徐與民爲市，不擾而集。

嘉祐中，以考課第一知唐州。唐素沃壤，經五代亂，田不耕，土曠民稀，賦不足以充役，議者欲廢爲邑。尚寬曰：「土曠可益墾辟，民稀可益招徠，何廢郡之有？」乃按視圖記，得漢召信臣陂渠故迹，益發卒復疏三陂一渠，溉田萬餘頃。又教民自爲支渠數十，轉相浸灌。而四方之民來者雲布，尚寬復請以荒田計口授之，及貸民官錢買耕牛。比三年，榛莽復爲膏腴，增戶積萬餘。尚寬勤於農政，治有異等之效，三司使包拯與部使者交上其事，仁宗聞而嘉之，下詔褒焉，仍進秩賜金。留于唐凡五年，民像以祠，而王安石、蘇軾作新田、新渠詩以美之。

徙同、宿二州，河中府神勇卒苦大校貪虐，刊匿名書告變，尚寬命焚之，曰：「妄言耳。」衆乃安。已而奏黜校，分士卒隸他營。又徙梓州。尚寬去唐數歲，田日加闢，戶日益衆，朝廷推功，自少府監以直龍圖閣知梓州。積官至司農卿，卒，詔賜錢五十萬。

高賦字正臣，中山人。以父任爲右班殿直。復舉進士，改奉禮郎，四遷太常博士。歷知眞定縣，通判劍邪石州、成德軍。知衢州，俗尙巫鬼，民毛氏、柴氏二十餘家世蓄蠱毒，値閏歲，害人尤多，與人忿爭輒毒之。賦悉擒治伏辜，蠱患遂絕。

徙唐州，州田經百年曠不耕，前守趙尙寬菑墾不遺力，而榛莽者尙多。賦繼其後，益募兩河流民，計口給田使耕，作陂堰四十四。再滿再留，比其去，田增闢三萬一千三百餘頃，戶增萬一千三百八十，歲益稅二萬二千二百五十七。璽書褒諭，宣布治狀以勸天下，兩州爲生立祠。擢提點河東刑獄，又加直龍圖閣、知滄州。程昉欲於境內開西流河，繞州城而北注三塘泊。賦曰：「滄城近河，歲增隄防，猶懼奔溢，矧妄有開鑿乎？」昉執不從，後功竟不成。

歷蔡、潞二州，入同判太常寺，進集賢院學士。在朝多所建明，嘗言：「二府大臣或僦舍委巷，散處京城，公私非便。宜倣前代丞相府，於端門前列置大第，俾居之。」又言：「仁宗朝爲兗國公主治第，用錢數十萬緡。今有五大長公主，若悉如前比，其費無藝。願講求中制，裁爲定式。」請諸道提點刑獄司置檢法官，庶專平讞，使民不冤。乞於禁中建閣，繪功臣像，如漢雲臺、唐凌煙之制。言多施行。以通議大夫致仕，退居襄陽，卒年八十四。

程師孟字公闢，吳人。進士甲科。累知南康軍、楚州，提點夔路刑獄。瀘戎數犯渝州邊，使者治所在萬州，相去遠，有警，率浹日乃至。師孟奏徙於渝。夔部無常平粟，建請置倉，適凶歲，振民不足，即矯發他儲，不俟報。吏懼，白不可，師孟曰：「必俟報，餓者盡死矣。」竟發之。

徙河東路。晉地多土山，旁接川谷，春夏大雨，水濁如黃河，俗謂之「天河」，可溉灌。師孟勸民出錢開渠築堰，淤良田萬八千頃，裒其事爲水利圖經，頒之州縣。爲度支判官。知洪州，積石爲江隄，浚章溝，揭北閘，以節水升降，後無水患。

判三司都磨勘司，接伴契丹使，蕭惟輔曰：「白溝之地當兩屬，今南朝植柳數里，而以北人漁界河爲罪，豈理也哉？」師孟曰：「兩朝當守誓約，涿郡有案牘可覆視，君舍文書，騰口說，詎欲生事耶？」惟輔愧謝。

出爲江西轉運使。盜發袁州，州吏爲耳目，久不獲，師孟械吏數輩送獄，盜即成擒。加直昭文館，知福州，築子城，建學舍，治行最東南。徙廣州，州城爲儂寇所毀，他日有警，民駭竄，方伯相踵至，皆言土疏惡不可築。師孟在廣六年，作西城，及交阯陷邕管，聞廣守備固，不敢東。時師孟已召還，朝廷念前功，以爲給事中、集賢殿修撰，判都水監。

賀契丹主生辰〔六〕，至涿州，契丹命席，迎者正南向，涿州官西向，宋使介東向。師孟曰：「是卑我也。」不就列，自日昃爭至暮，從者失色，師孟辭氣益厲，叱儐者易之，於是更與迎者東西向。明日，涿人餞于郊，疾馳過不顧，涿人移雄州以爲言，坐罷歸班。復起知越州、青州，遂致仕，以光祿大夫卒，年七十八。

師孟累領劇鎮，爲政簡而嚴，罪非死者不以屬吏。發隱擿伏如神，得豪惡不逞跌宕者必痛懲艾之，至剿絕乃已，所部肅然。洪、福、廣、越爲立生祠。

韓晉卿字伯修，密州安丘人。爲童子時，日誦書數千言。長以五經中第，歷肥鄉嘉興主簿、安肅軍司法參軍、平城令、大理詳斷、審刑詳議官，通判應天府，知同州、壽州，奏課第一，擢刑部郎中。

元祐初，知明州，兩浙轉運使差役法復行，諸道處畫多倉卒失敘，獨晉卿視民所宜而不戾法指。入爲大理少卿，遷卿。

晉卿自仁宗朝已典訟臬，時朝廷有疑議，輒下公卿雜議。開封民爭鶉殺人，王安石以爲盜拒捕鬥而死，殺之無罪，晉卿曰：「是鬥殺也。」登州婦人謀殺夫，郡守許遵執爲按問，安石復主之，晉卿曰：「當死。」事久不決，爭論盈庭，終持之不肯變，用是知名。

元豐置大理獄，多內庭所付，晉卿持平考核，無所上下。神宗稱其才，每讞獄雖明，若事連貴要、屢鞠弗成者，必以委之。嘗被詔按治寧州獄，循故事當入對，晉卿曰：「奉使有指，三尺法具在，豈應刺候主意，輕重其心乎？」受命卽行。

諸州請讞大辟，執政惡其多，將劾不應讞者。晉卿曰：「聽斷求所以生之，仁恩之至也。苟讞而獲譴，後不來矣。」議者又欲引唐日覆奏，令天下庶戮悉奏決。晉卿言：「可疑可矜者許上請，祖宗之制也。四海萬里，必須繫以聽朝命，恐自今瘐死者多於伏辜者矣。」朝廷皆行其說，故士大夫間推其忠厚，不以法家名之。卒于官。

葉康直字景温，建州人。擢進士第，知光化縣。縣多竹，民皆編爲屋，康直教用陶瓦，以寧火患。凡政皆務以利民，時豐稷爲穀城令，亦以治績顯，人歌之曰：「葉光化，豐穀城，清如水，平如衡。」

曾布行新法，以爲司農屬。歷永興、秦鳳轉運判官，徙陝西，進提點刑獄、轉運副使。

五路兵西征，康直領涇原糧道，承受內侍梁同以餉惡妄奏，神宗怒，械康直，將誅之，王安禮力救，得歸故官。

元祐初，加直龍圖閣，知秦州。中書舍人曾肇、蘇轍劾康直諂事李憲，免官，究實無狀，改知河中府，復爲秦州。夏人侵甘谷，康直戒諸將設伏以待，殲其二酋，自是不敢犯境。進寶文閣待制、陝西都運使。以疾請知亳州，通濬積潦，民獲田數十萬畝。召爲兵部侍郎，卒，年六十四。

## 校勘記

〔一〕請自京東西及河北諸州大行勸農之法　「京」字原脫，據東都事略卷一一二本傳補。

〔二〕江南　原作「河南」，據東都事略卷一一二本傳及下文「極論前李氏橫賦於民十七事」改。

〔三〕益彭簡等州都巡檢使　「彭」原作「彰」，據東都事略卷一一二本傳改。

〔四〕荆湖　原作「荆州」，據東都事略卷一一二本傳、范仲淹范文正公集卷一一張綸神道碑改。

〔五〕知蓬州錄事參軍　「蓬州」，東都事略卷一一二本傳作「連州」。

〔六〕賀契丹主生辰　「主」字原脫，本書卷一五神宗紀熙寧九年八月，「遣程師孟等賀遼主生辰」，今補。

# 宋史卷四百二十七

## 列傳第一百八十六

### 道學一

周敦頤 程顥 程頤 張載 弟戩 邵雍

「道學」之名，古無是也。三代盛時，天子以是道爲政教，大臣百官有司以是道爲職業，黨、庠、術、序師弟子以是道爲講習，四方百姓日用是道而不知。是故盈覆載之間，無一民一物不被是道之澤，以遂其性。於斯時也，道學之名，何自而立哉。

文王、周公既沒，孔子有德無位，既不能使是道之用漸被斯世，退而與其徒定禮樂，明憲章，删詩，修春秋，讚易象，討論墳、典，期使五三聖人之道昭明於無窮。故曰：「夫子賢於堯、舜遠矣。」孔子沒，曾子獨得其傳，傳之子思，以及孟子，孟子沒而無傳。兩漢而下，儒者之論大道，察焉而弗精，語焉而弗詳，異端邪說起而乘之，幾至大壞。

千有餘載，至宋中葉，周敦頤出於舂陵，乃得聖賢不傳之學，作太極圖說、通書，推明陰陽五行之理，命於天而性於人者，瞭若指掌。張載作西銘，又極言理一分殊之旨，然後道之大原出於天者，灼然而無疑焉。仁宗明道初年，程顥及弟頤寔生，及長，受業周氏，已乃擴大其所聞，表章大學、中庸二篇，與語、孟並行，於是上自帝王傳心之奧，下至初學入德之門，融會貫通，無復餘蘊。

迄宋南渡，新安朱熹得程氏正傳，其學加親切焉。大抵以格物致知爲先，明善誠身爲要，凡詩、書、六藝之文，與夫孔、孟之遺言，顚錯於秦火，支離於漢儒，幽沉於魏、晉、六朝者，至是皆煥然而大明，秩然而各得其所。此宋儒之學所以度越諸子，而上接孟氏者歟。其於世代之汚隆，氣化之榮悴，有所關係也甚大。道學盛於宋，宋弗究於用，甚至有厲禁焉。後之時君世主，欲復天德王道之治，必來此取法矣。

邵雍高明英悟，程氏實推重之，舊史列之隱逸，未當，今置張載後。張栻之學，亦出程氏，既見朱熹，相與博約，又大進焉。其他程、朱門人，考其源委，各以類從，作道學傳。

周敦頤字茂叔，道州營道人。元名敦實，避英宗舊諱改焉。以舅龍圖閣學士鄭向任，爲分寧主簿。有獄久不決，敦頤至，一訊立辨。邑人驚曰：「老吏不如也。」部使者薦之，調南安軍司理參軍。有囚法不當死，轉運使王逵欲深治之。逵，酷悍吏也，衆莫敢爭，敦頤獨與之辨，不聽，乃委手版歸，將棄官去，曰：「如此尚可仕乎！殺人以媚人，吾不爲也。」逵悟，囚得免。

移郴之桂陽令，治績尤著。郡守李初平賢之，語之曰：「吾欲讀書，何如？」敦頤曰：「公老無及矣，請爲公言之。」二年果有得。徙知南昌，南昌人皆曰：「是能辨分寧獄者，吾屬得所訴矣。」富家大姓、黠吏惡少，惴惴焉不獨以得罪於令爲憂，而又以汚穢善政爲恥。歷合州判官，事不經手，吏不敢決，雖下之，民不肯從。部使者趙抃惑於譖口，臨之甚威，敦頤處之超然。通判虔州，抃守虔，熟視其所爲，乃大悟，執其手曰：「吾幾失君矣，今而後乃知周茂叔也。」

熙寧初，知郴州。用抃及呂公著薦，爲廣東轉運判官，提點刑獄，以洗寃澤物爲己任。行部不憚勞苦，雖瘴癘險遠，亦緩視徐按。以疾求知南康軍。因家廬山蓮花峯下，前有溪，合於湓江，取營道所居濂溪以名之。抃再鎭蜀，將奏用之，未及而卒，年五十七。

黄庭堅稱其「人品甚高，胸懷灑落，如光風霽月。廉於取名而銳於求志，薄於徼福而厚於得民，菲於奉身而燕及煢嫠，陋於希世而尚友千古」。

博學力行，著太極圖，明天理之根源，究萬物之終始。其說曰：

無極而太極。太極動而生陽，動極而靜，靜而生陰，靜極復動，一動一靜，互爲其根，分陰分陽，兩儀立焉。陽變陰合，而生水、火、木、金、土，五氣順布，四時行焉。五行一陰陽也，陰陽一太極也，太極本無極也。五行之生也，各一其性。無極之眞，二五之精，妙合而凝，乾道成男，坤道成女。二氣交感，化生萬物，萬物生生，而變化無窮焉。

惟人也得其秀而最靈，形既生矣，神發知矣，五性感動而善惡分，萬事出矣。聖人定之以中正仁義而主靜，立人極焉。故聖人與天地合其德，日月合其明，四時合其序，鬼神合其吉凶。君子修之吉，小人悖之凶。故曰：「立天之道，曰陰與陽。立地之道，曰柔與剛。立人之道，曰仁與義。」又曰：「原始反終，故知死生之說。」大哉易也，斯其至矣。

又著通書四十篇，發明太極之蘊。序者謂「其言約而道大，文質而義精，得孔、孟之本源，大有功於學者也」。

掾南安時，程珦通判軍事，視其氣貌非常人，與語，知其爲學知道，因與爲友，使二子顥、頤往受業焉。敦頤每令尋孔、顏樂處，所樂何事，二程之學源流乎此矣。故顥之言曰：「自再見周茂叔後，吟風弄月以歸，有『吾與點也』之意。」侯師聖學於程頤，未悟，訪敦頤，敦頤曰：「吾老矣，說不可不詳。」留對榻夜談，越三日乃還。頤驚異之，曰：「非從周茂叔來耶？」其善開發人類此。

嘉定十三年，賜謚曰元公，淳祐元年，封汝南伯，從祀孔子廟庭。

二子壽、燾，燾官至寶文閣待制。

程顥字伯淳，世居中山，後從開封徙河南。高祖羽，太宗朝三司使。父珦，仁宗錄舊臣後，以爲黃陂尉。久之，知龔州。時宜獠區希範既誅，鄉人忽傳其神降，言「當爲我南海立祠」，於是迎其神以往，至龔，珦使詰之，曰：「比過潯，潯守以爲妖，投祠具江中，逆流而上，守懼，乃更致禮。」珦使復投之，順流去，其妄乃息。徙知磁州，又徙漢州。嘗宴客開元僧舍，酒方行，人讙言佛光見，觀者相騰踐，不可禁，珦安坐不動，頃之遂定。熙寧法行，爲守令者奉命唯恐後，珦獨抗議，指其未便。使者李元瑜怒，即移病歸，旋致仕，累轉太中大夫。元祐五年，卒，年八十五。

珦慈恕而剛斷，平居與幼賤處，唯恐有傷其意，至於犯義理，則不假也。左右使令之人，無日不察其饑飽寒燠。前後五得任子，以均諸父之子孫。嫁遺孤女，必盡其力。所得奉祿，分贍親戚之貧者。伯母寡居，奉養甚至。從女兄既適人而喪其夫，珦迎以歸，教養其子，均於子姪。時官小祿薄，克己爲義，人以爲難。文彥博、蘇頌等九人表其清節，詔賜帛二百，官給其葬。

顥舉進士，調鄠、上元主簿。鄠民有借兄宅居者，發地得瘞錢，兄之子訴曰：「父所藏。」顥問：「幾何年？」曰：「四十年。」「彼借居幾時？」曰：「二十年矣。」遣吏取十千視之，謂訴者曰：「今官所鑄錢，不五六年卽遍天下，此皆未藏前數十年所鑄，何也？」其人不能答。茅山有池，產龍如蜥蜴而五色。祥符中嘗取二龍入都，半塗失其一，中使云飛空而逝。民俗嚴奉不懈，顥捕而脯之。

爲晉城令，富人張氏父死，旦有老叟踵門曰：「我，汝父也。」子驚疑莫測，相與詣縣。叟曰：「身爲醫，遠出治疾，而妻生子，貧不能養，以與張。」顥質其驗。取懷中一書進，其所記曰：「某年月日，抱兒與張三翁家。」顥問：「張是時纔四十，安得有翁稱？」叟駭謝。

民稅粟多移近邊，載往則道遠，就糴則價高。顥擇富而可任者，預使貯粟以待，費大省。民以事至縣者，必告以孝弟忠信，入所以事其父兄，出所以事其長上。度鄉村遠近爲伍保，使之力役相助，患難相卹，而姦僞無所容。凡孤煢殘廢者，責之親戚鄉黨，使無失所。行旅出於其途者，疾病皆有所養。鄉必有校，暇時親至，召父老與之語。兒童所讀書，親爲正句讀，教者不善，則爲易置。擇子弟之秀者，聚而教之。鄉民爲社會，爲立科條，旌別善惡，使有勸有恥。在縣三歲，民愛之如父母。

熙寧初，用呂公著薦，爲太子中允、監察御史裏行。神宗素知其名，數召見，每退，必曰：「頻求對，欲常常見卿。」一日，從容咨訪，報正午，始趨出，庭中人曰：「御史不知上未食乎？」前後進說甚多，大要以正心窒慾、求賢育材爲言，務以誠意感悟主上。嘗勸帝防未萌之欲，及勿輕天下士，帝俯躬曰：「當爲卿戒之。」

王安石執政，議更法令，中外皆不以爲便，言者攻之甚力。顥被旨赴中堂議事，安石方怒言者，厲色待之。顥徐曰：「天下事非一家私議，願平氣以聽。」安石爲之愧屈。自安石用事，顥未嘗一語及於功利。居職八九月，數論時政，最後言曰：「智者若禹之行水，行其所無事也；舍而之險阻，不足以言智。自古興治立事，未有中外人情交謂不可而能有成者，況於排斥忠良，沮廢公議，用賤陵貴，以邪干正者乎？正使徼倖有小成，而興利之臣日進，尙德之風浸衰，尤非朝廷之福。」遂乞去言職。安石本與之善，及是雖不合，猶敬其忠信，不深怒，但出提點京西刑獄。顥固辭，改簽書鎭寧軍判官。司馬光在長安，上疏求退，稱顥公直，以爲己所不如。

程昉治河，取澶卒八百而虐用之，衆逃歸。羣僚畏昉，欲勿納。顥曰：「彼逃死自歸，弗納必亂。若昉怒，吾自任之。」卽親往啓門拊勞，約少休三日復役，衆驩踊而入。具以事上，得不遣。昉後過州，揚言曰：「澶卒之潰，蓋程中允誘之，吾且訴于上。」顥聞之，曰：「彼方憚我，何能爲。」果不敢言。

曹村埽決，顥謂郡守劉渙曰：「曹村決，京師可虞。臣子之分，身可塞亦所當爲，盍盡遣廂卒見付。」渙以鎭印付顥，立走決所，激諭士卒。議者以爲勢不可塞，徒勞人爾。顥命善泅者度決口，引巨索濟衆，兩岸並進，數日而合。

求監洛河竹木務，歷年不敍伐閱，特遷太常丞。帝又欲使修三經義，執政不可，命知扶溝縣。廣濟、蔡河在縣境，瀕河惡子無生理，專脅取行舟財貨，歲必焚舟十數以立威。顥捕得一人，使引其類，貰宿惡，分地處之，令以挽繂爲業，且察爲奸者，自是境無焚剽患。內侍王中正按閱保甲，權焰章震，諸邑競侈供張悅之，主吏來請，顥曰：「吾邑貧，安能效他邑。取於民，法所禁也，獨有令故青帳可用爾。」除判武學，李定劾其新法之初首爲異論，罷歸故官。又坐獄逸囚，責監汝州鹽稅〔一〕。哲宗立，召爲宗正丞，未行而卒，年五十四。

顥資性過人，充養有道，和粹之氣，盎於面背，門人交友從之數十年，亦未嘗見其忿厲之容。遇事優爲，雖當倉卒，不動聲色。自十五六時，與弟頤聞汝南周敦頤論學，遂厭科舉之習，慨然有求道之志。泛濫於諸家，出入於老、釋者幾十年，返求諸六經而後得之。秦、漢以來，未有臻斯理者。

教人自致知至於知止，誠意至於平天下，洒掃應對至於窮理盡性，循循有序。病學者厭卑近而騖高遠，卒無成焉，故其言曰：「道之不明，異端害之也。昔之害近而易知，今之害深而難辨。昔之惑人也乘其迷暗，今之惑人也因其高明。自謂之窮神知化，而不足以開物成務，言爲無不周遍，實則外於倫理，窮深極微，而不可以入堯、舜之道。天下之學，非淺陋固滯，則必入於此。自道之不明也，邪誕妖妄之說競起，塗生民之耳目，溺天下於汚濁，雖高才明智，膠於見聞，醉生夢死，不自覺也。是皆正路之蓁蕪，聖門之蔽塞，辟之而後可以入道。」

顥之死，士大夫識與不識，莫不哀傷焉。文彥博采衆論，題其墓曰明道先生。其弟頤序之曰：「周公沒，聖人之道不行；孟軻死，聖人之學不傳。道不行，百世無善治；學不傳，千載無眞儒。無善治，士猶得以明夫善治之道，以淑諸人，以傳諸後；無眞儒，則貿貿焉莫知所之，人欲肆而天理滅矣。先生生于千四百年之後，得不傳之學於遺經，以興起斯文爲己任，辨異端，闢邪說，使聖人之道煥然復明於世，蓋自孟子之後，一人而已。然學者於道不知所向，則孰知斯人之爲功；不知所至，則孰知斯名之稱情也哉。」

嘉定十三年，賜謚曰純公。淳祐元年封河南伯，從祀孔子廟庭。

程頤字正叔。年十八，上書闕下，欲天子黜世俗之論，以王道爲心。遊太學，見胡瑗問諸生以顏子所好何學，頤因答曰：

學以至聖人之道也。聖人可學而至歟？曰：然。學之道如何？曰：天地儲精，得五行之秀者爲人，其本也眞而靜，其未發也，五性具焉，曰仁、義、禮、智、信。形既生矣，外物觸其形而動其中矣，其中動而七情出焉，曰喜、怒、哀、樂、愛、惡、欲。情既熾而益蕩，其性鑿矣。是故覺者約其情使合於中，正其心，養其性；愚者則不知制之，縱其情而至於邪僻，梏其性而亡之。

然學之道，必先明諸心，知所養，然後力行以求至，所謂「自明而誠」也。誠之之道，在乎信道篤，信道篤則行之果，行之果則守之固，仁義忠信不離乎心，造次必於是，顚沛必於是，出處語默必於是，久而弗失，則居之安，動容周旋中禮，而邪僻之心無自生矣。

故顏子所事，則曰：「非禮勿視，非禮勿聽，非禮勿言，非禮勿動。」仲尼稱之，則曰：「得一善則拳拳服膺而弗失之矣。」又曰：「不遷怒，不貳過。」「有不善未嘗不知，知之未嘗復行。」此其好之篤，學之得其道也。然聖人則不思而得，不勉而中；顏子則必思而後得，必勉而後中。其與聖人相去一息，所未至者守之也，非化之也。以其好學之心，假之以年，則不日而化矣。

後人不達，以謂聖本生知，非學可至，而爲學之道遂失。不求諸己，而求諸外，以博聞強記、巧文麗辭爲工，榮華其言，鮮有至於道者。則今之學，與顏子所好異矣。

瑗得其文，大驚異之，即延見，處以學職。呂希哲首以師禮事頤。

治平、元豐間，大臣屢薦，皆不起。哲宗初，司馬光、呂公著共疏其行義曰：「伏見河南府處士程頤，力學好古，安貧守節，言必忠信，動遵禮法。年踰五十，不求仕進，眞儒者之高蹈，聖世之逸民。望擢以不次，使士類有所矜式。」詔以爲西京國子監教授，力辭。

尋召爲秘書省校書郎，既入見，擢崇政殿說書。即上疏言：「習與智長，化與心成。今夫人民善教其子弟者，亦必延名德之士，使與之處，以薰陶成性。況陛下春秋之富，雖睿聖得於天資，而輔養之道不可不至。大率一日之中，接賢士大夫之時多，親寺人宮女之時少，則氣質變化，自然而成。願選名儒入侍勸講，講罷留之分直，以備訪問，或有小失，隨事獻規，歲月積久，必能養成聖德。」頤每進講，色甚莊，繼以諷諫。聞帝在宮中盥而避蟻，問：「有是乎？」曰：「然，誠恐傷之爾。」頤曰：「推此心以及四海，帝王之要道也。」

神宗喪未除，冬至，百官表賀，頤言：「節序變遷，時思方切，乞改賀爲慰。」既除喪，有司請開樂置宴，頤又言：「除喪而用吉禮，尙當因事張樂，今特設宴，是喜之也。」皆從之。帝嘗以瘡疹不御邇英累日，頤詣宰相問安否〔三〕，且曰：「上不御殿，太后不當獨坐。且人主有疾，大臣可不知乎？」翌日，宰相以下始奏請問疾。

蘇軾不悅於頤，頤門人賈易、朱光庭不能平，合攻軾。胡宗愈、顧臨詆頤不宜用，孔文仲極論之，遂出管勾西京國子監。久之，加直秘閣，再上表辭。董敦逸復摭其有怨望語，去官。紹聖中，削籍竄涪州。李清臣尹洛，卽日迫遣之，欲入別叔母亦不許，明日贐以銀百兩，頤不受。徽宗卽位，徙峽州，俄復其官，又奪於崇寧。卒年七十五。

頤於書無所不讀，其學本於誠，以大學、語、孟、中庸爲標指，而達于六經。動止語默，一以聖人爲師，其不至乎聖人不止也。張載稱其兄弟從十四五時，便脫然欲學聖人，故卒得孔、孟不傳之學，以爲諸儒倡。其言之旨，若布帛菽粟然，知德者尤尊崇之。嘗言：「今農夫祁寒暑雨，深耕易耨，播種五穀，吾得而食之；百工技藝，作爲器物，吾得而用之；介胄之士，被堅執銳，以守土宇，吾得而安之。無功澤及人，而浪度歲月，晏然爲天地間一蠹，唯綴緝聖人遺書，庶幾有補爾。」於是著易、春秋傳以傳於世。易傳序曰：

易，變易也，隨時變易以從道也。其爲書也，廣大悉備，將以順性命之理，通幽明之故，盡事物之情，而示開物成務之道也。聖人之憂患後世，可謂至矣。去古雖遠，遺經尙存，然而前儒失意以傳言，後學誦言而忘味，自秦而下，蓋無傳矣。予生千載之後，悼斯文之湮晦，將俾後人沿流而求源，此傳所以作也。

「易有聖人之道四焉：以言者尙其辭，以動者尙其變，以制器者尙其象，以卜筮者尙其占」。吉凶消長之理、進退存亡之道備於辭，推辭考卦可以知變，象與占在其中矣。「君子居則觀其象而玩其辭，動則觀其變而玩其占」，得於辭不達其意者有矣，未有不得於辭而能通其意者也。至微者理也，至著者象也。體用一源，顯微無間，觀會通以行其典禮，則辭無所不備。故善學者，求言必自近，易於近者，非知言者也。予所傳者辭也，由辭以得意，則在乎人焉。

春秋傳序曰：

天之生民，必有出類之才起而君長之，治之而爭奪息，導之而生養遂，敎之而倫理明，然後人道立，天道成，地道平。二帝而上，聖賢世出，隨時有作，順乎風氣之宜，不先天以開人，各因時而立政。曁乎三王迭興，三重旣備，子、丑、寅之建正，忠、質、文之更尙，人道備矣，天運周矣。聖王旣不復作，有天下者雖欲倣古之跡，亦私意妄爲而已。事之謬，秦至以建亥爲正；道之悖，漢專以智力持世，豈復知先王之道也。

夫子當周之末，以聖人不復作也，順天應時之治不復有也，於是作春秋，爲百王不易之大法。所謂「考諸三王而不繆，建諸天地而不悖，質諸鬼神而無疑，百世以俟聖人而不惑」者也。先儒之傳，游、夏不能贊一辭，辭不待贊者也，言不能與於斯爾。斯道也，唯顏子嘗聞之矣。「行夏之時，乘殷之輅，服周之冕，樂則韶舞」，此其準的也。後世以史視春秋，謂褒善貶惡而已，至於經世之大法，則不知也。春秋大義數十，其義雖大，炳如日星，乃易見也。惟其微辭隱義、時措從宜者，爲難知也。或抑或縱，或予或奪，或進或退，或微或顯，而得乎義理之安，文質之中，寬猛之宜，是非之公，乃制事之權衡，揆道之模範也。夫觀百物然後識化工之神，聚衆材然後知作室之用，於一事一義而欲窺聖人之用心，非上智不能也。故學春秋者，必優游涵泳，默識心通，然後能造其微也。後王知春秋之義，則雖德非禹、湯，尚可以法三代之治。

自秦而下，其學不傳，予悼夫聖人之志不明於後世也，故作傳以明之，俾後之人通其文而求其義，得其意而法其用，則三代可復也。是傳也，雖未能極聖人之蘊奧，庶幾學者得其門而入矣。

平生誨人不倦，故學者出其門最多，淵源所漸，皆爲名士。涪人祠頤於北巖，世稱爲伊川先生。嘉定十三年，賜謚曰正公。淳祐元年，封伊陽伯，從祀孔子廟庭。

門人劉絢、李籲、謝良佐、游酢、張繹、蘇昞皆班班可書，附于左。呂大鈞、大臨見大防傳。

張載字子厚，長安人。少喜談兵，至欲結客取洮西之地。年二十一，以書謁范仲淹，一見知其遠器，乃警之曰：「儒者自有名教可樂，何事於兵。」因勸讀中庸。載讀其書，猶以爲未足，又訪諸釋、老，累年究極其說，知無所得，反而求之六經。嘗坐虎皮講易京師，聽從者甚衆。一夕，二程至，與論易，次日語人曰：「比見二程，深明易道，吾所弗及，汝輩可師之。」撤坐輟講。與二程語道學之要，渙然自信曰：「吾道自足，何事旁求。」於是盡棄異學，淳如也。

舉進士，爲祁州司法參軍，雲巖令。政事以敦本善俗爲先，每月吉，具酒食，召鄉人高年會縣庭，親爲勸酬，使人知養老事長之義，因問民疾苦，及告所以訓戒子弟之意。

熙寧初，御史中丞呂公著言其有古學，神宗方一新百度，思得才哲士謀之，召見問治道，對曰：「爲政不法三代者，終苟道也。」帝悅，以爲崇文院校書。他日見王安石，安石問以新政，載曰：「公與人爲善，則人以善歸公；如教玉人琢玉，則宜有不受命者矣。」明州苗振獄起，往治之，末殺其罪。

還朝，卽移疾屏居南山下，終日危坐一室，左右簡編，俯而讀，仰而思，有得則識之，或中夜起坐，取燭以書。其志道精思，未始須臾息，亦未嘗須臾忘也。敝衣蔬食，與諸生講學，每告以知禮成性、變化氣質之道，學必如聖人而後已。以爲知人而不知天，求爲賢人而不求爲聖人，此秦、漢以來學者大蔽也。故其學尊禮貴德、樂天安命，以易爲宗，以中庸爲體，以孔、孟爲法，黜怪妄，辨鬼神。其家昏喪葬祭，率用先王之意，而傳以今禮。又論定井田、宅里、發斂、學校之法，皆欲條理成書，使可舉而措諸事業。

呂大防薦之曰：「載之始終，善發明聖人之遺旨，其論政治略可復古。宜還其舊職，以備諮訪。」乃詔知太常禮院〔三〕。與有司議禮不合，復以疾歸，中道疾甚，沐浴更衣而寢，且而卒。貧無以斂，門人共買棺奉其喪還。翰林學士許將等言其恬於進取，乞加贈卹，詔賜館職半賻。

載學古力行，爲關中士人宗師，世稱爲橫渠先生。著書號正蒙，又作西銘曰：

乾稱父而坤母，予茲藐焉，乃混然中處。故天地之塞吾其體，天地之帥吾其性，民吾同胞，物吾與也。

大君者，吾父母宗子；其大臣，宗子之家相也。尊高年所以長其長，慈孤幼所以幼其幼，聖其合德，賢其秀也。凡天下疲癃殘疾、惸獨鰥寡，皆吾兄弟之顚連而無告者也。「于時保之」，子之翼也。「樂且不憂」，純乎孝者也。違曰悖德，害仁曰賊，濟惡者不才，其踐形惟肖者也。

知化則善述其事，窮神則善繼其志，不愧屋漏爲無忝，存心養性爲匪懈。惡旨酒，崇伯子之顧養；育英材，潁封人之錫類。不弛勞而底豫，舜其功也；無所逃而待烹，申生其恭也。體其受而歸全者，參乎；勇於從而順令者，伯奇也。富貴福澤，將厚吾之生也；貧賤憂戚，庸玉女於成也。存，吾順事；歿，吾寧也。

程頤嘗言：「西銘明理一而分殊，擴前聖所未發，與孟子性善養氣之論同功，自孟子後蓋未之見。」學者至今尊其書。

嘉定十三年，賜謚曰明公。淳祐元年封郿伯，從祀孔子廟庭。弟戩。

戩，字天祺。起進士，調閿鄉主簿，知金堂縣。誠心愛人，養老恤窮，間召父老使教督子弟。民有小善，皆籍記之。以奉錢爲酒食，月吉，召老者飲勞，使其子孫侍，勸以孝弟。民化其德，所至獄訟日少。

熙寧初，爲監察御史裏行。累章論王安石亂法，乞罷條例司及追還常平使者。劾曾公亮、陳升之、趙抃依違不能救正，韓絳左右徇從，與爲死黨，李定以邪諂竊臺諫。且安石擅國，輔以絳之詭隨，臺臣又用定輩，繼續而來，芽蘖漸盛。呂惠卿刻薄辯給，假經術以文姦言，豈宜勸講君側。」書數十上，又詣中書爭之，安石舉扇掩面而笑，戩曰：「戩之狂直宜爲公笑，然天下之笑公者不少矣。」趙抃從旁解之，戩曰：「公亦不得爲無罪。」抃有愧色。遂稱病待罪。出知公安縣，徙監司竹監，至舉家不食筍。常愛用一卒，及將代，自見其人盜筍籜，治之無少貸；罪已正，待之復如初，略不介意，其德量如此。卒于官，年四十七。

邵雍字堯夫。其先范陽人，父古徙衡漳，又徙共城。雍年三十，游河南，葬其親伊水上，遂爲河南人。

雍少時，自雄其才，慷慨欲樹功名。於書無所不讀，始爲學，卽堅苦刻厲，寒不爐，暑不扇，夜不就席者數年。已而歎曰：「昔人尚友於古，而吾獨未及四方。」於是踰河、汾，涉淮、漢，周流齊、魯、宋、鄭之墟，久之，幡然來歸，曰：「道在是矣。」遂不復出。

北海李之才攝共城令，聞雍好學，嘗造其廬，謂曰：「子亦聞物理性命之學乎？」雍對曰：「幸受教。」乃事之才，受河圖、洛書、宓羲八卦六十四卦圖像。之才之傳，遠有端緒，而雍探賾索隱，妙悟神契，洞徹蘊奧，汪洋浩博，多其所自得者。及其學益老，德益卲，玩心高明，以觀夫天地之運化，陰陽之消長，遠而古今世變，微而走飛草木之性情，深造曲暢，庶幾所謂不惑，而非依倣象類、億則屢中者。遂衍宓羲先天之旨，著書十餘萬言行于世，然世之知其道者鮮矣。

初至洛，蓬蓽環堵，不芘風雨，躬樵爨以事父母，雖平居屢空，而怡然有所甚樂，人莫能窺也。及執親喪，哀毁盡禮。富弼、司馬光、呂公著諸賢退居洛中，雅敬雍，恆相從游，爲市園宅。雍歲時耕稼，僅給衣食。名其居曰「安樂窩」，因自號安樂先生。旦則焚香燕坐，晡時酌酒三四甌，微醺即止，常不及醉也，興至輒哦詩自詠。春秋時出遊城中，風雨常不出，出則乘小車，一人挽之，惟意所適。士大夫家識其車音，爭相迎候，童孺廝隸皆讙相謂曰：「吾家先生至也。」不復稱其姓字。或留信宿乃去。好事者别作屋如雍所居，以候其至，名曰「行窩」。

司馬光兄事雍，而二人純德尤鄉里所慕嚮，父子昆弟每相飭曰：「毋爲不善，恐司馬端明、邵先生知。」士之道洛者，有不之公府，必之雍。雍德氣粹然，望之知其賢，然不事表襮，不設防畛，羣居燕笑終日，不爲甚異。與人言，樂道其善而隱其惡。有就問學則答之，未嘗强以語人。人無貴賤少長，一接以誠，故賢者悦其德，不賢者服其化。一時洛中人才特盛，而忠厚之風聞天下。

熙寧行新法，吏牽迫不可爲，或投劾去。雍門生故友居州縣者，皆貽書訪雍，雍曰：「此賢者所當盡力之時，新法固嚴，能寬一分，則民受一分賜矣。投劾何益耶？」

嘉祐詔求遺逸，留守王拱辰以雍應詔，授將作監主簿，復舉逸士，補潁州團練推官，皆固辭乃受命，竟稱疾不之官。熙寧十年，卒，年六十七，贈秘書省著作郎。元祐中賜謚康節。

雍高明英邁，迥出千古，而坦夷渾厚，不見圭角，是以清而不激，和而不流，人與交久，益尊信之。河南程顥初侍其父識雍，論議終日，退而歎曰：「堯夫，內聖外王之學也。」

雍知慮絕人，遇事能前知。程頤嘗曰：「其心虛明，自能知之。」當時學者因雍超詣之識，務高雍所爲，至謂雍有玩世之意；又因雍之前知，謂雍於凡物聲氣之所感觸，輒以其動而推其變焉。於是摭世事之已然者，皆以雍言先之，雍蓋未必然也。

雍疾病，司馬光、張載、程顥、程頤晨夕候之，將終，共議喪葬事外庭，雍皆能聞衆人所言，召子伯溫謂曰：「諸君欲葬我近城地，當從先塋爾。」既葬，顥爲銘墓，稱雍之道純一不雜，就其所至，可謂安且成矣。所著書曰皇極經世、觀物內外篇、漁樵問對，詩曰伊川擊壤集。

子伯溫，別有傳。

## 校勘記

〔一〕責監汝州鹽稅　「鹽稅」，二程文集卷一〇程頤明道先生行狀、宋文鑑卷一四三韓維程伯淳墓誌銘、琬琰集卷二一程宗丞顥傳都作「酒稅」。

〔二〕頤詣宰相問安否　「安」，長編卷四〇四、朱熹朱文公集卷九八伊川先生年譜都作「知」。

〔三〕知太常禮院　按東都事略卷一一四本傳、朱熹伊洛淵源錄卷六橫渠先生行狀、編年綱目卷二〇熙寧十年十一月條都作「同知太常禮院」；長編卷二八三作「兼知太常禮院」。據本書卷一六四職官志「太常寺」條，疑作「同知太常禮院」是。

# 宋史卷四百二十八

## 列傳第一百八十七

### 道學二 程氏門人

劉絢　李籲　謝良佐　游酢　張繹　蘇昞　尹焞　楊時
羅從彥　李侗

劉絢字質夫，常山人。以蔭爲壽安主簿、長子令，督公家逋賦，不假鞭扑而集。歲大旱，府遣吏視傷所，蠲財什二，絢力爭不得，封還其檄，請易之。富弼歎曰：「眞縣令也。」元祐初，韓維薦其經明行修，爲京兆府教授。王巖叟、朱光庭又薦爲太學博士，卒于官。絢力學不倦，最明於春秋。程顥每爲人言：「他人之學，敏則有矣，未易保也，若絢者，吾無疑焉。」

李籲字端伯，洛陽人。登進士第。元祐中爲祕書省校書郎，卒。程頤謂其才器可以大受，及亡也，祭之以文曰：「自予兄弟倡明道學，能使學者視傚而信從者，籲與劉絢有焉。」

謝良佐字顯道，壽春上蔡人。與游酢、呂大臨、楊時在程門，號「四先生」。登進士第。建中靖國初，官京師，召對，忤旨去。監西京竹木場，坐口語繫詔獄，廢爲民。良佐記問該贍，對人稱引前史，至不差一字。事有未徹，則顙有泚。與程頤別一年，復來見，問其所進，曰：「但去得一『矜』字爾。」頤喜，謂朱光庭曰：「是子力學，切問而近思者也。」所著論語說行於世。

游酢字定夫，建州建陽人。與兄醇以文行知名，所交皆天下士。程頤見之京師，謂其資可以進道。程顥興扶溝學，招使肄業，盡棄其學而學焉。第進士，調蕭山尉。近臣薦其賢，召爲太學錄。遷博士，以奉親不便，求知河清縣〔一〕。范純仁守潁昌府，辟府教授。純仁入相，復爲博士，簽書齊州、泉州判官。晚得監察御史，歷知漢陽軍、和舒濠三州而卒。

張繹字思叔，河南壽安人。家甚微，年長未知學，傭力於市，出聞邑官傳呼聲，心慕之，問人曰：「何以得此？」人曰：「此讀書所致爾。」卽發憤力學，遂以文名。預鄉里計偕，謂科舉之習不足爲，嘗游僧舍，見僧道楷，將祝髮從之。時周行己官河南，警之曰：「何爲舍聖人之學而學佛？異日程先生歸，可師也。」會程頤還自涪，乃往受業，頤賞其穎悟。讀孟子「志士不忘在溝壑，勇士不忘喪其元」，慨然若有得。未及仕而卒。頤嘗言「吾晚得二士」，謂繹與尹焞也。

蘇昞字季明，武功人。始學於張載，而事二程卒業。元祐末，呂大中薦之，起布衣爲太常博士。坐元符上書入邪籍，編管饒州，卒。

尹焞字彥明，一字德充，世爲洛人。曾祖仲宣七子，而二子有名：長子源字子漸，是謂河內先生；次子洙字師魯，是謂河南先生。源生林，官至虞部員外郎。林生焞。

少師事程頤，嘗應舉，發策有誅元祐諸臣議，焞曰：「噫，尚可以干祿乎哉！」不對而出，告頤曰：「焞不復應進士舉矣。」頤曰：「子有母在。」焞歸告其母陳，母曰：「吾知汝以善養，不知汝以祿養。」頤聞之曰：「賢哉母也！」於是終身不就舉。焞之從師，與河南張繹同時，繹以高識，焞以篤行。頤既沒，焞聚徒洛中，非弔喪問疾不出戶，士大夫宗仰之。

靖康初，种師道薦焞德行可備勸講，召至京師，不欲留，賜號和靖處士。戶部尚書梅執禮、御史中丞呂好問、戶部侍郎邵溥、中書舍人胡安國合奏：「河南布衣尹焞學窮根本，德備中和，言動可以師法，器識可以任大，近世招延之士無出其右者。朝廷特召，而命處士以歸，使焞韜藏國器，不爲時用，未副陛下側席求賢之意。望特加識擢，以慰士大夫之望。」不報。

次年，金人陷洛，焞闔門被害，焞死復甦，門人舁置山谷中而免。劉豫命僞帥趙斌以禮聘焞，不從則以兵恐之。焞自商州奔蜀，至閬，得程頤易傳十卦於其門人呂稽中，又得全本於其壻邢純，拜而受之。紹興四年，止于涪。涪，頤讀易地也，闢三畏齋以居，邦人不識其面。侍讀范沖舉焞自代，授左宣教郎，充崇政殿說書，以疾辭。范沖奏給五百金爲行資，遣漕臣奉詔至涪親遣。六年，始就道，作文祭頤而後行。

先是，崇寧以來，禁錮元祐學術，高宗渡江，始召楊時置從班，召胡安國居給舍，范沖、朱震俱在講席，薦焞甚力。既召，而左司諫陳公輔上疏攻程氏之學，乞加屏絕。焞至九江，上奏曰：「臣僚上言，程頤之學惑亂天下。焞實師頤垂二十年，學之既專，自信甚篤。使焞濫列經筵，其所敷繹，不過聞於師者。舍其所學，是欺君父，加以疾病衰耗，不能支持。」遂留不進。胡安國奉祠居衡陽，上書言：「欲使學者蹈中庸，師孔、孟，而禁不從程頤之學，是入室而不由戶。」

朱震引疾告去，時趙鼎去位，張浚獨相，於是召安國，俾以內祠兼侍讀，而上章薦焞，言其拒劉豫之節，且謂其所學所養有大過人者，乞令江州守臣疾速津送至國門。復以疾辭，上曰：「焞可謂恬退矣。」詔以秘書郎兼說書，趣起之，焞始入見就職。八年，除秘書少監，未幾，力辭求去。上語參知政事劉大中曰：「焞未論所學淵源，足爲後進矜式，班列得老成人，亦是朝廷氣象。」乃以焞直徽猷閣，主管萬壽觀，留侍經筵。資善堂翊善朱震疾亟，薦焞自代。輔臣入奏，上慘然曰：「楊時物故，胡安國與震又亡，朕痛惜之。」趙鼎曰：「尹焞學問淵源，可以繼震。」上指奏牘曰：「震亦薦焞代資善之職，但焞微聵，恐教兒費力爾。」除太常少卿，仍兼說書。未幾，稱疾在告，除權禮部侍郎兼侍講。

時金人遣張通古、蕭哲來議和，焞上疏曰：

臣伏見本朝有遼、金之禍，亙古未聞，中國無人，致其猾亂。昨者城下之戰，詭詐百出，二帝北狩，皇族播遷，宗社之危，已絕而續。陛下即位以來十有二年，雖中原未復，讎敵未殄，然而賴祖宗德澤之厚，陛下勤撫之至〔三〕，億兆之心無有離異。前年徽宗皇帝、寧德皇后崩問遽來，莫究不豫之狀，天下之人痛心疾首，而陛下方且屈意降志，以迎奉梓宮、請問諱日爲事。今又爲此議，則人心日去，祖宗積累之業，陛下十二年勤撫之功，當決於此矣。不識陛下亦嘗深謀而熟慮乎，抑在廷之臣不以告也？

禮曰：「父母之讎不共戴天，兄弟之讎不反兵。」今陛下信讎敵之譎詐，而覬其肯和以紓目前之急，豈不失不共戴天、不反兵之義乎？又況使人之來，以詔諭爲名，以割地爲要，今以不戴天之讎與之和，臣切爲陛下痛惜之。或以金國內亂，懼我襲己，故爲甘言以緩王師。倘或果然，尤當鼓士卒之心，雪社稷之恥，尙何和之爲務？

又移書秦檜言：

今北使在廷，天下憂憤，若和議一成，彼日益強，我日益怠，侵尋朘削，天下有被髮左衽之憂。比者，竊聞主上以父兄未返，降志辱身於九重之中有年矣，然亦自是未聞金人悔過，還二帝於沙漠。繼之梓宮崩問不詳，天下之人痛恨切骨，金人狠虎貪噬之性，不言可見。天下方將以此望於相公，覬有以革其已然，豈意爲之已甚乎。

今之上策，莫如自治。自治之要，內則進君子而遠小人，外則賞當功而罰當罪，使主上孝弟通於神明，道德成於安彊，勿以小智孑義而圖大功，不勝幸甚。

疏及書皆不報，於是焞固辭新命。

九年，以徽猷閣待制提舉萬壽觀兼侍講，又辭，且奏言：

臣職在勸講，蔑有發明，期月之間，病告相繼，坐竊厚祿，無補聖聰。先聖有言：「陳力就列，不能者止。」此當去者〔三〕一也。臣起自草茅，誤膺召用，守道之語，形于訓詞，而臣貪戀寵榮，遂移素守，使朝廷非常不次之舉，獲懷利苟得之人。此當去者二也。比嘗不量分守，言及國事，識見迂陋，已驗于今，跡其庸愚，豈堪時用。此當去者三也。臣自擢春官，未嘗供職，以疾乞去，更獲超遷，有何功勞，得以祗受。此當去者四也。國朝典法，揆之禮經，年至七十，皆當致仕。今臣年齒已及，加以疾病，血氣既衰，戒之在得。此當去者五也。臣聞聖君有從欲之仁，匹夫有莫奪之志，今臣有五當去之義，無一可留之理，乞檢會累奏〔四〕，放歸田里。

疏上，以焞提舉江州太平觀。引年告老，轉一官致仕。

焞自入經筵，即乞休致，朝廷以禮留之；滂、鼎既去，秦檜當國，見焞議和疏及與檜書已不樂，至是，得求去之疏，遂不復留。十二年，卒。

當是時，學于程頤之門者固多君子，然求質直弘毅、實體力行若焞者蓋鮮。頤嘗以「魯」許之，且曰：「我死，而不失其正者尹氏子也。」其言行見於涪陵記善錄爲詳，有論語解及門人問答傳于世。

楊時字中立，南劍將樂人。幼穎異，能屬文，稍長，潛心經史。熙寧九年，中進士第。時河南程顥與弟頤講孔、孟絕學于熙、豐之際，河、洛之士翕然師之。時調官不赴，以師禮見顥於潁昌，相得甚懽。其歸也，顥目送之曰：「吾道南矣。」四年而顥死，時聞之，設位哭寢門，而以書赴告同學者。至是，又見程頤於洛，時蓋年四十矣。一日見頤，頤偶瞑坐，時與游酢侍立不去，頤既覺，則門外雪深一尺矣。關西張載嘗著西銘，二程深推服之，時疑其近於兼愛，與其師頤辨論往復，聞理一分殊之說，始豁然無疑。

杜門不仕者十年，久之，歷知瀏陽、餘杭、蕭山三縣，皆有惠政，民思之不忘。張舜民在諫垣，薦之，得荆州教授。時安於州縣，未嘗求聞達，而德望日重，四方之士不遠千里從之游，號曰龜山先生。

時天下多故，有言於蔡京者，以爲事至此必敗，宜引舊德老成置諸左右，庶幾猶可及，時宰是之。會有使高麗者，國主問龜山安在，使回以聞。召爲秘書郎，遷著作郎。及面對，奏曰：

堯、舜曰「允執厥中」，孟子曰「湯執中」，洪範曰「皇建其有極」，歷世聖人由斯道也。熙寧之初，大臣文六藝之言以行其私，祖宗之法紛更殆盡。元祐繼之，盡復祖宗之舊，熙寧之法一切廢革。至紹聖、崇寧抑又甚焉，凡元祐之政事著在令甲，皆焚之以滅其跡。自是分爲二黨，縉紳之禍至今未殄。臣願明詔有司，條具祖宗之法，著爲綱目，有宜於今者舉而行之，當損益者損益之，元祐、熙、豐姑置勿問，一趨於中而已。

朝廷方圖燕雲，虛內事外，時遂陳時政之弊，且謂：「燕雲之師宜退守內地，以省轉輸之勞，募邊民爲弓弩手，以殺常勝軍之勢。」又言：「都城居四達之衢，無高山巨浸以爲阻衞，士人懷異心，緩急不可倚仗。」執政不能用。登對，力陳君臣警戒，正在無虞之時，乞爲宣和會計錄，以周知天下財物出入之數。徽宗首肯之。

除邇英殿說書。聞金人入攻，謂執政曰：「今日事勢如積薪已然，當自奮勵，以竦動觀聽。若示以怯懦之形，委靡不振，則事去矣。昔汲黯在朝，淮南寢謀。論黯之才，未必能過公孫弘輩也，特其直氣可以鎭壓姦雄之心爾。朝廷威望弗振，使姦雄一以弘輩視之，則無復可爲也。要害之地，當嚴爲守備，比至都城，尙何及哉？近邊州軍宜堅壁淸野，勿與之戰，使之自困。若攻戰略地，當遣援兵追襲，使之腹背受敵，則可以制勝矣。」且謂：「今日之事，當以收人心爲先。人心不附，雖有高城深池、堅甲利兵，不足恃也。免夫之役，毒被海內，西城聚斂〔三〕，東南花石，其害尤甚。前此蓋嘗罷之，詔墨未乾，而花石供奉之舟已銜尾矣。今雖復申前令，而禍根不除，人誰信之？欲致人和，去此三者，正今日之先務也。」

金人圍京城，勤王之兵四集，而莫相統一。時言：「唐九節度之師不立統帥，雖李、郭之善用兵，猶不免敗衄。今諸路烏合之衆，臣謂當立統帥，一號令，示紀律，而後士卒始用命。」又言：「童貫爲三路大帥，敵人侵疆，棄軍而歸，孥戮之有餘罪，朝廷置之不問，故梁方平、何灌皆相繼而遁。當正典刑，以爲臣子不忠之戒。童貫握兵二十餘年，覆軍殺將，馴至今日，比聞防城仍用閹人，覆車之轍，不可復蹈。」疏上，除右諫議大夫兼侍講。

敵兵初退，議者欲割三鎭以講和，時極言其不可，曰：「河朔爲朝廷重地，而三鎭又河朔之要藩也。自周世宗迄太祖、太宗，百戰而後得之，一旦棄之北庭，使敵騎疾驅，貫吾腹心，不數日可至京城。今聞三鎭之民以死拒之，三鎭拒其前，吾以重兵躡其後，尙可爲也。若种師道、劉光世皆一時名將，始至而未用，乞召問方略。」疏上，欽宗詔出師，而議者多持兩端，時抗疏曰：「聞金人駐磁、相，破大名，劫虜驅掠，無有紀極，誓墨未乾，而背不旋踵，吾雖欲專守和議，不可得也。夫越數千里之遠，犯人國都，危道也。彼見勤王之師四面而集，亦懼而歸，非愛我而不攻。朝廷割三鎭二十州之地與之〔六〕，是欲助寇而自攻也。聞肅王初與之約，及河而返，今挾之以往，此敗盟之大者。臣竊謂朝廷宜以肅王爲問，責其敗盟，必得肅王而後已。」時太原圍閉數月，而姚古擁兵逗留不進，時上疏乞誅古以肅軍政，拔偏裨之可將者代之。不報。

李綱之罷，太學生伏闕上書，乞留綱與种師道，軍民集者數十萬，朝廷欲防禁之。吳敏乞用時以靖太學，時得召對，言：「諸生伏闕紛紛，忠於朝廷，非有他意，但擇老成有行誼者爲之長貳，則將自定。」欽宗曰：「無逾於卿。」遂以時兼國子祭酒。首言：「三省政事所出，六曹分治，各有攸司。今乃別辟官屬〔七〕，新進少年，未必賢於六曹長貳。」又言：

蔡京用事二十餘年，蠹國害民，幾危宗社，人所切齒，而論其罪者，莫知其所本也。蓋京以繼述神宗爲名，實挾王安石以圖身利，故推尊安石，加以王爵，配饗孔子廟庭。今日之禍，實安石有以啓之。

謹按安石挾管、商之術，飭六藝以文姦言，變亂祖宗法度。當時司馬光已言其爲害當見於數十年之後，今日之事，若合符契。其著爲邪說以塗學者耳目，而敗壞其心術者，不可縷數，姑即一二事明之。

昔神宗嘗稱美漢文惜百金以罷露臺，安石乃言：「陛下若能以堯、舜之道治天下，雖竭天下以自奉不爲過，守財之言非正理。」曾不知堯、舜茅茨土階，禹曰「克儉于家」，則竭天下以自奉者，必非堯、舜之道。其後王黼以應奉花石之事，竭天下之力，號爲享上，實安石有以倡之也。其釋鳧鷖守成之詩，於末章則謂：「以道守成者，役使羣衆，泰而不爲驕，宰制萬物，費而不爲侈，孰弊弊然以愛爲事。」詩之所言，正謂能持盈則神祇祖考安樂之，而無後艱爾。自古釋之者，未有泰而不爲驕、費而不爲侈之說也。安石獨倡爲此說，以啓人主之侈心。後蔡京輩輕費妄用，以侈靡爲事。安石邪說之害如此。

伏望追奪王爵，明詔中外，毁去配享之像，使邪說淫辭不爲學者之惑。

疏上，安石遂降從祀之列。士之習王氏學取科第者，已數十年，不復知其非，忽聞以爲邪說，議論紛然。諫官馮澥力主王氏，上疏詆時。會學官中有紛爭者，有旨學官並罷，時亦罷祭酒。

時又言：「元祐黨籍中，惟司馬光一人獨褒顯，而未及呂公著、韓維、范純仁、呂大防、安燾輩。建中初言官陳瓘已褒贈，而未及鄒浩。」於是元祐諸臣皆次第牽復。

尋四上章乞罷諫省，除給事中，辭，乞致仕，除徽猷閣直學士、提舉嵩山崇福宮。時力辭直學士之命，改除徽猷閣待制、提舉崇福宮。陛辭，猶上書乞選將練兵，爲戰守之備。

高宗卽位，除工部侍郞。陛對言：「自古聖賢之君，未有不以典學爲務。」除兼侍讀。乞修建炎會計錄，乞恤勤王之兵，乞寬假言者。連章丐外，以龍圖閣直學士提舉杭州洞霄宮。已而告老，以本官致仕，優游林泉，以著書講學爲事。卒年八十三，謚文靖。

時在東郡，所交皆天下士，先達陳瓘、鄒浩皆以師禮事時。暨渡江，東南學者推時爲程氏正宗。與胡安國往來講論尤多。時浮沉州縣四十有七年，晚居諫省，僅九十日，凡所論列皆切於世道，而其大者，則闢王氏經學，排靖康和議，使邪說不作。凡紹興初崇尚元祐學術，而朱熹、張栻之學得程氏之正，其源委脈絡皆出於時。

子迪，力學通經，亦嘗師程頤云。

羅從彥字仲素，南劍人。以累舉恩爲惠州博羅縣主簿。聞同郡楊時得河南程氏學，慨然慕之，及時爲蕭山令，遂徒步往學焉。時熟察之，乃喜曰：「惟從彥可與言道。」於是日益以親，時弟子千餘人，無及從彥者。從彥初見時三日，卽驚汗浹背，曰：「不至是，幾虛過一生矣。」嘗與時講易，至乾九四爻，云：「伊川說甚善。」從彥卽鬻田走洛，見頤問之，頤反覆以告，從彥謝曰：「聞之龜山具是矣。」乃歸卒業。

沙縣陳淵，楊時之壻也，嘗詣從彥，必竟日乃返，謂人曰：「自吾交仲素，日聞所不聞，奧學清節，眞南州之冠冕也。」既而築室山中，絕意仕進，終日端坐，間謁時將溪上，吟詠而歸，恆充然自得焉。

嘗采祖宗故事爲遵堯錄，靖康中，擬獻闕下，會國難不果。嘗與學者論治曰：「祖宗法度不可廢，德澤不可恃。廢法度則變亂之事起，恃德澤則驕佚之心生。自古德澤最厚莫若堯、舜，向使子孫可恃，則堯、舜必傳其子。法度之明莫如周，向使子孫世守文、武、成、康之遺緒，雖至今存可也。」又曰：「君子在朝則天下治，蓋君子進則常有治世之言，使人主多憂而善心生，故治。小人在朝則天下亂，蓋小人進則常有亂世之言，使人主多樂而怠心生，故亂。」又曰：「天下之變不起於四方，而起於朝廷。譬如人之傷氣，則寒暑易侵；木之傷心，則風雨易折。故內有林甫之姦，則外必有祿山之亂；內有盧杞之姦，則外必有朱泚之叛。」

其論士行曰：「周、孔之心使人明道，學者果能明道，則周、孔之心，深自得之。三代人才得周、孔之心，而明道者多，故視死生去就如寒暑晝夜之移，而忠義行之者易。至漢、唐以經術古文相尙，而失周、孔之心，故經術自董生、公孫弘倡之，古文自韓愈、柳宗元啓之，於是明道者寡，故視死生去就如萬鈞九鼎之重，而忠義行之者難。嗚呼，學者所見，自漢、唐喪矣。」又曰：「士之立朝，要以正直忠厚爲本。正直則朝廷無過失，忠厚則天下無嗟怨。一於正直而不忠厚，則漸入於刻；一於忠厚而不正直，則流入於懦。」其議論醇正類此。朱熹謂：「龜山倡道東南，士之游其門者甚衆，然潛思力行、任重詣極如仲素，一人而已。」紹興中卒，學者稱之曰豫章先生，淳祐間謚文質。

李侗字愿中，南劍州劍浦人。年二十四，聞郡人羅從彥得河、洛之學，遂以書謁之，其略曰：

侗聞之，天下有三本焉，父生之，師教之，君治之，闕其一則本不立。古之聖賢莫不有師，其肄業之勤惰，涉道之淺深，求益之先後，若存若亡，其詳不可得而考。惟洙、泗之間，七十二弟子之徒，議論問答，具在方册，有足稽焉，是得夫子而益明矣。孟氏之後，道失其傳，枝分派別，自立門戶，天下眞儒不復見於世。其聚徒成羣，所以相傳授者，句讀文義而已爾，謂之熄焉可也。

其惟先生服膺龜山先生之講席有年矣，況嘗及伊川先生之門，得不傳之道於千五百年之後，性明而修，行完而潔，擴之以廣大，體之以仁恕，精深微妙，各極其至，漢、唐諸儒無近似者。至於不言而飲人以和，與人並立而使人化，如春風發物，蓋亦莫知其所以然也。凡讀聖賢之書，粗有識見者，孰不願得授經門下，以質所疑，至於異論之人，固當置而勿論也。

侗之愚鄙，徒以習舉子業，不得服役於門下，而今日拳拳欲求教者，以謂所求有大於利祿也。抑侗聞之，道可以治心，猶食之充飽，衣之禦寒也。人有迫於飢寒之患者，皇皇焉爲衣食之謀，造次顚沛，未始忘也。至於心之不治，有沒世不知慮，豈愛心不若口體哉，弗思甚矣。

侗不量資質之陋，徒以祖父以儒學起家，不忍墜箕裘之業，孜孜矻矻爲利祿之學，雖知眞儒有作，聞風而起，固不若先生親炙之得於動靜語默之間，目擊而意全也。今生二十有四歲，茫乎未有所止，燭理未明而是非無以辨，宅心不廣而喜怒易以搖，操履不完而悔吝多，精神不充而智巧襲，揀焉而不淨，守焉而不敷，朝夕恐懼，不啻如飢寒切身者求充飢禦寒之具也。不然，安敢以不肖之身爲先生之累哉。

從之累年，授春秋、中庸、語、孟之說。從彥好靜坐，侗退入室中，亦靜坐。從彥令靜中看喜怒哀樂未發前氣象，而求所謂「中」者，久之，而於天下之理該攝洞貫，以次融釋，各有條序，從彥亟稱許焉。

既而退居山田，謝絕世故餘四十年，食飲或不充，而怡然自適。事親孝謹，仲兄性剛多忤，侗事之得其懽心。閨門內外，夷愉肅穆，若無人聲，而衆事自理。親戚有貧不能婚嫁者，則爲經理振助之。與鄉人處，飲食言笑，終日油油如也。

其接後學，答問不倦，雖隨人淺深施敎，而必自反身自得始。故其言曰：「學問之道不在多言，但默坐澄心，體認天理。若是，雖一毫私欲之發，亦退聽矣。」又曰：「學者之病，在於未有洒然冰解凍釋處。如孔門諸子，羣居終日，交相切磨，又得夫子爲之依歸，日用之間觀感而化者多矣。恐於融釋而不脫落處〔八〕，非言說所及也。」又曰：「讀書者知其所言莫非吾事，而卽吾身以求之，則凡聖賢所至而吾所未至者，皆可勉而進矣。若直求之文字，以資誦說，其不爲玩物喪志者幾希。」又曰：「講學切在深潛縝密，然後氣味深長，蹊徑不差。若槪以理一，而不察其分之殊，此學者所以流於疑似亂眞之說而不自知也。」嘗以黃庭堅之稱濂溪周茂叔「胸中灑落，如光風霽月」，爲善形容有道者氣象，嘗諷誦之，而顧謂學者存此於胸中，庶幾遇事廓然，而義理少進矣。

其語中庸曰：「聖門之傳是書，其所以開悟後學無遺策矣。然所謂『喜怒哀樂未發謂之中』者，又一篇之指要也。若徒記誦而已，則亦奚以爲哉？必也體之於身，實見是理，若顏子之歎，卓然若有所見，而不違乎心目之間，然後擴充而往，無所不通，則庶乎其可以言中庸矣。」其語春秋曰：「春秋一事各是發明一例，如觀山水，徙步而形勢不同，不可拘以一法。然所以難言者，蓋以常人之心推測聖人，未到聖人灑然處，豈能無失耶？」

侗既閑居，若無意當世，而傷時憂國，論事感激動人。嘗曰：「今日三綱不振，義利不分。三綱不振，故人心邪僻，不堪任用，是致上下之氣間隔，而中國日衰。義利不分，故自王安石用事，陷溺人心，至今不自知覺。人趨利而不知義，則主勢日孤，人主當於此留意，不然，則是所謂『雖有粟，吾得而食諸』也。」

是時吏部員外郎朱松與侗爲同門友，雅重侗，遣子熹從學，熹卒得其傳。沙縣鄧迪嘗謂松曰：「愿中如冰壺秋月，瑩徹無瑕，非吾曹所及。」松以謂知言。而熹亦稱侗：「姿禀勁特，氣節豪邁，而充養完粹，無復圭角，精純之氣達於面目，色溫言厲，神定氣和，語默動靜，端詳閑泰，自然之中若有成法。平日恂恂，於事若無甚可否，及其酬酢事變，斷以義理，則有截然不可犯者。」又謂自從侗學，辭去復來，則所聞益超絕。其上達不已如此。

侗子友直、信甫皆舉進士，試吏旁郡，更請迎養。歸道武夷，會閩帥汪應辰以書幣來迎，侗往見之，至之日疾作，遂卒，年七十有一。

信甫仕至監察御史，出知衢州，擢廣東、江東憲，以特立不容於朝云。

# 校勘記

〔一〕河清縣　「河淸」原作「河陽」，據朱熹伊洛淵源錄卷九游察院墓誌記、李幼武皇朝道學名臣言行外錄卷七游酢條改。

〔二〕陛下勤撫之至　「勤撫」原作「勤苦」，據皇朝道學名臣言行外錄卷九尹焞條、繫年要錄卷一二四改。

〔三〕此當去者　「者」字原脫，據尹焞尹和靖集辭免除徽猷閣待制第三劄補。

〔四〕乞檢會累奏　「奏」字原脫，據尹和靖集辭免除徽猷閣待制第三劄補。

〔五〕西城聚斂　「西城」原作「京城」，據楊時楊龜山先生集卷四論金人入寇其二、皇朝道學名臣言行外錄卷六楊時條改。

〔六〕三鎭二十州　「二十」原作「三十」，據楊龜山先生集卷首胡安國楊時墓誌銘、北盟會編卷三九改。

〔七〕別辟官屬　「辟」原作「辭」，據楊龜山先生集卷首呂本中行狀略改。

〔八〕恐於融釋而不脫落處　按朱熹朱文公文集卷九七李公行狀、皇朝道學名臣言行外錄卷一一李侗條，「而」下均無「不」字。

# 宋史卷四百二十九

## 列傳第一百八十八

### 道學三

朱熹　張栻

朱熹字元晦，一字仲晦，徽州婺源人。父松字喬年，中進士第。胡世將、謝克家薦之，除祕書省正字。趙鼎都督川陝、荊、襄軍馬，招松爲屬，辭。鼎再相，除校書郎，遷著作郎。以御史中丞常同薦，除度支員外郎，兼史館校勘，歷司勳、吏部郎。秦檜決策議和，松與同列上章，極言其不可。檜怒，風御史論松懷異自賢，出知饒州，未上，卒。

熹幼穎悟，甫能言，父指天示之曰：「天也。」熹問曰：「天之上何物？」松異之。就傅，授以孝經，一閱，題其上曰：「不若是，非人也。」嘗從羣兒戲沙上，獨端坐以指畫沙，視之，八卦也。年十八貢于鄉，中紹興十八年進士第。主泉州同安簿，選邑秀民充弟子員，日與講說聖賢修己治人之道，禁女婦之爲僧道者。罷歸請祠，監潭州南嶽廟。明年，以輔臣薦，與徐度、呂廣問、韓元吉同召，以疾辭。

孝宗卽位，詔求直言，熹上封事言：「聖躬雖未有過失，而帝王之學不可以不熟講。朝政雖未有闕遺，而修攘之計不可以不早定。利害休戚雖不可偏舉，而本原之地不可以不加意。陛下毓德之初，親御簡策，不過風誦文辭，吟詠情性，又頗留意於老子、釋氏之書。夫記誦詞藻，非所以探淵源而出治道；虛無寂滅，非所以貫本末而立大中。帝王之學，必先格物致知，以極夫事物之變，使義理所存，纖悉畢照，則自然意誠心正，而可以應天下之務。」次言：「修攘之計不時定者，講和之說誤之也。夫金人於我有不共戴天之讎，則不可和也明矣。願斷以義理之公，閉關絕約，任賢使能，立紀綱，厲風俗。數年之後，國富兵強，視吾力之強弱，觀彼釁之淺深，徐起而圖之。」次言：「四海利病，係斯民之休戚，斯民休戚，係守令之賢否。監司者守令之綱，朝廷者監司之本也。欲斯民之得其所，本原之地亦在朝廷而已。今之監司，姦贓狼籍、肆虐以病民者，莫非宰執、臺諫之親舊賓客。其已失勢者，既按見其交私之狀而斥去之；尚在勢者，豈無其人，顧陛下無自而知之耳。」

隆興元年，復召。入對，其一言：「大學之道在乎格物以致其知。陛下雖有生知之性，高世之行，而未嘗隨事以觀理，卽理以應事。是以舉措之間動涉疑貳，聽納之際未免蔽欺，平治之效所以未著。」其二言：「君父之讎不與共戴天。今日所當爲者，非戰無以復讎，非守無以制勝。」且陳古先聖王所以強本折衝、威制遠人之道。時相湯思退方倡和議，除熹武學博士，待次。乾道元年，促就職，既至而洪适爲相，復主和，論不合，歸。

三年，陳俊卿、劉珙薦爲樞密院編修官，待次。五年，丁內艱。六年，工部侍郎胡銓以詩人薦，與王庭珪同召，以未終喪辭。七年，既免喪，復召，以祿不及養辭。九年，梁克家相，申前命，又辭。克家奏熹屢召不起，宜蒙褒錄，執政俱稱之，上曰：「熹安貧守道，廉退可嘉。」特改合入官，主管台州崇道觀。熹以求退得進，於義未安，再辭。淳熙元年，始拜命。二年，上欲奬用廉退，以勵風俗，龔茂良行丞相事，以熹名進，除祕書郎，力辭，且以手書遺茂良，言一時權倖。羣小乘間讒毀，乃因熹再辭，卽從其請，主管武夷山冲佑觀。

五年，史浩再相，除知南康軍，降旨便道之官，熹再辭，不許。至郡，興利除害，値歲不雨，講求荒政，多所全活。訖事，奏乞依格推賞納粟人。間詣郡學，引進士子與之講論。訪白鹿洞書院遺址，奏復其舊，爲學規俾守之。明年夏，大旱，詔監司、郡守條其民間利病，遂上疏言：

天下之務莫大於恤民，而恤民之本，在人君正心術以立紀綱。蓋天下之紀綱不能以自立，必人主之心術公平正大，無偏黨反側之私，然後有所繫而立。君心不能以自正，必親賢臣，遠小人，講明義理之歸，閉塞私邪之路，然後乃可得而正。

今宰相、臺省、師傅、賓友、諫諍之臣皆失其職，而陛下所與親密謀議者，不過一二近習之臣。上以蠱惑陛下之心志，使陛下不信先王之大道，而說於功利之卑說，不樂莊士之讜言，而安於私暬之鄙態。下則招集天下士大夫之嗜利無恥者，文武彙分，各入其門。所喜則陰爲引援，擢置清顯。所惡則密行訾毁，公肆擠排。交通貨賂，所盜者皆陛下之財。命卿置將，所竊者皆陛下之柄。陛下所謂宰相、師傅、賓友、諫諍之臣，或反出入其門牆〔一〕，承望其風旨；其幸能自立者，亦不過齪齪自守，而未嘗敢一言以斥之；其甚畏公論者，乃能略警逐其徒黨之一二，旣不能深有所傷，而終亦不敢正言以擣其囊橐窟穴之所在。勢成威立，中外靡然向之，使陛下之號令黜陟不復出於朝廷，而出於一二人之門，名爲陛下獨斷，而實此一二人者陰執其柄。

且云：「莫大之禍，必至之憂，近在朝夕，而陛下獨未之知。」上讀之，大怒曰：「是以我爲亡也。」熹以疾請祠，不報。

陳俊卿以舊相守金陵，過闕入見，薦熹甚力。宰相趙雄言於上曰：「士之好名，陛下疾之愈甚，則人之譽之愈衆，無乃適所以高之。不若因其長而用之，彼漸當事任，能否自見矣。」上以爲然，乃除熹提舉江西常平茶鹽公事。旋錄救荒之勞，除直祕閣，以前所奏納粟人未推賞，辭。

會浙東大饑，宰相王淮奏改熹提舉浙東常平茶鹽公事，卽日單車就道，復以納粟人未推賞，辭職名。納粟賞行，遂受職名。入對，首陳災異之由與修德任人之說，次言：「陛下卽政之初，蓋嘗選建英豪，任以政事，不幸其間不能盡得其人，是以不復廣求賢哲，而姑取軟熟易制之人以充其位。於是左右私褻使令之賤，始得以奉燕閒，備驅使，而宰相之權日輕。又慮其勢有所偏，而因重以壅己也，則時聽外廷之論，將以陰察此輩之負犯而操切之。陛下既未能循天理、公聖心，以正朝廷之大體，則固已失其本矣，而又欲兼聽士大夫之言，以爲駕馭之術，則士大夫之進見有時，而近習之從容無間。士大夫之禮貌既莊而難親，其議論又苦而難入，近習便辟側媚之態既足以蠱心志，其胥史狡獪之術又足以眩聰明。是以雖欲微抑此輩，而此輩之勢日重，雖欲兼采公論，而士大夫之勢日輕。重者既挾其重，以竊陛下之權，輕者又借力於所重，以爲竊位固寵之計。日往月來，浸淫耗蝕，使陛下之德業日隳，綱紀日壞，邪佞充塞，貨賂公行，兵愁民怨，盜賊間作，災異數見，饑饉荐臻。羣小相挻，人人皆得滿其所欲，惟有陛下了無所得，而顧乃獨受其弊。」上爲動容。所奏凡七事，其一二事手書以防宣洩。

熹始拜命，卽移書他郡，募米商，蠲其征，及至，則客舟之米已輻湊。熹日鉤訪民隱，按行境內，單車屏徒從，所至人不及知。郡縣官吏憚其風采，至自引去，所部肅然。凡丁錢、和買、役法、榷酤之政，有不便於民者，悉釐而革之。於救荒之餘，隨事處畫，必爲經久之計。有短熹者，謂其疏於爲政，上謂王淮曰：「朱熹政事却有可觀。」

熹以前後奏請多所見抑，幸而從者，率稽緩後時，蝗旱相仍，不勝憂憤，復奏言：「爲今之計，獨有斷自聖心，沛然發號，責躬求言，然後君臣相戒，痛自省改。其次惟有盡出內庫之錢，以供大禮之費爲收糴之本，詔戶部免徵舊負，詔漕臣依條檢放租稅，詔宰臣沙汰被災路分州軍監司、守臣之無狀者，遴選賢能，責以荒政，庶幾猶足下結人心，消其乘時作亂之意。不然，臣恐所憂者不止於飢殍，而將在於盜賊；蒙其害者不止於官吏，而上及於國家也。」

知台州唐仲友與王淮同里爲姻家，吏部尚書鄭丙、侍御史張大經交薦之，遷江西提刑，未行。熹行部至台，訟仲友者紛然，按得其實，章三上，淮匿不以聞。熹論愈力，仲友亦自辯，淮乃以熹章進呈，上令宰屬看詳，都司陳庸等乞令浙西提刑委清強官究實，仍令熹速往旱傷州郡相視。熹時留台未行，既奉詔，益上章論，前後六上，淮不得已，奪仲友江西新命以授熹，辭不拜，遂歸，且乞奉祠。

時鄭丙上疏詆程氏之學以沮熹，淮又擢太府寺丞陳賈爲監察御史。賈面對，首論近日搢紳有所謂「道學」者，大率假名以濟僞，願考察其人，擯棄勿用。蓋指熹也。十年，詔以熹累乞奉祠，可差主管台州崇道觀，既而連奉雲臺、鴻慶之祠者五年。十四年，周必大相，除熹提點江西刑獄公事，以疾辭，不許，遂行。

十五年，淮罷相，遂入奏，首言近年刑獄失當，獄官當擇其人。次言經總制錢之病民，及江西諸州科罰之弊。而其末言：「陛下即位二十七年，因循荏苒，無尺寸之效可以仰酬聖志。嘗反覆思之，無乃燕閒蠖濩之中，虛明應物之地，天理有所未純，人欲有所未盡，是以爲善不能充其量，除惡不能去其根，一念之頃，公私邪正、是非得失之機，交戰於其中。故體貌大臣非不厚，而便嬖側媚得以深被腹心之寄；寤寐英豪非不切，而柔邪庸繆得以久竊廊廟之權。非不樂聞公議正論，而有時不容；非不堲讒說殄行，而未免誤聽；非不欲報復陵廟讎恥，而未免畏怯苟安；非不愛養生靈財力，而未免歎息愁怨。願陛下自今以往，一念之頃必謹而察之：此爲天理耶，人欲耶？果天理也，則敬以充之，而不使其少有壅閼；果人欲也，則敬以克之，而不使其少有凝滯。推而至於言語動作之間，用人處事之際，無不以是裁之，則聖心洞然，中外融澈，無一毫之私欲得以介乎其間，而天下之事將惟陛下所欲爲，無不如志矣。」是行也，有要之於路，以爲「正心誠意」之論上所厭聞，戒勿以爲言。熹曰：「吾平生所學，惟此四字，豈可隱默以欺吾君乎？」及奏，上曰：「久不見卿，浙東之事，朕自知之，今當處卿清要，不復以州縣爲煩也。」

時曾覿已死，王抃亦逐，獨內侍甘昪尚在，熹力以爲言。上曰：「昪乃德壽所薦，謂其有才耳。」熹曰：「小人無才，安能動人主。」翌日，除兵部郎官，以足疾丐祠。本部侍郎林栗嘗與熹論易、西銘不合，劾熹：「本無學術，徒竊張載、程頤緒餘，謂之『道學』。所至輒攜門生數十人，妄希孔、孟歷聘之風，邀索高價，不肯供職，其僞不可掩。」上曰：「林栗言似過。」周必大言熹上殿之日，足疾未瘳，勉強登對。上曰：「朕亦見其跛曳。」左補闕薛叔似亦奏援熹，乃令依舊職江西提刑。太常博士葉適上疏與栗辨，謂其言無一實者，「謂之道學」一語，無實尤甚，往日王淮表裏臺諫，陰廢正人，蓋用此術。詔：「熹昨入對，所論皆新任職事，朕諒其誠，復從所請，可疾速之任。」會胡晉臣除侍御史，首論栗執拗不通，喜同惡異，無事而指學者爲黨，乃黜栗知泉州。熹再辭免，除直寶文閣，主管西京嵩山崇福宮。未踰月再召，熹又辭。

始，熹嘗以爲口陳之說有所未盡，乞具封事以聞，至是投匭進封事曰：

今天下大勢，如人有重病，內自心腹，外達四支，無一毛一髮不受病者。且以天下之大本與今日之急務，爲陛下言之：大本者，陛下之心；急務則輔翼太子，選任大臣，振舉綱紀，變化風俗，愛養民力，修明軍政，六者是也。

古先聖王兢兢業業，持守此心，是以建師保之官，列諫諍之職，凡飲食、酒漿、衣服、次舍、器用、財賄與夫宦官、宮妾之政，無一不領於冢宰。使其左右前後，一動一靜，無不制以有司之法，而無纖芥之隙、瞬息之頃，得以隱其毫髮之私。陛下所以精一克復而持守其心，果有如此之功乎？所以修身齊家而正其左右，果有如此之效乎？宮省事禁，臣固不得而知，然爵賞之濫，貨賂之流，閭巷竊言，久已不勝其籍籍，則陛下所以修之家者，恐其未有以及古之聖王也。

至於左右便嬖之私，恩遇過當，往者淵、覿、說、抃之徒勢焰熏灼，傾動一時，今已無可言矣。獨有前日臣所面陳者，雖蒙聖慈委曲開譬，然臣之愚，竊以爲此輩但當使之守門傳命，供掃除之役，不當假借崇長，使得逞邪媚、作淫巧於內，以蕩上心，立門庭、招權勢於外，以累聖政。臣聞之道路，自王抃既逐之後，諸將差除，多出此人之手。陛下竭生靈膏血以奉軍旅，顧乃未嘗得一溫飽，是皆將帥巧爲名色，奪取其糧，肆行貨賂於近習，以圖進用，出入禁闥腹心之臣，外交將帥，共爲欺蔽，以至於此。而陛下不悟，反寵暱之，以是爲我之私人，至使宰相不得議其制置之得失，給諫不得論其除授之是非，則陛下所以正其左右者，未能及古之聖王又明矣。

至於輔翼太子，則自王十朋、陳良翰之後，宮僚之選號爲得人，而能稱其職者，蓋已鮮矣。而又時使邪佞儇薄、闒冗庸妄之輩，或得參錯於其間，所謂講讀，亦姑以應文備數，而未聞其有箴規之効。至於從容朝夕、陪侍遊燕者，又不過使臣宦者數輩而已。師傅、賓客既不復置，而詹事、庶子有名無實，其左右春坊遂直以使臣掌之，既無以發其隆師親友、尊德樂義之心，又無以防其戲慢媟狎、奇衺雜進之害。宜討論前典，置師傅、賓客之官，罷去春坊使臣，而使詹事、庶子各復其職。

至於選任大臣，則以陛下之聰明，豈不知天下之事，必得剛明公正之人而後可任哉？其所以常不得如此之人，而反容鄙夫之竊位者，直以一念之間，未能徹其私邪之蔽，而燕私之好，便嬖之流，不能盡由於法度，若用剛明公正之人以為輔相，則恐其有以妨吾之事，害吾之人，而不得肆。是以選擇之際，常先排擯此等，而後取凡疲懦軟熟、平日不敢直言正色之人而揣摩之，又於其中得其至庸極陋、決可保其不至於有所妨者，然後舉而加之於位〔三〕。是以除書未出，而物色先定，姓名未顯，而中外已逆知其決非天下第一流矣。

至於振肅紀綱，變化風俗，則今日宮省之間，禁密之地，而天下不公之道，不正之人，顧乃得以窟穴盤據於其間。而陛下目見耳聞，無非不公不正之事，則其所以熏烝銷鑠，使陛下好善之心不著，疾惡之意不深，其害已有不可勝言者矣。及其作姦犯法，則陛下又未能深割私愛，而付諸外廷之議，論以有司之法，是以紀綱不正於上，風俗頹弊於下，其爲患之日久矣。而浙中爲尤甚。大率習爲軟美之態、依阿之言，以不分是非、不辨曲直爲得計，甚者以金珠爲脯醢，以契劵爲詩文，宰相可啗則啗宰相，近習可通則通近習，惟得之求，無復廉恥。一有剛毅正直、守道循理之士出乎其間，則羣譏衆排，指爲「道學」，而加以矯激之罪。十數年來，以此二字禁錮天下之賢人君子，復如昔時所謂元祐學術者，排擯詆辱，必使無所容其身而後已，此豈治世之事哉？

至於愛養民力，修明軍政，則自虞允文之爲相也，盡取版曹歲入窠名之必可指擬者，號爲歲終羨餘之數，而輸之內帑。顧以其有名無實、積累掛欠、空載簿籍、不可催理者，撥還版曹，以爲內帑之積，將以備他日用兵進取不時之須。然自是以來二十餘年，內帑歲入不知幾何，而認爲私貯，典以私人，宰相不得以式貢均節其出入，版曹不得以簿書勾考其在亡，日銷月耗，以奉燕私之費者，蓋不知其幾何矣，而曷嘗聞其能用此錢以易敵人之首，如太祖之言哉。徒使版曹經費闕乏日甚，督促日峻，以至廢去祖宗以來破分良法，而必以十分登足爲限；以爲未足，則又造爲比較監司、郡守殿最之法，以誘脅之。於是中外承風，競爲苛急，此民力之所以重困也。

諸將之求進也，必先掊剋士卒，以殖私利，然後以此自結於陛下之私人，而蘄以姓名達於陛下之貴將。貴將得其姓名，卽以付之軍中，使自什伍以上節次保明，稱其材武堪任將帥，然後具奏牘而言之陛下之前。陛下但見等級推先，案牘具備，則誠以爲公薦而可以得人矣，而豈知其諧價輸錢，已若晚唐之債帥哉？夫將者，三軍之司命，而其選置之方乖剌如此，則彼智勇材略之人，孰肯抑心下首於宦官、宮妾之門，而陛下之所得以爲將帥者，皆庸夫走卒，而猶望其修明軍政，激勸士卒，以彊國勢，豈不誤哉！

凡此六事，皆不可緩，而本在於陛下之一心。一心正則六事無不正，一有人心私欲以介乎其間，則雖欲憊精勞力，以求正夫六事者，亦將徒爲文具，而天下之事愈至於不可爲矣。

疏入，夜漏下七刻，上已就寢，亟起秉燭，讀之終篇。明日，除主管太一宮，兼崇政殿說書。熹力辭，除祕閣修撰，奉外祠。

光宗卽位，再辭職名，仍舊直寶文閣，降詔獎諭。居數月，除江東轉運副使，以疾辭，改知漳州。奏除屬縣無名之賦七百萬，減經總制錢四百萬。以習俗未知禮，采古喪葬嫁娶之儀，揭以示之，命父老解說，以敎子弟。土俗崇信釋氏，男女聚僧廬爲傳經會，女不嫁者爲庵舍以居，熹悉禁之。常病經界不行之害，會朝論欲行泉、汀、漳三州經界，熹乃訪事宜，擇人物及方量之法上之。而土居豪右侵漁貧弱者以爲不便，沮之。宰相留正，泉人也，其里黨亦多以爲不可行。布衣吳禹圭上書訟其擾人，詔且需後，有旨先行漳州經界。明年，以子喪請祠。

時史浩入見，請收天下人望，乃除熹祕閣修撰，主管南京鴻慶宮。熹再辭，詔：「論撰之職，以寵名儒。」乃拜命。除荊湖南路轉運副使，辭。漳州經界竟報罷，以言不用自劾。除知靜江府，辭，主管南京鴻慶宮。未幾，差知潭州，力辭。黃裳爲嘉王府翊善，自以學不及熹，乞召爲宮僚，王府直講彭龜年亦爲大臣言之。留正曰：「正非不知熹，但其性剛，恐到此不合，反爲累耳。」熹方再辭，有旨：「長沙巨屏，得賢爲重。」遂拜命。會洞獠擾屬郡，熹遣人諭以禍福，皆降之。申敕令，嚴武備，戢姦吏，抑豪民。所至興學校，明教化，四方學者畢至。

寧宗卽位，趙汝愚首薦熹及陳傅良，有旨赴行在奏事。熹行且辭，除煥章閣待制、侍講，辭，不許。入對，首言：「乃者，太皇太后躬定大策，陛下寅紹丕圖，可謂處之以權，而庶幾不失其正。自頃至今三月矣，或反不能無疑於逆順名實之際，竊爲陛下憂之。猶有可諉者，亦曰陛下之心，前日未嘗有求位之計，今日未嘗忘思親之懷，此則所以行權而不失其正之根本也。充未嘗求位之心，以盡負罪引慝之誠，充未嘗忘親之心，以致溫凊定省之禮，而大倫正，大本立矣。」復面辭待制、侍講，上手劄：「卿經術淵源，正資勸講，次對之職，勿復勞辭，以副朕崇儒重道之意。」遂拜命。

會趙彥逾按視孝宗山陵，以爲土肉淺薄，下有水石。孫逢吉覆按，乞別求吉兆。有旨集議，臺史憚之，議中輟。熹竟上議狀言：「壽皇聖德，衣冠之藏，當博訪名山，不宜偏信臺史，委之水泉沙礫之中。」不報。時論者以爲上未還大內，則名體不正而疑議生；金使且來，或有窺伺。有旨修葺舊東宮，爲屋三數百間，欲徙居之。熹奏疏言：

此必左右近習倡爲此說以誤陛下，而欲因以遂其姦心。臣恐不惟上帝震怒，災異數出，正當恐懼修省之時，不當興此大役，以咈譴告警動之意；亦恐畿甸百姓饑餓流離、阽於死亡之際，或能怨望忿切，以生他變。不惟無以感格太上皇帝之心，以致未有進見之期，亦恐壽皇在殯，因山未卜，几筵之奉不容少弛，太皇太后、皇太后皆以尊老之年，煢然在憂苦之中，晨昏之養尤不可闕。而四方之人，但見陛下亟欲大治宮室，速得成就，一旦翩然委而去之，以就安便，六軍萬民之心將有扼腕不平者矣。前鑑未遠，甚可懼也。

又聞太上皇后懼忤太上皇帝聖意，不欲其聞太上之稱，又不欲其聞內禪之說，此又慮之過者。殊不知若但如此，而不爲宛轉方便，則父子之間，上怨怒而下憂恐，將何時而已。父子大倫，三綱所繫，久而不圖，亦將有借其名以造謗生事者，此又臣之所大懼也。願陛下明詔大臣，首罷修葺東宮之役，而以其工料回就慈福、重華之間，草創寢殿一二十間，使粗可居。若夫過宮之計，則臣又願陛下下詔自責，減省輿衛，入宮之後，暫變服色，如唐肅宗之改服紫袍、執控馬前者，以伸負罪引慝之誠，則太上皇帝雖有忿怒之情，亦且霍然消散，而歡意浹洽矣。

至若朝廷之紀綱，則臣又願陛下深詔左右，勿預朝政。其實有勳庸而所得褒賞未愜衆論者，亦詔大臣公議其事，稽考令典，厚報其勞。而凡號令之弛張，人才之進退，則一委之二三大臣，使之反覆較量，勿循己見，酌取公論，奏而行之。有不當者，繳駁論難，擇其善者稱制臨決，則不惟近習不得干預朝權，大臣不得專任己私，而陛下亦得以益明習天下之事，而無所疑於得失之算矣。

若夫山陵之卜，則願黜臺史之說，別求草澤，以營新宮，使壽皇之遺體得安於內，而宗社生靈皆蒙福於外矣。

疏入不報，然上亦未有怒熹意也。每以所講編次成帙以進，上亦開懷容納。熹又奏勉上進德云：「願陛下日用之間，以求放心爲之本，而於玩經觀史，親近儒學，益用力焉。數召大臣，切劘治道，羣臣進對，亦賜温顏，反覆詢訪，以求政事之得失，民情之休戚，而又因以察其人才之邪正短長，庶於天下之事各得其理。」熹奏：「禮經敕令，子爲父，嫡孫承重爲祖父，皆斬衰三年；嫡子當爲其父後，不能襲位執喪，則嫡孫繼統而代之執喪。自漢文短喪，歷代因之，天子遂無三年之喪。爲父且然，則嫡孫承重可知。人紀廢壞，三綱不明，千有餘年，莫能釐正。壽皇聖帝至性自天，易月之外，猶執通喪，朝衣朝冠皆用大布，所宜著在方册，爲萬世法程。間者，遺誥初頒，太上皇帝偶違康豫，不能躬就喪次。陛下以世嫡承大統，則承重之服著在禮律，所宜遵壽皇已行之法。一時倉卒，不及詳議，遂用漆紗淺黄之服，不惟上違禮律，且使壽皇已行之禮舉而復墜，臣竊痛之。然既往之失不及追改，唯有將來啓殯發引〔三〕，禮當復用初喪之服。」

會孝宗祔廟，議宗廟迭毁之制，孫逢吉、曾三復首請併祧僖、宣二祖，奉太祖居第一室，祫祭則正東向之位。有旨集議：僖、順、翼、宣四祖祧主，宜有所歸。自太祖皇帝首尊四祖之廟，治平間，議者以世數寖遠，請遷僖祖於夾室。後王安石等奏，僖祖有廟，與稷、契無異，請復其舊。時相趙汝愚雅不以復祀僖祖爲然，侍從多從其説。吏部尚書鄭僑欲且祧宣祖而祔孝宗。熹以爲藏之夾室，則是以祖宗之主下藏於子孫之夾室，神宗復奉以爲始祖，已爲得禮之正，而合於人心，所謂有舉之而莫敢廢者乎。又擬爲廟制以辨，以爲物豈有無本而生者。廟堂不以聞，即毁撤僖、宣廟室，更創别廟以奉四祖。

始，寧宗之立，韓侂胄自謂有定策功，居中用事。熹憂其害政，數以爲言，且約吏部侍郎彭龜年共論之。會龜年出護使客，熹乃上疏斥言左右竊柄之失，在講筵復申言之。御批云：「憫卿耆艾，恐難立講，已除卿宮觀。」汝愚袖御筆還上，且諫且拜。內侍王德謙徑以御筆付熹，臺諫爭留，不可。樓鑰、陳傅良旋封還錄黃，修注官劉光祖、鄧馹封章交上。熹行，被命除寶文閣待制，與州郡差遣，辭。尋除知江陵府，辭，仍乞追還新舊職名，詔依舊煥章閣待制，提舉南京鴻慶宮。慶元元年初，趙汝愚既相，收召四方知名之士，中外引領望治，熹獨惕然以侂胄用事爲慮。既屢爲上言，又數以手書啓汝愚，當用厚賞酬其勞，勿使得預朝政，有「防微杜漸，謹不可忽」之語。汝愚方謂其易制，不以爲意。及是，汝愚亦以誣逐，而朝廷大權悉歸侂胄矣。

熹始以廟議自劾，不許，以疾再乞休致，詔：「辭職謝事，非朕優賢之意，依舊祕閣修撰。」二年，沈繼祖爲監察御史，誣熹十罪，詔落職罷祠，門人蔡元定亦送道州編管。四年，熹以年近七十，申乞致仕，五年，依所請。明年卒，年七十一。疾且革，手書屬其子在及門人范念德、黃榦，拳拳以勉學及修正遺書爲言。翌日，正坐整衣冠，就枕而逝。

熹登第五十年，仕於外者僅九考，立朝纔四十日。家故貧，少依父友劉子羽，寓建之崇安，後徙建陽之考亭，簞瓢屢空，晏如也。諸生之自遠而至者，豆飯藜羹，率與之共。往往稱貸於人以給用，而非其道義則一介不取也。

自熹去國，侂胄勢益張。何澹爲中司，首論專門之學，文詐沽名，乞辨眞僞。劉德秀仕長沙，不爲張栻之徒所禮，及爲諫官，首論留正引僞學之罪。「僞學」之稱，蓋自此始。太常少卿胡紘言：「比年僞學猖獗，圖爲不軌，望宣諭大臣，權住進擬。」遂召陳賈爲兵部侍郎。未幾，熹有奪職之命。劉三傑以前御史論熹、汝愚、劉光祖、徐誼之徒，前日之僞黨，至此又變而爲逆黨。卽日除三傑右正言。右諫議大夫姚愈論道學權臣結爲死黨，窺伺神器。乃命直學士院高文虎草詔諭天下，於是攻僞日急，選人余嚞至上書乞斬熹。

方是時，士之繩趨尺步、稍以儒名者，無所容其身。從游之士，特立不顧者，屛伏丘壑；依阿巽懦者，更名他師，過門不入，甚至變易衣冠，狎遊市肆，以自別其非黨。而熹日與諸生講學不休，或勸以謝遣生徒者，笑而不答。有籍田令陳景思者，故相康伯之孫也，與侂胄有姻連，勸侂胄勿爲已甚，侂胄意亦漸悔。熹旣沒，將葬，言者謂：四方僞徒期會，送僞師之葬，會聚之間，非妄談時人短長，則繆議時政得失，望令守臣約束。從之。

嘉泰初，學禁稍弛。二年，詔：「朱熹已致仕，除華文閣待制，與致仕恩澤。」後侂胄死，詔賜熹遺表恩澤，謚曰文。尋贈中大夫，特贈寶謨閣直學士。理宗寶慶三年，贈太師，追封信國公，改徽國。

始，熹少時，慨然有求道之志。父松病亟，嘗屬熹曰：「籍溪胡原仲、白水劉致中、屏山劉彥冲三人，學有淵源，吾所敬畏，吾卽死，汝往事之，而惟其言之聽。」三人，謂胡憲、劉勉之、劉子翬也。故熹之學既博求之經傳，復徧交當世有識之士。延平李侗老矣，嘗學於羅從彥，熹歸自同安，不遠數百里，徒步往從之。

其爲學，大抵窮理以致其知，反躬以踐其實，而以居敬爲主。嘗謂聖賢道統之傳散在方册，聖經之旨不明，而道統之傳始晦。於是竭其精力，以研窮聖賢之經訓。所著書有：易本義、啓蒙、蓍卦考誤，詩集傳，大學中庸章句、或問，論語、孟子集註，太極圖、通書、西銘解，楚辭集註、辨證，韓文考異；所編次有：論孟集議，孟子指要，中庸輯略，孝經刊誤，小學書，通鑑綱目，宋名臣言行錄，家禮，近思錄，河南程氏遺書，伊洛淵源錄，皆行於世。熹沒，朝廷以其大學、語、孟、中庸訓說立於學官。又有儀禮經傳通解未脫稿，亦在學官。平生爲文凡一百卷，生徒問答凡八十卷，別錄十卷。

理宗紹定末，祕書郎李心傳乞以司馬光、周敦頤、邵雍、張載、程顥、程頤、朱熹七人列于從祀，不報。淳祐元年正月，上視學，手詔以周、張、二程及熹從祀孔子廟。

黃榦曰：「道之正統待人而後傳，自周以來，任傳道之責者不過數人，而能使斯道章章較著者，一二人而止耳。由孔子而後，曾子、子思繼其微，至孟子而始著。由孟子而後，周、程、張子繼其絕，至熹而始著。」識者以爲知言。

熹子在，紹定中爲吏部侍郎。

張栻字敬夫，丞相浚子也。穎悟夙成，浚愛之，自幼學，所敎莫非仁義忠孝之實。長師胡宏，宏一見，卽以孔門論仁親切之旨告之。栻退而思，若有得焉，宏稱之曰：「聖門有人矣。」栻益自奮厲，以古聖賢自期，作希顏錄。

以廕補官，辟宣撫司都督府書寫機宜文字，除直祕閣。時孝宗新卽位，浚起謫籍，開府治戎，參佐皆極一時之選。栻時以少年，內贊密謀，外參庶務，其所綜畫，幕府諸人皆自以爲不及也。間以軍事入奏，因進言曰：「陛下上念宗社之讎恥，下閔中原之塗炭，惕然於中，而思有以振之。臣謂此心之發，卽天理之所存也。願益加省察，而稽古親賢以自輔，無使其或少息，則今日之功可以必成，而因循之弊可革矣。」孝宗異其言，於是遂定君臣之契。

浚去位，湯思退用事，遂罷兵講和。金人乘間縱兵入淮甸，中外大震，廟堂猶主和議，至勅諸將無得輒稱兵。時浚已沒，栻營葬甫畢，卽拜疏言：「吾與金人有不共戴天之讎，異時朝廷雖嘗興縞素之師，然旋遣玉帛之使，是以講和之念未忘於胸中，而至忱惻怛之心無以感格于天人之際，此所以事屢敗而功不成也。今雖重爲羣邪所誤，以蹙國而召寇，然亦安知非天欲以是開聖心哉。謂宜深察此理，使吾胸中了然無纖芥之惑，然後明詔中外，公行賞罰，以快軍民之憤，則人心悅，士氣充，而敵不難却矣。繼今以往，益堅此志，誓不言和，專務自強，雖折不撓，使此心純一，貫徹上下，則遲以歲月，亦何功之不濟哉？」疏入，不報。

久之，劉珙薦於上，除知撫州，未上，改嚴州。時宰相虞允文以恢復自任，然所以求者類非其道，意栻素論當與己合，數遣人致殷勤，栻不答。入奏，首言：「先王所以建事立功無不如志者，以其胸中之誠有以感格天人之心，而與之無間也。今規畫雖勞，而事功不立，陛下誠深察之日用之間，念慮云爲之際，亦有私意之發以害吾之誠者乎？有則克而去之，使吾中扃洞然無所間雜，則見義必精，守義必固，而天人之應將不待求而得矣。夫欲復中原之地，先有以得中原之心，欲得中原之心，先有以得吾民之心。求所以得吾民之心者，豈有他哉？不盡其力，不傷其財而已矣。今日之事，固當以明大義、正人心爲本。然其所施有先後，則其緩急不可以不詳；所務有名實，則其取舍不可以不審，此又明主所宜深察也。」

明年，召爲吏部侍郎〔四〕，兼權起居郎侍立官。時宰方謂敵勢衰弱可圖，建議遣泛使往責陵寢之故，士大夫有憂其無備而召兵者，輒斥去之。栻見上，上曰：「卿知敵國事乎？」栻對曰：「不知也。」上曰：「金國饑饉連年，盜賊四起。」栻曰：「金人之事，臣雖不知，境中之事，則知之矣。」上曰：「何也？」栻曰：「臣切見比年諸道多水旱，民貧日甚，而國家兵弱財匱，官吏誕謾，不足倚賴。正使彼實可圖，臣懼我之未足以圖彼也。」上爲默然久之。栻因出所奏疏讀之曰：「臣竊謂陵寢隔絕，誠臣子不忍言之至痛，然今未能奉辭以討之，又不能正名以絕之，乃欲卑詞厚禮以求於彼，則於大義已爲未盡。而異論者猶以爲憂，則其淺陋畏怯，固益甚矣。然臣竊揆其心意，或者亦有以見我未有必勝之形，而不能不憂也歟。蓋必勝之形，當在於早正素定之時，而不在於兩陣決機之日。」上爲竦聽改容。栻復讀曰：「今日但當下哀痛之詔，明復讎之義，顯絕金人，不與通使。然後修德立政，用賢養民，選將帥，練甲兵，通內修外攘、進戰退守以爲一事，且必治其實而不爲虛文，則必勝之形隱然可見，雖有淺陋畏怯之人，亦且奮躍而爭先矣。」上爲歎息褒諭，以爲前始未聞此論也。其後因賜對反復前說，上益嘉歎，面諭：「當以卿爲講官，冀時得晤語也。」

會史正志爲發運使，名爲均輸，實盡奪州縣財賦，遠近騷然，士大夫爭言其害，栻亦以爲言。上曰：「正志謂但取之諸郡，非取之於民也。」栻曰：「今日州郡財賦大抵無餘，若取之不已，而經用有闕，不過巧爲名色以取之於民耳。」上矍然曰：「如卿之言，是朕假手於發運使以病吾民也。」旋閱其實，果如栻言，卽詔罷之。

兼侍講，除左司員外郞。講詩葛覃，進說：「治生於敬畏，亂起於驕淫。使爲國者每念稼穡之勞，而其后妃不忘織紝之事，則心不存者寡矣。」因上陳祖宗自家刑國之懿，下斥今日興利擾民之害。上歎曰：「此王安石所謂『人言不足恤』者，所以爲誤國也。」

知閤門事張說除簽書樞密院事，栻夜草疏極諫其不可，且詣朝堂，質責宰相虞允文曰：「宦官執政，自京、黼始，近習執政，自相公始。」允文慙憤不堪。栻復奏：「文武誠不可偏，然今欲右武以均二柄，而所用乃得如此之人，非惟不足以服文吏之心，正恐反激武臣之怒。」孝宗感悟，命得中寢。然宰相實陰附說，明年出栻知袁州，申說前命，中外諠譁，說竟以謫死。

栻在朝未期歲，而召對至六七，所言大抵皆修身務學，畏天恤民，抑僥倖，屏讒諛，於是宰相益憚之，而近習尤不悅。退而家居累年，孝宗念之，詔除舊職，知靜江府，經略安撫廣南西路。所部荒殘多盜，栻至，簡州兵，汰冗補闕，籍諸州黥卒伉健者爲效用，日習月按，申嚴保伍法。諭溪峒酋豪弭怨睦鄰，毋相殺掠，於是羣蠻帖服。朝廷買馬橫山，歲久弊滋，邊氓告病，而馬不時至。栻究其利病六十餘條，奏革之，諸蠻感悅，爭以善馬至。

孝宗聞栻治行，詔特進秩，直寶文閣，因任。尋除祕閣修撰、荊湖北路轉運副使。改知江陵府，安撫本路。一日去貪吏十四人。湖北多盜，府縣往往縱釋以病良民，栻首劾大吏之縱賊者，捕斬姦民之舍賊者，令其黨得相捕告以除罪，羣盜皆遁去。郡瀕邊屯，主將與帥守每不相下，栻以禮遇諸將，得其驩心，又加恤士伍，勉以忠義，隊長有功輒補官，士咸感奮。並淮姦民出塞爲盜者，捕得數人，有北方亡奴亦在盜中。栻曰：「朝廷未能正名討敵，無使疆埸之事其曲在我。」命斬之以徇於境，而縛其亡奴歸之。北人歎曰：「南朝有人。」信陽守劉大辯怙勢希賞，廣招流民，而奪見戶熟田以與之。栻劾大辯詐諼，所招流民不滿百，而虛增其數十倍，請論其罪，不報。章累上，大辯易他郡，栻自以不得其職求去，詔以右文殿修撰提舉武夷山冲佑觀。病且死，猶手疏勸上親君子遠小人，信任防一己之偏，好惡公天下之理。天下傳誦之。栻有公輔之望，卒時年四十有八。孝宗聞之，深爲嗟悼，四方賢士大夫往往出涕相弔，而江陵、靜江之民尤哭之哀。嘉定間，賜謚曰宣。淳祐初，詔從祀孔子廟。

栻爲人表裏洞然，勇於從義，無毫髮滯吝。每進對，必自盟於心，不可以人主意悅輒有所隨順。孝宗嘗言伏節死義之臣難得，栻對：「當於犯顏敢諫中求之。若平時不能犯顏敢諫，他日何望其伏節死義？」孝宗又言難得辦事之臣，栻對：「陛下當求曉事之臣，不當求辦事之臣。若但求辦事之臣，則他日敗陛下事者，未必非此人也。」栻自言：前後奏對忤上旨雖多，而上每念之，未嘗加怒者，所謂可以理奪云爾。

其遠小人尤嚴。爲都司日，肩輿出，遇曾覿，覿舉手欲揖，栻急掩其窗櫺，覿慚，手不得下。所至郡，暇日召諸生告語。民以事至庭，必隨事開曉。具爲條敎，大抵以正禮俗、明倫紀爲先。斥異端，毁淫祠，而崇社稷山川古先聖賢之祀，舊典所遺，亦以義起也。

栻聞道甚早，朱熹嘗言：「己之學乃銖積寸累而成，如敬夫，則於大本卓然先有見者也。」所著論語孟子說、太極圖說、洙泗言仁、諸葛忠武侯傳、經世紀年〔五〕，皆行于世。栻之言曰：「學莫先於義利之辨。義者，本心之當爲，非有爲而爲也。有爲而爲，則皆人欲，非天理。」此栻講學之要也。

子焯。

## 校勘記

〔一〕或反出入其門牆　「入」字原脫，據朱熹朱文公文集卷一一庚子應詔封事、黃榦黃勉齋先生文集卷八朱先生行狀補。

〔二〕然後舉而加之於位　「舉」字原脫，據朱文公文集卷一一戊申封事、同上朱先生行狀補。

〔三〕唯有將來啓殯發引　原脫「唯」字，據朱文公文集卷一四乞討論喪服箚子、同上朱先生行狀補。

〔四〕吏部侍郎　朱文公文集卷八九張栻神道碑、楊萬里誠齋集卷一一五張左司傳皆作「吏部員外郎」，此處「侍郎」當爲「員外郎」之誤。

〔五〕經世紀年　朱文公文集卷八九張栻神道碑、誠齋集卷一一五張左司傳都作「經世編年」。

# 宋史卷四百三十

## 列傳第一百八十九

### 道學四 朱氏門人

黃榦　李燔　張洽　陳淳　李方子　黃灝

黃榦字直卿，福州閩縣人。父瑀，在高宗時爲監察御史，以篤行直道著聞。瑀沒，榦往見清江劉清之，清之奇之，曰：「子乃遠器，時學非所以處子也。」因命受業朱熹。榦家法嚴重，乃以白母，卽日行。時大雪，既至而熹它出，榦因留客邸，臥起一榻，不解衣者二月，而熹始歸。榦自見熹，夜不設榻，不解帶，少倦則微坐，一倚或至達曙。熹語人曰：「直卿志堅思苦，與之處甚有益。」嘗詣東萊呂祖謙，以所聞於熹者相質正。及廣漢張栻亡，熹與榦書曰：「吾道益孤矣，所望於賢者不輕。」後遂以其子妻榦。

寧宗卽位，熹命榦奉表，補將仕郎，銓中，授迪功郎，監台州酒務。丁母憂，學者從之講學于墓廬甚衆。熹作竹林精舍成，遺榦書，有「它時便可請直卿代卽講席」之語。及編禮書，獨以喪、祭二編屬榦，稿成，熹見而喜曰：「所立規模次第，縝密有條理，它日當取所編家鄉、邦國、王朝禮，悉倣此更定之。」病革，以深衣及所著書授榦，手書與訣曰：「吾道之託在此，吾無憾矣。」訃聞，榦持心喪三年畢，調監嘉興府石門酒庫。

時韓侂胄方謀用兵，吳獵帥湖北，將赴鎭，訪以兵事。榦曰：「聞議者謂今天下欲爲大舉深入之謀，果爾，必敗。此何時而可進取哉？」獵雅敬榦名德，辟爲荆湖北路安撫司激賞酒庫兼準備差遣，事有未當，必輸忠款力爭。

江西提舉常平趙希懌、知撫州高商老辟爲臨川令，歲旱，勸糶捕蝗極其力。改知新淦縣，吏民習知臨川之政，皆喜，不令而政行。以提舉常平、郡太守薦，擢監尙書六部門，未上，改差通判安豐軍。淮西帥司檄榦鞫和州獄，獄故以疑未決，榦釋囚桎梏飮食之，委曲審問無所得。一夜，夢井中有人，明日呼囚詰之曰：「汝殺人，投之於井，我悉知之矣，胡得欺我。」囚遂驚服，果於廢井得尸。

尋知漢陽軍。値歲饑，糴客米、發常平以振。制置司下令，欲移本軍之粟而禁其糴，榦報以乞候榦罷然後施行，及援鄂州例，十之一告糴於制司。荒政具舉。旁郡飢民輻湊，惠撫均一，春暖願歸者給之糧，不願者結廬居之，民大感悅。所至以重庠序，先教養。其在漢陽，卽郡治後鳳栖山爲屋，館四方士，立周、程、游、朱四先生祠。以病乞祠，主管武夷沖祐觀。

尋起知安慶府，至則金人破光山，而沿邊多警。安慶去光山不遠，民情震恐。乃請于朝，城安慶以備戰守，不俟報，卽日興工。城分十二料，先自築一料，計其工費若干，然後委官吏、寓公、士人分料主之。役民兵五千人，人役九十日，而計人戶產錢起丁夫，通役二萬夫，人十日而罷。役者更番，暑月月休六日，日午休一時，至秋漸殺其半。榦日以五鼓坐于堂，濠砦官入聽命，以一日成算授之：役某鄉民兵若干，某鄉人夫若干；分布於某人料分，或搬運某處土木，應副某料使用；某料民兵人夫合當更代，合散幾日錢米。俱受命畢，乃治府事，理民訟，接賓客，閱士卒，會僚佐講究邊防利病，次則巡城視役，晚入書院講論經史。築城之杵，用錢監未鑄之鐵，事畢還之。城成，會上元日張燈，士民扶老攜幼，往來不絕。有老嫗百歲，二子輿之，諸孫從，至府致謝。榦禮之，命具酒炙，且勞以金帛。嫗曰：「老婦之來，爲一郡生靈謝耳，太守之賜非所冀也。」不受而去。是歲大旱，榦祈輒雨，或未出，晨興登郡閣，望灊山再拜，雨卽至。後二年，金人破黃州沙窩諸關，淮東、西皆震，獨安慶按堵如故。繼而霖潦餘月，巨浸暴至，城屹然無虞。舒人德之，相謂曰：「不殘于寇，不滔于水，生汝者黃父也。」

制置李珏辟爲參議官，再辭不受。既而朝命與徐僑兩易和州，且令先赴制府稟議，榦卽日解印趨制府。和州人日望其來，曰：「是嘗檄至吾郡鞫死囚、感夢於井中者，庶能直吾屈乎。」

先是，榦移書珏曰：「丞相誅韓之後，懲意外之變，專用左右親信之人，往往得罪於天下公議。世之君子遂從而歸咎於丞相，丞相不堪其咎，斷然逐去之，而左右親信者其用愈專矣。平居無事，紀綱紊亂，不過州縣之間，百姓受禍。至於軍政不修，邊備廢弛，皆此曹爲之，若今大敵在境，更不改圖，大事去矣。今日之急，莫大於此。」又曰：「今日之計，莫若用兩淮之人，食兩淮之粟，守兩淮之地。然其策當先明保伍，保伍既明，則爲之立堡砦，蓄馬、制軍器以資其用，不過累月，軍政可成。且淮民遭丙寅之厄，今聞金人遷汴，莫不狼顧脅息，有棄田廬、挈妻子渡江之意，其間勇悍者，且將伺變竊發。向日胡海、張軍之變，爲害甚於金，今若不早爲之圖，則兩淮日見荒墟，卒有警急，攘臂而起矣。」珏皆不能用。

及至制府，珏往惟揚視師，與偕行，榦言：「敵既退，當思所以賞功罰罪者。崔惟揚能於清平山豫立義砦，斷金人右臂，方儀眞能措置捍禦，不使軍民倉皇奔軼，此二人者當薦之。泗上之敗，劉倬可斬也。某州官吏三人攜家奔竄，追而治之，然後具奏可也。」其時幕府書館皆輕儇浮靡之士，僚吏士民有獻謀畫，多爲毀抹疏駁。將帥偏裨，人心不附，所向無功。流移滿道，而諸司長吏張宴無虛日。榦知不足與共事，歸自惟揚，再辭和州之命，仍乞祠，閉閤謝客，宴樂不與。乃復告珏曰：

浮光敵退已兩月，安豐已一月，盱眙亦將兩旬，不知吾所措置者何事，所施行者何策。邊備之弛，又甚於前，日復一日，恬不知懼，恐其禍又不止今春矣。

向者輕信人言，爲泗上之役，喪師萬人。良將勁卒、精兵利器，不戰而淪於泗水，黃團老幼，俘虜殺戮五六千人，盱眙東西數百里，莽爲丘墟。安豐、浮光之事大率類此。切意千乘言旋，必痛自咎責，出宿于外，大戒于國，曰：「此吾之罪也，有能箴吾失者，疾入諫。」日與僚屬及四方賢士討論條畫，以爲後圖。今歸已五日矣，但聞請總領、運使至玉麟堂賞牡丹，用妓樂，又聞總領、運使請宴賞亦然，又聞宴僚屬亦然。邦人諸軍聞之，豈不痛憤。且視牡丹之紅豔，豈不思邊庭之流血；視管絃之啁啾，豈不思老幼之哀號；視棟宇之宏麗，豈不思士卒之暴露；視飲饌之豐美，豈不思流民之凍餒。敵國深侵，守內騷動，主上食不甘味，聽朝不怡；大臣憂懼，不知所出。尙書豈得不朝夕憂懼，而乃如是之迂緩暇逸耶！

今浮光之報又至矣，金欲以十六縣之衆，四月攻浮光，侵五關，且以一縣五千人爲率，則當有八萬人攻浮光，以萬人刈吾麥，以五萬人攻吾關。吾之守關不過五六百人，豈能當萬人之衆哉？則關之不可守決矣。五關失守，則蘄、黃不可保；蘄、黃不保，則江南危。尙書聞此亦已數日，乃不聞有所施行，何耶？

其它言皆激切，同幕忌之尤甚，共詆排之。厥後光、黃、蘄繼失，果如其言。遂力辭去，請祠不已。

俄再命知安慶，不就，入廬山訪其友李燔、陳宓，相與盤旋玉淵、三峽間，俛仰其師舊跡，講乾、坤二卦於白鹿書院，山南北之士皆來集。未幾，召赴行在所奏事，除大理丞，不拜，爲御史李楠所劾。

初，榦入荆湖幕府，奔走諸關，與江、淮豪傑游，而豪傑往往願依榦。及倅安豐、武定，諸將皆歸心焉。後倅建康，守漢陽，聲聞益著。諸豪又深知榦倜儻有謀，及來安慶，且兼制幕，長淮軍民之心，翕然相向。此聲既出，在位者益忌，且慮榦入見必直言邊事，以悟上意，至是羣起擠之。

榦遂歸里，弟子日盛，巴蜀、江、湖之士皆來，編禮著書，日不暇給，夜與之講論經理，亹亹不倦，借鄰寺以處之，朝夕往來，質疑請益如熹時。俄命知潮州，辭不行，差主管亳州明道宮，踰月遂乞致仕，詔許之，特授承議郎。既沒後數年，以門人請謚，又特贈朝奉郎，與一子下州文學，謚文肅。有經解、文集行于世。

李燔字敬子，南康建昌人。少孤，依舅氏。中紹熙元年進士第，授岳州教授，未上，往建陽從朱熹學。熹告以曾子弘毅之語，且曰：「致遠固以毅，而任重貴乎弘也。」燔退，以「弘」名其齋而自儆焉。至岳州，教士以古文六藝，不因時好，且曰：「古之人皆通材，用則文武兼焉。」即武學諸生文振而識高者拔之，闢射圃，令其習射；廩老將之長於藝者，以率偷惰。以祖母卒，解官承重而歸。

改襄陽府教授。復往見熹，熹嘉之，凡諸生未達者先令訪燔，俟有所發，乃從熹折衷，諸生畏服。熹謂人曰：「燔交友有益，而進學可畏，且直諒樸實，處事不苟，它日任斯道者必燔也。」熹沒，學禁嚴，燔率同門往會葬，視封窆，不少怵。及詔訪遺逸，九江守以燔薦，召赴都堂審察，辭，再召，再辭。郡守請爲白鹿書院堂長，學者雲集，講學之盛，它郡無與比。

除大理司直，辭，尋添差江西運司幹辦公事，江西帥李珏、漕使王補之交薦之。會洞寇作亂，帥、漕議平之，而各持其說。燔徐曰：「寇非吾民耶？豈必皆惡。然其如是，誠以吾有司貪刻者激之，及將校之邀功者逼成之耳。反是而行之，則皆民矣。」帥、漕曰：「幹辦議是。誰可行者？」燔請自往，乃駐兵萬安，會近洞諸巡尉，察隅保之尤無良者易置之，分兵守險，馳辯士諭賊逆順禍福，寇皆帖服。

洪州地下，異時贛江漲而隄壞，久雨輒澇，熺白于帥、漕修之，自是田皆沃壤。漕司以十四界會子新行，價日損，乃視民稅產物力，各藏會子若干，官爲封識，不時點閱，人愛重之則價可增，慢令者黥籍，而民譸張，持空券益不售。熺與國子學錄李誠之力爭不能止。熺又入箚爭之曰：「錢荒楮涌，子母不足以相權，不能行楮者，由錢不能權之也。楮不行而抑民藏之，是棄物也。誠能節用，先穀粟之實務，而不取必於楮幣，則楮幣爲實用矣。」箚入，漕司即弛禁，詣熺謝。熺又念社倉之置，僅貸有田之家，而力田之農不得沾惠，遂倡議裒穀創社倉，以貸佃人。

有旨改官，通判潭州，辭，不許。眞德秀爲長沙帥，一府之事咸咨熺。不數月，辭歸。當是時，史彌遠當國，廢皇子竑，熺以三綱所關，自是不復出矣。眞德秀及右史魏了翁薦之，差權通判隆興府，江西帥魏大有辟充參議官，皆辭，乃以直祕閣主管慶元至道宮。熺自惟居閒無以報國，乃薦崔與之、魏了翁、眞德秀、陳宓、鄭寅、楊長孺、丁黼、葉宰、龔維藩、徐僑、劉宰、洪咨夔于朝。

紹定五年，帝論及當時高士累召不起者，史臣李心傳以熺對，且曰：「熺乃朱熹高弟，經術行義亞黃榦，當今海內一人而已。」帝問今安在，心傳對曰：「熺，南康人，先帝以大理司直召，不起，比乞致仕。陛下誠能彊起之，以置講筵，其裨聖學豈淺淺哉。」帝然其言，終不召也。九江蔡念成稱燔心事有如秋月。燔卒，年七十，贈直華文閣，謚文定，補其子舉下州文學。

燔嘗曰：「凡人不必待仕宦有位爲職事，方爲功業，但隨力到處有以及物，即功業矣。」又嘗曰：「仕宦至卿相，不可失寒素體。夫子無入不自得者，正以磨挫驕奢，不至居移氣、養移體。」因誦古語曰：「分之所在，一毫躋攀不上，善處者退一步耳。」故燔處貧賤患難若平素，不爲動，被服布素，雖貴不易。入仕凡四十二年，而歷官不過七考。居家講道，學者宗之，與黃榦並稱曰「黃、李」。

孫鏞，登進士第。

張洽字元德，臨江之淸江人。父紱，第進士。洽少穎異，從朱熹學，自六經傳注而下，皆究其指歸，至於諸子百家、山經地志、老子浮屠之說，無所不讀。嘗取管子所謂「思之思之，又重思之，思之不通，鬼神將通之」之語，以爲窮理之要。熹嘉其篤志，謂黃榦曰：「所望以永斯道之傳，如二三君者不數人也。」

時行社倉法，洽請於縣，貸常平米三百石，建倉里中，六年而歸其本於官，鄉人利之。嘉定元年中第，授松滋尉。湖右經界不正，弊日甚，洽請行推排法，令以委洽。洽於是令民自實其土地疆界產業之數投于匱，乃籌覈而次第之，吏姦無所匿。其後十餘年，訟者猶援以爲證云。

改袁州司理參軍。有大囚，訊之則服，尋復變異，且力能動搖官吏，累年不決，而逮繫者甚衆。洽以白提點刑獄，殺之。有盜黠甚，辭不能折。會獄有兄弟爭財者，洽諭之曰：「訟于官，祇爲胥吏之地，且冒法以求勝，孰與各守分以全手足之愛乎？」辭氣懇切，訟者感悟。盜聞之，自伏。民有殺人，賄其子焚之，居數年，事敗，洽治其獄無狀，憂之，且白郡委官體訪。俄夢有人拜于庭，示以傷痕在脅。翌日，委官上其事，果然。

郡守以倉廩虛，籍倉吏二十餘家，命洽鞫之，洽廉知爲都吏所賣。都吏者，州之巨蠹也，嘗干於倉不獲，故以此中之。洽度守意銳未可嬰，姑繫之，而密令計倉庾所入以白守曰：「君之籍二十餘家者，以胥吏也。今校數歲之中所入，已豐於昔，由是觀之，胥吏妄矣。君必不忍受胥吏之妄，而籍無罪之家也。若以罪胥吏，過乃可免。」守悟，爲罷都吏，而免所籍之家。

知永新縣。一日謁告，聞獄中榜笞聲，蓋獄吏受賕，乘間訊囚使誣服也。洽大怒，亟執付獄，明日以上于郡，黥之。湖南獞寇作亂，與縣接壤，民大恐。洽單車以往，邑佐、寓士交諫，弗聽。至則寇未嘗至，乃延見隅官，訪利害而犒之，因行安福境上，結約土豪，得其懽心。未幾，南安舒寇將犯境，聞有備，乃去。

以江東提舉常平薦，通判池州。獄有張德脩者，誤蹴人以死，獄吏誣以故殺，洽訊而疑之，請再鞫，守不聽。會提點常平袁甫至，時方大旱，禱不應，洽言于甫曰：「漢、晉以來，濫刑而致旱，伸寃而得雨，載於方册可攷也。今天大旱，焉知非由德脩事乎？」甫爲閱款狀於獄，德脩遂從徒罪。復白郡請蠲征稅，寬催科，以召和氣，守爲寬稅。三日果大雨，民甚悅。洽數以病請祠，至是主管建昌仙都觀，以慶壽恩賜緋衣、銀魚。

時袁甫提點江東刑獄，甫以白鹿書院廢弛，招洽爲長。洽曰：「嘻，是先師之迹也，其可辭！」至則選好學之士日與講說，而汰其不率教者。凡養士之田乾沒於豪右者復之。學興，卽謝病去。

端平初，大臣多薦洽，召赴都堂審察，洽以疾不赴，乃除祕書郎，尋遷著作佐郎。度正、葉味道在經幄，帝數問張洽何時可到，將以說書待洽，洽固辭，遂除直祕閣，主管建康崇禧觀。嘉熙元年，以疾乞致仕，十月卒，年七十七。

洽自少用力於敬，故以「主一」名齋。平居不異常人，至義所當爲，則勇不可奪。居閒不言朝廷事，或因災異變故，輒顰蹙不樂，及聞一君子進用，士大夫直言朝廷得失，則喜見顏色。所交皆名士，如呂祖儉、黃榦、趙崇憲、蔡淵、吳必大、輔廣、李道傳、李燔、葉味道、李閎祖、李方子、柴中行、眞德秀、魏了翁、李壆、趙汝讜、陳貴誼、杜孝嚴、度正、張嗣古，皆敬慕之。卒後一日，有旨除直寶章閣。所著書有春秋集注、春秋集傳、左氏蒙求、續通鑑長編事略、歷代郡縣地理沿革表、文集。

子㰁、樫，賜同進士出身。

陳淳字安卿，漳州龍溪人。少習舉子業，林宗臣見而奇之，且曰：「此非聖賢事業也。」因授以近思錄，淳退而讀之，遂盡棄其業焉。

及朱熹來守其鄉，淳請受教，熹曰：「凡閱義理，必窮其原，如爲人父何故止於慈，爲人子何故止於孝，其他可類推也。」淳聞而爲學益力，日求其所未至。熹數語人以「南來，吾道喜得陳淳」，門人有疑問不合者，則稱淳善問。後十年，淳復往見熹，陳其所得，時熹已寢疾，語之曰：「如公所學，已見本原，所闕者下學之功爾。」自是所聞皆要切語，凡三月而熹卒。

淳追思師訓，痛自裁抑，無書不讀，無物不格，日積月累，義理貫通，洞見條緒。故其言太極曰：「太極只是理，理本圓，故太極之體渾淪。以理言，則自末而本，自本而末，一聚一散，而太極無所不極其至。自萬古之前與萬古之後，無端無始，此渾淪太極之全體也。自其沖漠無朕，而天地萬物皆由是出，及天地萬物旣由是出，又復沖漠無朕，此渾淪無極之妙用也。聖人一心渾淪太極之全體，而酬酢萬變，無非太極流行之用。學問工夫，須從萬事萬物中貫過，湊成一渾淪大本，又於渾淪大本中散爲萬事萬物，使無少窒礙，然後實體得渾淪至極者在我，而大用不差矣。」

其言仁曰：「仁只是天理生生之全體，無表裏、動靜、隱顯、精粗之間，惟此心純是天理之公，而絕無一毫人欲之私，乃可以當其名。若一處有病痛，一事有欠闕，一念有間斷，則私意行而生理息，卽頑痺不仁矣。」

其語學者曰：「道理初無玄妙，只在日用人事間，但循序用功，便自有見。所謂『下學上達』者，須下學工夫到，乃可從事上達，然不可以此而安於小成也。夫盈天地間千條萬緒，是多少人事；聖人大成之地，千節萬目，是多少功夫。惟當開拓心胸，大作基址。須萬理明徹於胸中，將此心放在天地間一例看，然後可以語孔、孟之樂。須明三代法度，通之於當今而無不宜，然後爲全儒，而可以語王佐事業。須運用酬酢，如探諸囊中而不匱，然後爲資之深，取之左右逢其原，而眞爲己物矣。至於以天理人欲分數而驗賓主進退之幾，如好好色，惡惡臭，而爲天理人欲強弱之證，必使之於是是非非如辨黑白，如遇鏌鋣，不容有騎牆不決之疑，則雖艱難險阻之中，無不從容自適，夫然後爲知之至而行之盡。」此語又中學者膏肓，而示以標的也。

淳性孝，母疾亟，號泣于天，乞以身代。弟妹未有室家者，皆婚嫁之。葬宗族之喪無歸者。居鄉不沽名徇俗，恬然退守，若無聞焉。然名播天下，世雖不用，而憂時論事，感慨動人，郡守以下皆禮重之，時造其廬而請焉。

嘉定十年〔一〕，待試中都，歸過嚴陵〔二〕，郡守鄭之悌率僚屬延講郡庠。淳嘆陸學張王〔三〕，學問無源，全用禪家宗旨，認形氣之虛靈知覺爲天理之妙，不由窮理格物，而欲徑造上達之境，反託聖門以自標榜。遂發明吾道之體統，師友之淵源，用功之節目，讀書之次序，爲四章以示學者。明年，以特奏恩授迪功郎、泉州安溪主簿，未上而沒，年六十五。其所著有語孟大學中庸口義、字義詳講，禮、詩、女學等書，門人錄其語，號筠谷瀨口金山所聞。

李方子字公晦，昭武人。少博學能文，爲人端謹純篤。初見朱熹，謂曰：「觀公爲人，自是寡過，但寬大中要規矩，和緩中要果決。」遂以「果」名齋。長遊太學，學官李道傳折官位輩行具刺就謁。

嘉定七年，廷對擢第三，調泉州觀察推官。適眞德秀來爲守，以師友禮之，郡政大小咸咨焉。暇則辨論經訓，至夜分不倦。故事，秩滿必先通書廟堂乃除，方子曰：「以書通，是求也。」時丞相彌遠聞之怒，踰年始除國子錄。無何，將選入宮僚，而方子不少貶以求合。或告彌遠曰：「此眞德秀黨也。」使臺臣劾罷之。

方子既歸，學者畢集，危坐竟日，未始傾側，對賓客一語不妄發，雖奴隸亦不加詬詈，然常嚴憚之。嘗語人曰：「吾於問學雖未能周盡，然幸於大本有見處，此心常覺泰然，不爲物欲所潰爾。」其亡也，天子閔之，與一子恩澤。

黃灝字商伯，南康都昌人。幼敏悟彊記，肄業荊山僧舍三年，入太學，擢進士第。教授隆興府，知德化縣，以興學校、崇政化爲本。歲饉，行振給有方。王藺、劉穎薦于朝，除登聞鼓院。光宗即位，遷太常寺簿，論今禮教廢闕，請敕有司取政和冠昏喪葬儀，及司馬光、高閌等書參訂行之。

除太府寺丞，出知常州，提舉本路常平。秀州海鹽民伐桑柘，毁屋廬，莩殣盈野，或食其子持一臂行乞，而州縣方督促逋欠，灝見之蹙然。時有旨倚閣夏稅，遂奏乞併閣秋苗，不俟報行之。言者罪其專，移居筠州，已而寢謫命，止削兩秩，而從其蠲閣之請。

灝既歸里，幅巾深衣，騎驢匡山間，若素隱者。起知信州，改廣西轉運判官，移廣東提點刑獄，告老不赴，卒。

灝性行端飭，以孝友稱。朱熹守南康，灝執弟子禮，質疑問難。熹之沒，黨禁方厲，灝單車往赴，徘徊不忍去者久之。

## 校勘記

〔一〕嘉定十年　「十」原作「九」。按陳淳門人陳沂所撰敍述稱「歲在丁丑，待試中都」，陳宓北溪先生主簿陳公墓誌銘稱「嘉定丁丑，以特試寓中都」（以上均見北溪全集外集），丁丑當嘉定十年，今據改。

〔二〕歸過嚴陵　「過」原作「遇」，據陳沂敍述改。

〔三〕淳嘆陸學張王　「學」字原無，據陳沂敍述補。按：「陸學」指陸象山（九淵）之學；「張王」二字讀去聲，義爲壯大、興旺，又作「張旺」。陳淳曾說「頗聞浙間年來象山之學頗旺……及來嚴陵山峽間，覺士風尤陋」（北溪全集第四門卷十一與李公晦），又說「江西禪學（按指陸學）一派苗脈，頗張旺於此山峽之間」（同上卷十二與趙司直季仁）。